(부처도인으로 쓸개하는

임제록 臨濟錄

良志   譯註
南靑   書畵

맑은소리 맑은나라

임제혜조선사어록(臨濟慧照禪師語錄)을 해설하며

이 책은 이제까지 많은 선지식들이 번역과 해설을 하였으며 현재 시중에 많이 알려져 있다.

그런데도 이 책을 다시 번역하고 해설하고자 하는 것은 신앙과 종교를 구분하여 확실하게 알리기 위함이며, 또 한 사람이라도 수행하여 부처나, 조사(祖師)로 살아갈 수 있게 하고자 함이고, 부처나 조사(祖師)로 살아가는 사람이 출현하여 불법(佛法)을 계승하기를 서원(誓願)하기 때문이다.

임제(臨濟)조사(祖師)는 사람이 부처가 되어 살아가는 것을 무의도인(無依道人), 무위진인(無位眞人)이라고 표현하며 실제로 부처가 살아 있는 사람이라는 것을 지금까지 강조하고 있는 것이다.

그런데도 어떤 사람들은 지금도 여기에서 살아가는 사람이 부처가 아니라고 하고 있는 것은 부처를 대상으로 알고 있는 것이어서 이 사람들이 영원히 부처가 될 수는 없게 되는 것이다.

그러므로 무의도인(無依道人)으로 살아가는 사람이 부처라는 임제조사의 말과는 위배되는 것이고 부처를 밖에서 찾고 있는 것이 된다.

이 책은 향외치구(向外馳求)하지 않는 사람이 무의도인(無依道人)이 되어 어디에서나 주인으로 살아가는 법을 설하신 것이다.

임제조사께서 설하신 시중설법과 제자들을 교화한 내용을 지금 우리들이 읽고 실천할 수 있어야 살아 있는 임제를 조사(祖師)로서 만나게 되는 것이며 또 자신이 임제가 되어야 하는 것이다.

『임제록』은 상당, 시중, 감변, 행록으로 구분하여 편집되어 있는데 감변과 행록은 임제스님이 제도(濟度)하는 것과 서로의 안목(眼目)를 점검하고 확신하게 하여 불퇴전의 무의도인(無依道人)으로 살아가게 하는 것이고 자비심을 실천하고 있는 것이다.

이것을 중생심으로 잘못 이해하면 배가 고프면 밥을 먹고 잠이 오면 잠을 잔다는 말을 중생들은 알지 못하고 무의도인(無依道人)이 되어야 알게 되는 것을 중생의 입장에서 말하게 되어 비난만 하는 것이 걱정된다.

모든 사람들이 지혜를 구족하기를 바라는 마음이지만 현실에서는 이루어질 수 없는 것이기에 이 책을 보는 사람들이라도 자신이 자신을 무의도인으로 만들어 살아가면 된다는 것을 명심하길 바라는 마음이다.

이 책의 감변과 행록부분은 많은 설명을 하지 않고 대강의 요점만 해설하고자 하니 이해하시고 고양이가 쥐 잡듯이 하고 화두참구하듯이 하시여 하나하나를 자신의 것으로 알고 참구(參究)하시고 사유(思惟)하시기 바랍니다.

혜능을 조사(祖師)로 만든 것이 『육조단경』이라고 하면 『임제록』은 사람들이 조사(祖師)로 살아가는 법을 자세하게 설하여 실천하게 만든 것이라고 할 수 있는 것이다.

다시 이 책의 내용을 반복하여 논문이나 해설서를 만들어 설명을 더하여도 구경에는 여러분들이 실천해야 하는 문제를 해결할 수는 없는 것이고 사족(蛇足)만 더하게 될 것이 우려되어 간략하게 정리하고자 한다.

앞으로 무의도인(無依道人)이 되어 살아가는 사람이 있기를 바라는 간절한 마음으로 이 책을 출간하려고 한 것이다.

노지백우(露地白牛)

【차례】

【일러두기】

『鎭州臨濟慧照禪師語錄』卷1(『大正藏』47, 495쪽. 상2. - 506쪽. 하28.)은 선화본
『임제록』(1120)을 저본으로 하여 번역한 것이다.

선화본 『임제록』(1120)과 『天聖廣燈錄』券10-11의 『臨濟錄』, 四家本 『臨濟錄』을
참조하여 번역하였다.

이 선화본 『임제록』(1120)은 北宋의 徽宗 宣和 2年(1120)에 圓覺宗演이 重刊한
『臨濟錄』것이며, 『天聖廣燈錄』(券10-11의 『臨濟錄』)은 『天聖廣燈錄』 30券(1036,
송(宋)의 이준욱(李遵勗)이 지음)에 수록 된 것으로 이후에 증보한 것이다.

Ⅰ. 鎮州臨濟慧照禪師語錄 序

延康殿學士 金紫光祿大夫 真定府路安撫使 兼馬步軍都總管 兼知成德軍 府事 馬防撰

黃蘗山頭, 曾遭痛棒, 大愚肋下, 方解築拳. 饒舌老婆, 尿床鬼子, 這風顛漢, 再捋虎鬚.

巖谷栽松, 後人標榜. 钁頭斸地, 幾被活埋. 肯箇後生, 驀口自摑, 辭焚机案, 坐斷舌頭. 不是河南, 便歸河北.

院臨古渡, 運濟往來. 把定要津, 壁立萬仞. 奪人奪境, 陶鑄仙陀. 三要三玄, 鈐鎚衲子.

常在家舍, 不離途中. 無位真人, 面門出入, 兩堂齊喝, 賓主歷然. 照用同時, 本無前後, 菱花對像, 虛谷傳聲. 妙應無方, 不留朕跡.

拂衣南邁, 戻止大名. 興化師承, 東堂迎侍. 銅瓶鐵鉢, 掩室杜詞. 松老雲閑, 曠然自適. 面壁未幾, 密付將終, 正法誰傳, 瞎驢邊滅.

圓覺老演, 今為流通, 點撿將來, 故無差舛. 唯餘一喝, 尚要商量. 具眼禪流, 冀無賺舉.

宣和庚子(1120)中秋日謹序.

진주임제혜조선사어록의 서문
(鎭州臨濟慧照禪師語錄 序)

　　연강전 학사, 금자광록의 대부, 진정부로의 안무사, 마보군의 도총관, 지성덕군의 부사인 마방이 편찬하다.

　　황벽문하에서 최고의 수행을 하여 주장자의 의미를 뼈저리게 간직하고는 비로소 대우선사에게서 황벽의 경지를 자각하게 되었다.

　　노파심으로 너그럽게 설명하여 주시는 대우선사께서는 침대에 오줌 싸는 꼬마 녀석(이제 겨우 견성한 것을 인가)이라고 하셨고, 황벽선사께서는 이 풍전한(風顚漢, 선가의 용어로 자기의 제자를 인가하는 의미)이 다시 호랑이 수염을 만지고 있다고 하셨다.

　　깊은 산속(巖谷)에 소나무를 심은 것은 이후의 사람들에게 옛날 일을 기록하여 표방(標榜)을 삼도록 하였다.

　　괭이로 땅을 파면서 제방에서는 바로 (번뇌망념을)화장(火葬)하지만 나는 살아 있는 채로 (번뇌망념을)매장하여 본질을 제거한다고 하였다.

　　황벽선사께서 후생(後生)을 인가(印可)하여도 도리어 자기(황벽)의 입을 막게 하고는 황벽선사를 하직하면서 인가증명으로 주는 궤안(机案) 조차도 불태우라고 하니 황벽 선사께서 천하인의 구설을 막게 될 것이라고 하여도 임제스님은 하남(河南)이 아니면 하북(河北)으로 간다고 하고 그냥 가버린 것이다.

임제원은 옛 나루터에 임하여 있어서 오가는 사람들을 제도(濟度)하는데 임제스님이 파정과 방행을 실행하는 중요한 나루터로서 임제의 위엄이 만 길이나 되는 고고한 절벽과 같았다.

인혹(人惑)을 뺏고 경혹(境惑)도 빼앗는 곳으로 선타(仙陀)와 같은 뛰어난 제자들을 연마시키는 곳으로 삼요(三要)와 삼현(三玄)으로 납자들을 제접하여 수련시켰다.

그리고 임제스님은 항상 자신의 본심을 벗어나지 않으니 조금도 자신의 수행을 멈춘 적이 없었다.

무위진인(無位眞人, 부처, 본래인)이 항상 그대들의 면문(面門)으로 출입 하는데 알지 못하면 물으라고 했고 양당(兩堂)의 수좌가 동시에 할(喝)을 하는 것에서도 주객(主客)이 명백하다고 설하였다.

관조하는 것과 생활하는 것은 동시에 이루어지는 것이므로 본래부터 전후(前後)가 없는 것은 능화경(菱花鏡, 고대의 동경으로 거울의 뒷면에 마름꽃이 있어서 능화경)이 대상을 그대로 비추는 것과 같고 빈 계곡이 메아리 소리를 그대로 무심히 전하는 것과 같은 것이다.

그리고 이것은 신묘(神妙)하게 응(應)하는 것으로 장소가 따로 없고 일체의 종적을 남기지 않아야 하는 것이다.

다시 잡는 옷자락을 뿌리치고 남쪽으로 가게 되어 대명부(大名府)에 머무르게 되었다. 흥화(興化)의 존장(存獎)스님이 임제선사의 법(法)을 계승하고는 동당(東堂)에 이전의 주지로 모시고 시봉을 하였다.

동병(銅瓶)과 철발(鐵鉢)로서 제도하니 방장실에 숨겨주고 말씀이 새어나가지 않게 하여 보호하여 주었다.

소나무가 늙었으나 백운(白雲)은 한가하게 어디에서나 유유자적하였다.

면벽(面壁)하며 좌선하신지 얼마 되지 않아서 장차 입적할 것을 알고 제자에게 법(法)을 부촉하면서 나의 정법안장(正法眼藏)을 누구에게 전하였는지 물으면 저 눈먼 당나귀가 멸각(滅却, 인가증명, 망념을 제거하고 견성)하였다고 말하였다.

원각종연(圓覺宗演) 노사(老師)께서 지금 임제의 종지(宗旨)를 유통시키고자 하여 어록을 점검하여 보니 잘못된 것은 없는데 오로지 임제의 일구(一句) 할(喝)은 오히려 상량(商量)하여야 하는 것이다.

그러므로 안목을 구족한 선객(禪客)에게 바라건대 할을 거론한 것은 방편임을 아시기 바랍니다.

선화(宣和) 경자년(庚子年, 1120년)의 중추일(中秋日)에 삼가 서문을 쓰다.

《해설》

　　* 진주임제혜조선사어록(鎭州臨濟慧照禪師語錄): 현재 하북성의 호타하의 강변에 있는 작은 사찰인 임제원에 살았던 임제스님의 법문과 행장등을 기록한 책이다. 혜조선사는 당(唐)의 17대 의종(833-873)이 하사(下賜)한 시호(諡號)이다.

　　* 연강전학사 금자광록대부 진정부로안무사 겸마보군도총관 겸지성덕군 부사 마방찬(延康殿學士 金紫光祿大夫 眞定府路安撫使 兼馬步軍都總管 兼知成德軍 府事 馬防撰): 서문은 4개가 있지만 더 후대에 기록된 것이고 마방의 서문이 제일 많이 알려져 있다. 마방의 직책을 고위관직이고 군대를 지휘하는 사람이라고 강조한 것을 보면 이 시대가 난세라는 것을 나타내는 것이고 이 책이 새롭게 편집되어 출간되어야 하는 이유를 대변하고 있다고 말할 수 있다. 불안전한 국민들의 마음을 안정시켜 국력을 강건하게 하려는 의도로 서문을 작성한 것이 아닌가 하는 생각이 든다. 우리의 고려대장경도 이와 같은 시대적인 상황에서 제작되었던 것처럼 『임제록』의 서문에 기록된 마방을 보면서도 국가에서 만들었다는 것을 강조하고 있는 것이 되는 것이다. 서문의 내용은 본문에 있는 것이므로 주석은 본문을 참조할 것.

진주임제혜조선사어록

鎭州臨濟慧照禪師語錄
住三聖嗣法小師慧然集

《번역》

진주 임제혜조 선사어록

(삼성원의 주지이며 임제의 불법(佛法)을 계승한 소사(小師) 혜연이 편집)

《해설》

＊ 주삼성사법소사혜연집(住三聖嗣法小師慧然集): 삼성원이라는 사찰의 주지스님이신 혜연스님이 기록하고 편집한 어록이라고 말하고 있는 것이다. 하북부(河北府) 주왕(主王)의 상시(常侍)와 모든 관리들에게 법문하는 것이기에 임제선사의 불법(佛法)을 계승한 제자인 혜연스님이 기록하고 편집했다는 것을 강조하여 임제선사의 법(法)을 정확하게 그대로 전하고 있다고 하는 것이다.

Ⅱ. 상당(上堂)

1) 관료와 대중에게 상당(上堂) 법문(法門)

府主王常侍與諸官, 請師升座.

師上堂云. 山僧今日, 事不獲已, 曲順人情, 方登此座. 若約
祖宗門下稱揚大事, 直是開口不得, 無爾措足處.

山僧此日, 以常侍堅請, 那隱綱宗. 還有作家 戰將直下 展
陣開旗麼. 對眾證據看.

《번역》

하북부(河北府) 주왕(主王)의 상시(常侍)와 모든 관리들이 임제
선사에게 법좌(法座)에 나오셔서 법을 설해 주시기를 간청하였다.

임제선사께서 상당(上堂)하여 말씀하였다.

"산승이 오늘의 일은 부득이(不得已)한 것으로 왜곡하여 말
하면 인정(人情)에 의하여 이 법좌에 나왔습니다.

만약에 조종(祖宗)의 문하(門下)에서 일대사(一大事)를 칭
양(稱揚, 종지를 들어 擧揚)한다면, 지금 바로 입으로 설명한
다고 해도 얻을 수 있는 것은 아니며, 그대들의 생각으로는
접근도 할 수 없는 것입니다.

산승(山僧)이 오늘은 상시(常侍)께서 간곡히 요청하시는 것

인데 어찌 선(禪)의 종지(宗旨)를 숨길 수 있겠습니까?

만약에 여러분들 중에 뛰어난 작가(作家)가 있다면 전쟁에서와 같이 마땅히 깃발을 들어 곧바로 진을 치고 자신의 의지(意旨)를 전개하여 대중 앞에서 선(禪)의 종지(宗旨)를 증명(證明)하여 보시기 바랍니다."

《해설》

＊ 사불획이 곡순인정(事不獲已, 曲順人情): 일이 부득이(不得已)하다고 한 것은 국가에서 요청한 것이므로 부득이 하다고 한 것이고 왜곡하여 말하면 인정(人情)에 의한 것이라고 한 것은 중생을 제도하는 것은 어디에서나 해야 하는 것이지만 지금과 같은 자리를 만들어 법문하면 조작이 될 수 있다는 것을 우려하는 것이다.

＊ 직시개구부득 무이조족처(直是開口不得, 無爾措足處): 인정(人情)에 의하여 법문을 하지만 언어문자로 설명을 아무리 하여도 자신들이 하지 않으면 이룰 수 있는 것이 아니므로 그대들은 생각이나 알음알이의 지식으로는 접근도 할 수 없다고 하는 것이다. 견성(見性)하는 것은 누구나 할 수 있지만 이것을 실천하여 성불(成佛)하는 것은 언어문자나 지식으로 하는 것이 아니므로 접근도 할 수 없다고 하는 것이다.

＊ 대중증거간(對眾證據看): 자신의 의지(意旨)를 전개하여 대중 앞에서 선(禪)의 종지(宗旨)를 증명(證明)하여 보라고 한 것은 수행자들과 직접 대화를 하면서 제도(濟度)하겠다는 것이다. 조작된 법석이지만 조작하지 않고 제도(濟度)하는 모습을 보여주며 누구나 무의도인(無依道人)으로 살아가기를 바라는 서원(誓願)인 것이다.

僧問. 如何是佛法大意.

師便喝.

僧禮拜.

師云. 這箇師僧, 却堪持論.

《번역》

어느 스님이 물었다.

"어떻게 하는 것이 불법(佛法)의 대의(大意)를 올바르게 실천하는 궁극적인(究竟) 것입니까?"

임제선사께서 바로 할(喝, 唵, 無, 할, 옴, 무)을 하셨다.

그 스님이 예배하였다.

임제선사께서 말씀하셨다.

"이 저개(這箇, 일개 성자)스님은 불법(佛法)의 논지를 감당할 수 있는 사람이다."

《해설》

 * 할(喝): 불법(佛法)의 대의(大意)를 묻는데 할(喝)을 한다는 것은 이심전심(以心傳心)을 설명하는 것이고 염화미소를 대변하는 말인 것이다. 이것 때문에 부처가 되어야 부처를 볼 수 있다고 하는 것이다. 그러므로 일대일의 교화라고 하는 것이다.

問. 師唱誰家曲, 宗風嗣阿誰.

師云. 我在黃蘗處, 三度發問, 三度被打.

僧擬議, 師便喝, 隨後打云. 不可向虛空裏, 釘橛去也.

《번역》

어느 스님이 물었다.

"임제선사께서는 어느 선가(禪家)의 곡조(曲)를 주창(主唱)하시며 누구의 종풍(宗風)을 계승하셨습니까?"

임제선사께서 대답하셨다.

"내가 황벽선사의 처소에서 수행할 때에 세 번이나 (어떻게 하는 것이 佛法의 大意를 올바르게 실천하는 것입니까?)라고 질문하였는데, 세 번이나 주장자로 내려치는 대답을 듣고 깨달아 이와 같이 주창하고 계승했다."

그 스님이 사량분별하여 무슨 말을 하려고 하니 임제선사께서 바로 할(喝)을 하시고 주장자로 바닥을 내리치시면서 말씀하셨다.

"허공과 같은 자신의 불성(佛性)에 다른 번뇌 망념의 고정관념을 가지지 마세요."

《해설》

* 사창수가곡 종풍사아수(師唱誰家曲, 宗風嗣阿誰): 어느 선가(禪家)의 곡조(曲)를 주창(主唱)하시며 누구의 종풍(宗風)을 계승하였는지 묻는 것은 당시의 시대상을 말하는 것이다. 불법(佛法)을 논하는 자리에서 자신의 행장을 거론하게 하는 것은 편집자의 의도이지만 대중들의 의심을 풀어주기 위한 자비심이다.

＊ 불가향허공리 정궐거야(不可向虛空裏, 釘橛去也): 일반적으로 허공에 말뚝을 박지 말라고 번역하지만 허공과 같은 자신의 불성(佛性)에 다른 번뇌 망념의 고정관념을 가지지 말라고 한 것은 즉 임제스님의 말씀을 듣고 사량분별하지 말라는 뜻으로 이와 같이 한 것이다.

有座主問. 三乘十二分教, 豈不是明佛性.

師云. 荒草不曾鋤.

主云. 佛豈賺人也.

師云. 佛在什麼處. 主無語.

師云. 對常侍前, 擬瞞(謾)老僧, 速退速退, 妨他別人諸(請)問.

★ ( )안은 『天聖廣燈錄』卷10(『卍續藏』78, 467쪽. 중9.):
「擬謾老僧, 速退速退, 妨他別人請問.」

《번역》

어느 좌주(座主)스님이 물었다.

"3승과 12분교(三乘十二分教, 성문연각보살과 모든 경전)는 불성(佛性)을 분명하게 설명하기 위한 것이 아닙니까?"

임제선사께서 대답하셨다.

"경전이라고만 알고 자신의 마음을 수행할 생각은 하지 않았구나."

★ (일반적으로 거친 풀을 아직도 호미질을 하지 않았구나!

라고 설명하지만 불교 경전을 무시하는 사람들이나 경전을 사용할 줄 모르는 수행자를 경책하는 것이다.)

좌주(座主, 講師, 講主)스님이 말했다.

"부처님이 어찌 사람을 속이겠습니까?"

임제선사께서 말씀하셨다.

"부처님이 어디에 있습니까?"

좌주(座主)스님이 대답을 하지 못했다.

그러자 임제선사께서 말했다.

"상시(常侍)께서 면전에 계신데 노승(老僧)을 헐뜯으려고 하지 말고 빨리 빨리 물러나서 다른 사람이 법문 듣는 것을 방해하지 말고 별도로 청문(請問)하세요."

《해설》

 * 좌주(座主): 불교를 전문적으로 연구하고 강의하는 사람을 말하지만 선불교와 비교하려고 어록에서 자주 등장시키는 인물의 명칭이다. 좌주(座主), 강사(講師), 강주(講主), 교수(敎授)등을 지칭하는 표현으로 지식으로 불교를 이해하는 사람들을 말한다. 원래의 뜻은 법좌의 주인이라는 말이므로 부처나 조사가 되어야 하지만 일반적인 존칭으로 사용하는 것이다.

 * 삼승십이분교 기불시명불성 … (三乘十二分教, 豈不是明佛性 …): 성문연각보살이라는 사람들도 모두 경전(經典, 대장경)에 의하여 불성(佛性)을 찾는 사람들이고 대장경도 역시 불성(佛性)을 분명하게 찾을 수 있게 설명한 것이라고 좌주(座主)가 말한 것이다. 이 말이 틀린 것은 아니지만 부처를 머리로 지식으로 이해하려

고하는 좌주(座主)를 경책하는 것으로 경전을 활용하여 실천할 줄 모르는 수행자를 경책하는 것이다.

＊ **청문(請問)**: 청익(請益)문답(問答)을 말하는 것으로 별도로 묻고 대답하게 하여 교화하는 방법을 말한다. 무의도인(無依道人)이 시간의 제약을 받는 경우에 별도로 제도(濟度)하는 것이지 개인적인 대화 때문에 하는 요즘 행해지는 고해성사와는 다른 것이다. 승가에서는 자신의 허물을 참회하고 참괴하는 것이 계율이다.

　復云. 此日法筵, 為一大事故, 更有問話者麼, 速致問來. 爾纔開口, 早勿交涉也.

　何以如此, 不見釋尊云. 法離文字, 不屬因, 不在緣故.

　為爾信不及, 所以今日葛藤.

　恐滯常侍 與諸官員, 昧他佛性, 不如且退. 喝.

　一喝云. 少信根人, 終無了日. 久立珍重.

《번역》

　다시 말씀하셨다.

　"오늘의 법연(法筵)은 불법(佛法)의 근본적인 일(一大事)을 깨닫게 하기 위한 것이므로 다시 물을 사람이 있으면 빨리 물으세요.

　그렇지만 그대들이 가진 중생심의 언어문자로는 묻고자 입만 열면 바로 불법(佛法)과는 어긋나게 되는 것이다."

　왜 이와 같이 말하는가 하면 석가세존께서 다음과 같이 설하는 것을 들어보지 않았는가?

"불법(佛法)은 언어문자를 초월해야 하는 것이므로 인(因)에 속하지도 않고 연(緣)에 있는 것은 아니다."라고 하신 것을 들어 보지 못했는가?

그대들이 불법(佛法)을 확신하지 못했기 때문에 지금 갈등하고 있는 것이다.

상시(常侍)와 모든 관리들이 그들의 불성(佛性)을 우매하게 알지 않을까 하는 것이 두려우니 오늘은 그만 하는 것이 좋겠습니다. 할!(喝)

불법(佛法)에 맞게 할(喝)을 하고 말했다.

"불법(佛法)을 확신하지 못한 사람은 이 할(喝)을 끝내 깨달아 요달하지 못하게 되는 것이다."

오랜 동안 이와 같이 살아 왔으니 밝게 깨달아 지금부터 새롭게 전환시켜 자각적인 삶을 살아야 합니다. (久立珍重)

★ (이것을 아주 소중하게 잘 알고 실천하십시오.)

《해설》

＊차일법연 위일대사고(此日法筵, 爲一大事故): 오늘 불법(佛法)을 법문(法門)하는 이 자리는 일대사(一大事, 본분사)라는 자신들의 생사(生死)를 해결하기 위하여 모인자리라고 한 것이다. 여기에서 생사(生死)는 번뇌망념이 생기고 사라지는 것을 생사(生死)라고 하는 것이기에 항상 정념(正念)으로 살기를 바라는 것이고 진정견해(眞正見解)를 구족하기를 원하는 것이다.

＊이재개구 조물교섭야(爾纔開口, 早勿交涉也): 중생심으로 생

사(生死)를 이해하고 알려고 하여 언어문자로 물으려고 입을 열면 바로 불법(佛法)과는 어긋나는 것이라고 하는 것이다. 자신의 불법(佛法)은 인(因)과 연(緣)에 의하여 만들어진 것이므로 자신의 불법(佛法)은 고정된 언어문자로 된 것이 아니라는 것이고 정념(正念)으로 불법(佛法)에 맞게 사는 것을 진여의 지혜로 사는 것이라고 하는 것이다. 단지 고정된 언어문자로 알고 있는 지식을 자신의 지혜와 구분하지 못하는 것을 경책하는 것이다.

 * **위이신불급 소이금일갈등(爲爾信不及, 所以今日葛藤)**: 자신의 불법(佛法)을 확신하지 못했다고 하는 것은 지식과 진여의 지혜를 구분하지 못하기에 확신하지 못하고 지금까지 갈등(葛藤)속에 살고 있다는 것을 강조하고 있는 것이다. 만약에 수행자가 이것을 구분하지 못한다면 무슨 수행을 하겠느냐고 하면서 자신(임제)이 말한 할(喝)을 어떻게 알 수 있을 것이냐고 기초적인 문제를 제기하고 있는 것이다.

공(空)

2) 상시(常侍)의 요청으로 법을 설하다.

師因一日, 到河(北)府, 府主王常侍, 請師升座.
時麻谷出問. 大悲千手眼, 那箇是正眼.
師云. 大悲千手眼, 那箇是正眼, 速道速道.
麻谷拽師下座, 麻谷却坐.
師近前云. 不審.
麻谷擬議, 師亦拽麻谷下座, 師却坐.
麻谷便出去, 師便下座.

《번역》

　임제선사께서 어느 날 하북부에 갔는데 하북부 주왕(主王)의 상시(常侍)가 임제선사에게 법좌(法座)에 나오셔서 법을 설해 주시기를 간청하였었다.

　그때에 마곡화상이 나와 물었다.

　"대비 관세음보살의 천수(千手)안에 있는 천안(千眼)에서 어느 것이 올바른 눈입니까?"

　임제선사께서 대답했다.

　"대비 관세음보살의 천수(千手)안에 있는 천안(千眼)에서 어느 것이 올바른 눈인지 빨리 말해 보세요. 빨리 대답해 보세요."

　마곡화상이 임제선사를 법좌(法座)에서 끌어 내리고는 마곡화상이 도리어 법좌(法座)에 앉았다.

임제선사께서 마곡화상앞에 가까이 가서 말했다.

"누구이신지 알아보지 못했습니다."

★ (마곡화상이 부처인 줄을 제가 알아보지 못했습니다. 미안합니다.)

마곡화상이 사량분별하여 무슨 말을 하려고 하니 임제선사께서 역시 마곡화상을 법좌(法座)에서 끌어 내리고 임제선사께서 도리어 법좌(法座)에 앉았다.

마곡화상이 바로 나가자 임제선사께서 바로 법좌(法座)에서 내려왔다.

《해설》

* 대비천수안 나개시정안(大悲千手眼, 那箇是正眼): 마곡화상이 천수천안관세음보살의 천 개의 손(千手)안에 있는 천 개의 눈(千眼)에서 어느 눈이 올바른 눈이냐고 묻는 것이다. 마곡화상이 관세음보살의 자비를 어떻게 실천하느냐고 임제선사에게 물으면서 자기에게 '자비를 한 번 베풀어 보십시오.' 라고 하니 임제선사께서 도리어 마곡화상에게 다시 질문을 되돌려 문답하는 것이다.

* 이 선문답과 행동으로 서로가 감변(勘辨)하고 확인하여 무의도인(無依道人)으로 살아가는 모습을 염화미소와 같이 나타내고 있는 것이다.

부처라는 말을 직접 하지는 않았지만 마곡화상은 사량분별하여 의논(擬議)하려고 하는 것도 필요치 않다고 하니 서로가 확인하고 검증한 것이다.

上堂云. 赤肉團上, 有一無位眞人, 常從汝等諸人, 面門出
入, 未證據者, 看看.

時有僧出問. 如何是 無位眞人.

師下禪床 把住云. 道道.

其僧擬議, 師托開云. 無位眞人, 是什麼乾屎橛. 便歸方丈.

《번역》

임제선사께서 상당(上堂)하여 말씀하셨다.

"우리들의 육신(肉身)속에 일개성자인 무위진인(無位眞人)
이 있는데 무위진인(無位眞人)이 항상 우리들의(그대들의)
입(面門, 六門, 얼굴, 표정)으로 출입하고 있는데 아직까지
이것을 정확하게 보고 알지 못하였으면 지금 잘 보고 자세하
게 알아보도록 하세요."

그때에 어느 스님이 나와서 물었다.

"무엇이 무위진인(無位眞人)입니까?"

임제선사께서 선상(禪床)에서 내려와 그 스님을 파주(把住,
교화의 방편)로 잡고는 말했다. "무위진인(無位眞人)이 무엇
인지 말해보아라. 지금 말해 보아라."

그 스님이 사량분별하여 무슨 말을 하려고 하니 임제선사께
서 그 스님을 밀어 버리고 말했다.

"무위진인은 무슨 똥딱지 같은 소리하고 있네." 하고는 바
로 방장실로 돌아갔다.

    ＊ 적육단상 유일무위진인(赤肉團上, 有一無位眞人): 육신(肉身)
이라고 하는 것은 모든 사람을 지칭하는 것이며 모든 사람들에게
무위진인(無位眞人)이 똑같이 존재한다는 것을 강조하고 있는 것
이다. 즉 모두가 무위진인(無位眞人)인데 자신이 자신의 무위진인
(無位眞人)을 알아보지 못하므로 자기의 면문(面門)으로 항상 출
입하고 있으니 잘 살펴서 확인하라고 하는 것이다.

    ＊ 자신의 무위진인(無位眞人)을 타인에게 묻는다면 자신을 잃어
버리는 것이 되는데도 자신의 무위진인(無位眞人)을 묻는다고 하면
쓸모없는 소리가 되는 것이기에 똥딱지 같은 소리라고 하는 것이
다. 자신의 지혜를 지식으로 알려고 하는 것을 경책하는 것이다.

불불도동조조여시(佛佛道同祖祖如是)

3) 할(喝)과 불자(拂子) 그리고 주장자(拄杖子)

上堂, 有僧出禮拜, 師便喝.

僧云. 老和尙, 莫探頭好.

師云. 爾道落在什麽處.

僧便喝.

又有僧問. 如何是 佛法大意.

師便喝, 僧禮拜.

師云. 爾道好喝也無.

僧云. 草賊大敗.

師云. 過在什麽處.

僧云. 再犯不容.

師便喝.

《번역》

임제선사께서 상당(上堂)하니 어느 스님이 임제선사에게 나와서 예배를 했다. 임제선사께서 바로 할(喝)을 했다.

그 스님이 말했다.

"노화상께서는 제가 어떻게 생각하는지를 탐문하지 마세요."

임제선사께서 말했다.

"그대가 탐문한다고 말한 의도는 어디에 있는가?"

그 스님이 바로 할(喝)을 했다.

또 어느 스님이 물었다.

"어떻게 하는 것이 불법(佛法)의 대의(大意)를 올바르게 실천하는 궁극적인(究竟) 것입니까"

임제선사께서 바로 할(喝)을 했다.

그 스님이 예배를 하였다.

임제선사께서 물었다.

"그대가 할(喝)에 대하여 잘 아는가?"

그 스님이 대답했다.

"초적(草賊, 도적)을 크게 패(敗)하게 하는 말입니다."

★ (이것은 불법의 대의(如何是 佛法大意)를 물어서 자신이 얻으려고 한 것을 초적(草賊)이라고 한 것이며 대패(大敗)라고 한 것은 질문에 대한 답을 하여 자신을 일깨워준 것을 감사하게 생각한다는 말이다.)

임제선사께서 말했다.

"허물이 어느 곳에 있는지 아는가?"

★ (구경의 뜻을 알았는가?)

그 스님이 대답했다.

"두 번 다시 이와 같은 일은 범하지 않겠습니다."

★ (잘 알았습니다.)

임제선사께서 바로 할(喝)을 했다. ★ (인가)

《해설》

＊ 할(喝): 할(喝), 무(無), 옴(唵)은 같은 것이라고 할 수 있다. 할(喝)의 원래 뜻은 꾸짖는다는 뜻이지만 옴(唵)이나 조주의 무(無)자와 같다고 하는 것은 이 한마디로 모두에게 자신의 마니보주를 찾도록 하는 방편설법이 되기 때문이고, 또 자신의 불성(佛性)을 확인하고 검증하는 도구로 사용되기 때문이다.

是日, 兩堂首座相見, 同時下喝.

僧問師. 還有賓主也無.

師云. 賓主歷然.

師云. 大衆要會, 臨濟賓主句, 問取堂中二首座, 便下座.

《번역》

어느 날 양당(兩堂)의 수좌(首座)가 서로 마주치자 동시(同時)에 할(喝)을 했다.

어느 스님이 임제선사에게 물었다.

"이와 같이 할(喝)을 동시에 하면 주객(賓主)이 있을 수 있습니까?"

임제선사께서 대답했다.

"주객(賓主)이 분명하게 있다."

임제선사께서 말했다.

"대중들이시여 임제가 말하는 주객(賓主)에 대한 내용을 꼭 알려고 하거든 양당(兩堂)의 두 수좌에게 물어서 취하여야 하는 것이다.”하시고는 바로 법좌(法座)에서 내려갔다.

★ (주객에 대하여 묻는 그 스님을 경책하는 것)

《해설》

* 이 문답에서 양당의 수좌를 빈주(賓主)로 구분하는 어느 스님과 임제선사의 차이점을 알아야 하는 것이다. 양당 수좌에게 허물이 있는 것과 허물이 없는 것으로 보는 견해는 불법(佛法)으로 보는 관점이 아닌 것이 된다. 그러므로 양당 수좌의 허물을 보지 않는 견해를 가져야 하고 빈주(賓主)는 항상 있는 것이지만 그것을 보려는 어느 스님의 질문은 항상 차별에 떨어져 있는 질문이므로 질문하는 스님을 경책(警責)하는 것이다.

귀가(歸家)

36

上堂, 僧問. 如何是 佛法大意.

師竪起拂子.

僧便喝.

師便打.

又, 僧問. 如何是 佛法大意.

師亦竪起拂子.

僧便喝.

師亦喝.

僧擬議, 師便打.

《번역》

　임제선사께서 상당(上堂)하자 어느 스님이 물었다.

　"어떻게 하는 것이 불법(佛法)의 대의(大意)를 올바르게 실천하는 궁극적인(究竟) 것입니까"

　임제선사께서 불자(拂子, 제자를 제접하는 도구, 번뇌망념을 제거하는 방편의 도구, 먼지털이, 불진)를 세웠다.

　★ (불자를 세워서 망념(妄念)없이 진여의 지혜로 생활하면 되는 것이라는 설명)

　그 스님이 바로 할(喝)을 했다. ★ (승부욕의 아상)

　임제선사께서 바로 불자(拂子)로 때렸다.

　★ (자만심을 제거하게 하는 것)

　또 어느 스님이 물었다.

"어떻게 하는 것이 불법(佛法)의 대의(大意)를 올바르게 실천하는 궁극적인(究竟) 것입니까"

임제선사께서 역시 불자(拂子)를 세웠다.

그 스님이 바로 할(喝)을 했다.

★ (잘 알겠습니다. 라고 하는 할(喝)이다.)

임제선사 역시 할(喝)을 했다.

★ (무슨 뜻인지 정말로 아는가?)

그 스님이 사량분별하여 무슨 말을 하려고 하니 임제선사께서 바로 불자(拂子)로 때렸다.

★ (알음알이로 알려고 하는 마음을 제거해야 한다.)

《해설》

* 불법대의(佛法大意): 불법(佛法)의 대의(大意)에서 불법(佛法)은 자신들의 불법(佛法)을 말하는 것이지 대상의 불법(佛法)을 말하는 것이 아니므로 진여의 지혜로 실천하는 것을 말하는 것이다. 그러므로 어떻게 하면 정확하게 실천할 수 있는 것인가라고 묻고 대답하는 것을 불자(拂子)라는 도구와 할(喝)을 이용하여 대화하고 있는 것이다. 여러 가지로 추측을 할 수 있지만 탐진치(貪嗔癡)를 계정혜(戒定慧)로 전환시키는 방편설법으로 이해하는 것이 좋을 것이라고 생각한다.

38

師乃云. 大衆, 夫爲法者, 不避喪身失命.

我二十年, 在黃蘗先師處, 三度問, 佛法的的大意, 三度蒙他賜杖, 如蒿枝拂著相似.

如今更思得一頓棒喫, 誰人爲我行得.

時有僧出衆云. 某甲行得.

師拈棒與他, 其僧擬接, 師便打.

《번역》

임제선사께서 이에 말했다.

"대중들이시여, 반드시 불법(佛法)을 체득하고자하는 이들은 중생심의 신명(身命)을 버리는 것을 피하지 말아야한다.

내가 20년 전에 황벽화상의 문하에서 수행할 때에 세 번이나 '어떻게 하는 것이 불법(佛法)의 대의(大意)를 올바르게 실천하는 궁극적인(究竟) 것입니까'라고 물었다가 주장자로 깨우쳐 주시는 고통을 받았었는데 마치 쑥대로 번뇌의 먼지를 털어주는 것과 같았다.

지금 다시 옛날처럼 나에게 한 번 더 깨달음으로 전환하여 줄 사람이 있는가?"

그때 어느 스님이 대중 가운데서 나와서 말했다.

"제가 그렇게 하겠습니다."

임제선사께서 주장자를 그 스님에게 주려고 내미니 그 스님이 주장자를 잡으려고 하자 임제선사께서 바로 바닥을 내려쳤다.

《해설》

* 상신실명(喪身失命): 중생심의 신명(身命)을 버려야 불심(佛心)의 생명이 다시 태어나게 된다고 말하고 있는 것이다. 육신이 죽고 육신이 다시 태어나 윤회한다고 하는 논리는 맞지 않고 영혼이 다시 태어난다고 하는 것도 눈에 보이지 않는 것을 있다고 주장하는 일부의 신앙에 빠진 자들의 주장일 뿐이다. 그러므로 단지 차별분별하는 중생심만 버리면 된다고 하는 것이다.

* 여호지불저상사(如蒿枝拂著相似): 자신에게 자각하게 하여준 것을 비유하여 지난날과 똑같이 다시 한 번 더 같은 경험을 하고 싶은 마음이 간절하다는 표현인데 이것은 자신과 같은 수행자가 나와 주기를 바라는 것인데 실제로 임제스님이 과거의 추억에 빠진 것으로 알면 안 되는 것이다. 여기에서 말하는 주장자나 불자(拂子), 할(喝)등은 자신의 아기(자식, 제자)를 가르치는 도구인 것이지 자신의 감정을 표출하는 도구는 아닌 것이다. 그런데도 간혹은 자신의 감정을 표출하는 방편으로 사용하는 것처럼 번역하는 것은 부작용이 있을 수 있는 것이다.

* 마지막 부분의 내용은 자신이 대오(大悟)했던 것을 다른 사람들도 똑같이 경험했으면 하는 간절한 마음인데 실제로 그와 같은 일을 실행(某甲行得)하려는 무모한 수행자의 경솔함을 경책하는 것이다.

4) 번뇌망념을 끊는 일

上堂, 僧問. 如何是 劍刃上事.
師云. 禍事, 禍事.
僧擬議, 師便打.

《번역》

임제선사께서 상당(上堂)하니 어느 스님이 물었다.

"어떤 것이 칼날로 끊는 일(事)입니까?"

임제선사께서 대답했다.

"번뇌망념을 끊는 일이고 허물을 제거하는 것이다."

★ (위험이나 큰일이라는 것은 번뇌의 생사(生死)를 끊는 일이기 때문이다.)

그 스님이 사량분별하여 무슨 말을 하려고 하니 임제선사께서 바로 주장자로 바닥을 내려쳤다.

《해설》

* 여하시검인상사(如何是劍刃上事): 칼날로 끊는다고 하거나 죽인다는 표현을 하지만 이것은 모두가 사람을 죽이는 것이 아니고 번뇌망념을 끊고 죽인다고 하는 것이다. 왜냐하면 고정관념이 쉽게 바뀌지 않기 때문에 험악하고 난폭한 표현을 한 것일 뿐이다.

問. 秖如石室行者, 踏碓忘却移脚, 向什麼處去.
師云. 沒溺深泉.

《번역》
　어느 스님이 물었다.
　"마침 석실행자가 방앗간에서 디딜방아로 곡식을 빻으면서 발로 방아 밟는 것을 잊어버리고 방아를 찧고 있을 때에 석실행자의 본래면목은 어디에 있는 것입니까?"
　임제선사께서 대답했다.
　불법(佛法)에 어긋나지 않게 진여의 지혜로 자신의 일을 하고 있는 것이다."

《해설》
　* 몰익심천(沒溺深泉): 몰익(沒溺)은 완전히 몰입(沒入)된 것을 말하는 것이고 심천(深泉)이라고 하는 것은 깊은 샘이므로 불법(佛法)에 어긋나지 않게 진여의 지혜로 자신의 일을 하고 있는 것이라고 할 수도 있는 것이고 다른 관점에서 보면 자신의 일에 너무 깊게 몰입(沒入)된 것이라고 할 수도 있다. 석실행자가 일하는 것을 잘못된 것으로 이해하기 보다는 행자(行者)이지만 무위진인으로 살아가는 모습이라고 말하면 어느 누구나 무위진인으로 살아갈 수 있게 되므로 무위진인(無位眞人)으로 보는 견해가 좋을 것이라고 생각한다.

師乃云. 但有來者, 不虧欠伊, 總識伊來處.

若與麼來, 恰似失却. 不與麼來, 無繩自縛. 一切時中, 莫亂斟酌.

會與不會, 都來是錯. 分明與麼道, 一任天下人貶剝. 久立珍重.

《번역》

임제선사께서 이어서 말했다.

"다만 나는 나에게 무슨 일로 오더라도 무위진인(無位眞人)이 아니라고 보지 않고 모두를 무위진인(無位眞人)이라고 알고 있다.

만약에 이와 같이 오는 이들을 모두 무위진인(無位眞人)이라고 안다고 하면 어리석은 사람과 같지만 중생심을 버린 사람인 것이다.

그리고 이와 같이 오는 이들을 모두 무위진인(無位眞人)으로 알지 못한다고 하면 평생 동안 중생심으로 자신을 속박하고 살아가게 되는 것이다.

그러므로 언제 어디에서나 항상 어설프게 짐작으로 판단하지 말아야 한다.

중생심으로 아는 것과 모르는 것은 모두가 생멸(生滅)하는 중생심인 것이니 진여의 지혜로 생활하는 것과는 어긋나는 것이다.

나는 분명히 이와 같이 말하니 천하의 모든 사람들은 번뇌망념의 중생심을 벗어나서 무위진인(無位眞人)으로 살아가야 합니다.

오랜 동안 이와 같이 살아왔으니 밝게 깨달아 지금부터 새롭게 전환시켜 자각적인 삶을 살아야 합니다. (久立珍重)"

★ (이것을 아주 소중하게 잘 알고 실천하십시오.)

《해설》

* 임제스님을 전지전능한 사람으로 조작하는 것 때문에 직역을 하지 않고 의역을 하였는데 무위진인과 천상천하유아독존을 알면 이해할 수 있을 것이다.

몰익심천(沒溺深泉)

5) 어느 곳이나 좌도량

上堂云. 一人在孤峯頂上, 無出身之路.
一人在十字街頭, 亦無向背.
那箇在前, 那箇在後.
不作維摩詰, 不作傅大士. 珍重

《번역》

임제선사께서 상당(上堂)하여 말했다.

"일개성자(一箇聖者) 한 사람은 고봉정상(高峰頂上)에서 생활하므로 부귀나 명예를 위할 필요가 없고, 일개성자(一箇聖者) 한 사람은 세속의 일반사람들과 같이 살고 있으므로 앞뒤가 없기 때문에 어느 누구나 다 차별 없이 교화한다.

★ (세속에 사는 모든 사람들을 교화)

어느 것이 먼저이고 어느 것이 뒤라고 할 수 있겠는가?

한 사람은 유마힐이고 한 사람은 부대사라고 조작하여 생각하지 말아야 한다.

이것을 밝게 깨달아 지금부터 새롭게 전환시켜 자각적인 삶을 살아야 합니다. (珍重)"

★ (이것을 아주 소중하게 잘 알고 실천하십시오.)

《해설》

* 이것의 비유는 신수와 같이 왕궁에서 살아가며 교화하는 것이나 석실행자나 보화와 같이 교화하는 것을 비교하지 말고 항상 자신의 삶을 살아야 한다는 경책이다. 모두가 평등할 때에 평등한 세계가 이루어지는 것이므로 최고의 극락세계를 추구하는 마음으로 말한 것으로 생각 된다.

* 고봉정상(高峰頂上): 깨달음의 경지를 높은 산의 정상에 비유한 것이다. 최고로 높은 지위의 경지에 사는 사람이나 독자적인 깨달음의 세계를 건설하여 사는 사람으로 세속의 상류세계에서 교화하는 것을 비유하는 것이다. 그리고 간혹 비정상적이지만 벽지불이나 독각, 연각, 보살의 지위를 말하는 경우도 있지만 이곳의 대화와는 다른 것 같다. 고봉정상이나 시장에서 살아가더라도 항상 자신의 본분을 잃지 않고 살아가는 무위진인(無位眞人)이나 무의도인(無依道人)으로 당당하게 살아가는 모습을 말하고 있다.

* 유마힐과 부대사: 유마거사와 부대사는 일반 사람이면서 최고의 경지에서 중생을 교화한 무위진인(無位眞人)이다. 승가나 연각, 독각, 보살, 아라한, 부처, 조사를 말하지 않고 일반인을 여기에 기록한 것은 누구든지 할 수 있고 해야 하는 것이기 때문이다. 누구나 불법(佛法)에 맞게 항상 진여의 지혜로 살아가면서 교화하는 것이지 별도로 조작된 자리를 만들어 남의 경전이나 읽고 설명하는 것만 최고라고 생각하지 말라는 것이다.

上堂云. 有一人論劫在途中, 不離家舍.

有一人離家舍, 不在途中.

那箇合受, 人天供養. 便下座.

《번역》

임제선사께서 상당(上堂)하여 말했다.

"일개성자 한 사람은 영원히 도중(途中, 진여의 지혜로 생활)에 있으면서 자기 본성(本性)의 집을 벗어나지 않는다.

★ (불법(佛法)에 어긋나게 살지 않는다.)

또 일개성자 한 사람은 자기 자신을 초월하여 진여의 지혜로 생활하면서 몰종적을 실천하는 조사(祖師)로 살아간다.

★ (조사선의 실천)

어느 사람이 인천(人天)의 공양을 받겠는가?"라고 하고는 바로 법좌(法座)에서 내려왔다.

《해설》

* 여기에서 유일인(有一人)을 다른 경지의 사람이라고 보는 경우에는 차별의 입장으로 설명을 해야 하지만 동등한 일개성자라고 보면 모두가 조사나 부처로 살아가는 경우라고 할 수도 있다.

성자(聖者)를 구분하지만 모두가 인천의 공양을 받는 성자로 살아가는 모습이라고 하며 수행자들이 상구보리 하화중생하며 살아가야 하는 지침을 말하고 있는 것이다.

그러므로 인천의 공양을 받을 수 있는 사람을 구별하기 위하여 이와 같은 상당설법을 하였다고 보기는 어렵고 모두가 조사나 부처로서 살아가기를 바라는 설법이라고 생각된다.

고봉정상(高峰頂上)

6) 삼구(三句)·삼현(三玄)

上堂, 僧問. 如何是 第一句.

師云. 三要印[1]開朱點側, 未容擬議主賓分.

問. 如何是 第二句.

師云. 妙解豈容無著問, 漚和爭負截流機.

問. 如何是 第三句.

師云. 看取棚頭弄傀儡, 抽牽都來裏有人.

《번역》

임제선사께서 상당(上堂)하니 어느 스님이 물었다.

"무엇이 제 일구(一句)입니까?"

임제선사께서 대답하셨다.

"삼요(三要, 佛法道, 印空印水印泥)의 법인(法印)을 찍으면 빨간 인주(印朱)로 인하여 숨은 글자가 그대로 나타나는 것처럼 주와 객으로 나누어 사량분별하려고 하는 것을 용납하지 않는 것이다."

---

1) 『楞嚴經正見』 卷1(『卍續藏』 16, 638쪽. 하9.): 「以上即是 印空印水印泥 三要印也.」
   『宗範』 卷2(『卍續藏』 65, 347쪽. 중3.): 「汝謂三要印, 即真佛真法真道. 又計第一第二第三句有三門. 此汝錯擬以三玄門配三句, 及佛法道之三耳. 故謂第三即本於真佛. 二即本法, 一即本道. 道者佛法雙明, 炤用無礙. 故謂一與祖佛為師, 既佛法雙明, 有佛矣. 可與祖佛為師哉. 又謂祖佛即法也. 分為二句, 佛為三句. 且問汝三句中得自救不了, 佛自救不了耶.」

★ (佛法道는 사량분별을 하지 않는 것이므로 일구(一句)에서 자각하면 부처나 조사가 되는 것이 라고 하는 것이다. 일구(一句)는 언어문자를 초월하여 항상 진여의 지혜로 생활하는 것이다.)

물었다.

"무엇이 제 이구(二句)입니까?"

임제선사께서 대답하셨다.

"진여의 지혜로 생활하면 무착의 질문도 용납할 수 없지만 방편(漚和)의 지혜로 절류기(극복하는 지혜, 수행자)를 거부하지 않는 것을 말하는 것이다."

물었다.

"무엇이 제 삼구(三句)입니까?"

임제선사께서 대답하셨다.

"무대에서 꼭두각시가 노는 것을 보고는 이것을 조종하는 사람이 안에 있다는 것을 잘 살펴봐야 하는 것을 말하는 것이다."

《해설》

* 이 삼구(三句)는 이 책의 중간에 있는 내용이 더 많이 알려져 있다 즉 "만약 제 일구(一句)에서 정확하게 깨달아 체득하면 조사나 부처의 스승이 되고, 만약 제 이구(二句)에서 정확하게 깨달아 체득하면 인간과 천상의 스승이 되고, 만약 제 삼구(三句)에서 정확하게 깨달아 체득하면 자신만 구제하고 불법(佛法)을 요달하지

는 못할 것이다."(山僧今日見處, 與祖佛不別, 若第一句中得, 與祖佛為師, 若第二句中得, 與人天為師, 若第三句中得, 自救不了.)라고 하며 삼구(三句)를 다시 설명하고 있는 것이다. 사람을 세 단계로 나누어 방편으로 교화하고 있는 것이지만 어떻게 하면 자신이 부처가 되고 인천의 스승이 되며 자신만을 구제할 수 있는 것인지를 다시 강조하여 설명하고 있는 것이다.

師又云. 一句語須具三玄門, 一玄門須具三要, 有權有用. 汝等諸人, 作麼生會. 下座.

《번역》

임제선사께서 또 말씀하셨다.

"일구(一句)에는 반드시 삼현문(三玄門)을 구족하여야 하고 일현문(一玄門)에는 반드시 삼요(三要)가 구족되어야 방편으로 교화할 수도 있고 자신이 진여의 지혜로 생활할 수도 있게 되는 것이다. 그대들 모두는 이것을 어떻게 깨달아 알았는가?"라고 하시고 법좌(法座)에서 내려 왔다.

《해설》

  * 일구(一句)를 다시 삼현문에서 삼요를 구족해야 일구(一句)에서 부처나 조사가 된다고 설하신 것이다.
  * 삼현문(三玄門): 체상용(體相用)을 진여의 지혜로 실천하여 현문(玄門)을 체득하는 것이다.

* 삼요(三要): 불법도(佛法道)의 내용은 "問. 如何是 真佛真法真道. 乞垂開示. 師云. 佛者心淸淨是. 法者心光明是. 道者處處無礙淨光是. 三即一, 皆是空名, 而無寔有. 如真正學道人, 念念心不間斷."『鎭州臨濟慧照禪師語錄』卷1(『大正藏』47, 501쪽. 하28.)에 설하고 있듯이 이것을 구족하지 않으면 불자(佛子)라고 할 수 없는 것이 된다.

현지계합(玄旨契合)

Ⅲ. 수행자들에게 시중(示衆)설법(說法)

1) 수행자의 근기(根器)와 진정견해

師晩參示眾云. 有時奪人不奪境, 有時奪境不奪人, 有時人境俱奪, 有時人境俱不奪.

時有僧問. 如何是奪人不奪境.

師云. 煦日發生鋪地錦, 瓔孩垂髮白如絲.

僧云. 如何是奪境不奪人.

師云. 王令已行天下遍, 將軍塞外絶烟塵.

僧云. 如何是人境兩俱奪.

師云. 并汾絶信, 獨處一方.

僧云. 如何是人境俱不奪.

師云. 王登寶殿, 野老謳歌.

《번역》

임제선사께서 저녁 참문(晩參)할 때에 시중(示衆, 垂示大衆)설법을 하셨다.

"어느 때는 인혹(人惑)을 빼앗지만, 경혹(境惑)은 빼앗지 않고, 어느 때는 경혹(境惑)을 빼앗지만 인혹(人惑)을 빼앗지 않으며, 어느 때는 인혹(人惑)과 경혹(境惑)을 모두 다 빼앗고,

어느 때는 인혹(人惑)과 경혹(境惑)을 모두 다 빼앗지 않는다."

그때에 어느 스님이 물었다.

"어떻게 하는 것이 인혹(人惑)을 빼앗고 경혹(境惑)을 빼앗지 않는 것입니까?"

임제선사께서 대답하셨다.

"따뜻하게 태양이 내리쬐는 봄날이 오면 (경혹을 빼앗지 않으니) 만물은 비단처럼 아름답게 되고, (인혹을 빼앗으면) 어린 아이의 머리에 법우(法雨)를 내리니 머리가 하얀 실과 같이 희게 된다."

★ (경혹(境惑)을 빼앗지 않는다는 교화는 육근을 잘 다스리는 수행자에게 심왕(心王)으로 다스리는 법을 제시하는 것.)

어느 스님이 물었다.

"어떻게 하는 것이 경혹(境惑)을 빼앗아도 인혹(人惑)을 빼앗지 않는 것입니까?"

임제선사께서 대답을 하셨다.

"(경혹을 빼앗아도) 심왕(心王)의 명령이 이미 육근의 천하에 널리 행하여지는 태평한 시절이므로 (인혹을 빼앗지 않아도) 장군이 변방에 있어도 전쟁이 없으니 전쟁이나 위험을 알리는 연기나 파발의 먼지가 나지 않는 것이다."

★ (불법(佛法)을 알고 잘 실천하므로 경혹(境惑)을 빼앗아도 인혹(人惑)을 빼앗을 필요가 없는 것이다.)

어느 스님이 물었다.

"어떻게 하는 것이 인혹(人惑)과 경혹(境惑)을 모두 빼앗는 것입니까?"

임제선사께서 대답하셨다.

"병주(幷州)와 분주(汾州)가 소식을 끊고 일방적으로 홀로 살아가는 것을 교화하는 것이다."

★ (외도를 교화하는 법)

어느 스님이 물었다.

"어떻게 하는 것이 인혹(人惑)과 경혹(境惑)을 모두 빼앗지 않는 것입니까?"

임제선사께서 대답하셨다.

"심왕이 자신의 보전(寶殿)에 오르니 육근이 태평가를 부르게 된다."

★ (심왕이 자신의 중생을 다스리면 육근이 화평하게 되어 태평성세가 되는 것을 비유한 것으로 자신이 스스로 수행하여 극락의 생활을 하기를 바라는 것이다.)

《해설》

* 만참시중(晚參示衆): 저녁에 수행자들을 위하여 참문하며 설법하는 것이다.

* 사료간: 인혹과 경혹에 빠진 수행자들을 제도하는 방편으로 설법하는 것이다. 有時奪人不奪境(어느 때는 인혹(人惑)을 빼앗지만, 경혹(境惑)은 빼앗지 않는다.)는 것을 다시 설명하기 위하여 경혹(境惑)을 빼앗지 않는다는 교화는 육근을 잘 다스리는 수행자

에게 심왕(心王)으로 다스리는 법을 제시하는 것으로 설명하고 있다. 有時奪境不奪人(어느 때는 경혹(境惑)을 빼앗지만 인혹(人惑)을 빼앗지 않는다.)에 대하여 불법(佛法)을 알고 잘 실천하므로 경혹(境惑)을 빼앗아도 인혹(人惑)을 빼앗을 필요가 없다고 설명하고 있다. 有時人境俱奪(어느 때는 인혹(人惑)과 경혹(境惑)을 모두 다 빼앗는다.)는 것은 외도나 잘못된 수행자를 제도하는 것이다.

有時人境俱不奪(어느 때는 인혹(人惑)과 경혹(境惑)을 모두 다 빼앗지 않는다.)는 것을 심왕이 자신의 중생을 다스리면 육근이 화평하게 되어 태평성세가 되는 것을 비유한 것으로 자신이 스스로 수행하여 극락의 생활을 하기를 바라는 것으로 설명하고 있다. 이상에 대하여는 여러 이견이 있을 수 있으나 사람을 구분하여 제도하는 임제스님의 교화 방편인 것이다.

師乃云. 今時學佛法者, 且要求真正見解. 若得真正見解, 生死不染, 去住自由, 不要求殊勝, 殊勝自至.

道流, 祇如自古先德, 皆有出人底路. 如山僧指示人處, 祇要爾不受人惑, 要用便用, 更莫遲疑. 如今學者不得, 病在甚處, 病在不自信處. 爾若自信不及, 即便忙忙地, 徇一切境轉. 被他萬境回換, 不得自由.

《번역》

임제선사께서 이어 말씀하셨다. "지금부터 불법(佛法)을 배우는 수행자들은 반드시 진정견해(真正見解)를 구족하도록 해야 하는 것이다.

만약 진정견해를 체득하게 되면 번뇌망념의 생사(生死)에 오염되지 않게 되고, 생사(生死)하는 번뇌속에서 행주좌와에 항상 해탈하여 자유롭게 되니, 특별한 깨달음을 구하지 않아도 깨달음에 자기의 마음대로 도달하게 되는 것이다.

수행자들이여, 다만 본래부터 뛰어난 선덕(先德)들과 같이 하고자 하면 모두가 인혹(人惑)에서 벗어나는 근원적인 방법이 있어야 하는 것이다.

산승(山僧)이 사람들에게 지시(指示)하고자 하는 것은 다만 그대들이 인혹(人惑)을 받지 말기를 원할 뿐이다.

인혹(人惑)을 받지 않는 진정견해(眞正見解)를 체득하여 그대 자신이 진여의 지혜로 생활하고자하면 곧바로 자신이 그대로 생활하기만 하면 되는 것이기에 또 다시 주저하고 망설일 필요가 없는 것이다.

지금의 수행자들이 진정견해(眞正見解)를 체득하지 못하는 것은 병을 많이 가지고 있기 때문인데 병은 자신의 진정견해(眞正見解)를 철저하게 확신하지 않기 때문인 것이다.

그대들이 만약 자신의 진정견해(眞正見解)를 확신하지 못하게 되면 곧바로 방황하는 경지가 되어 일체의 경계만 따라다니면서 자신만을 자랑하게 되는 것이다.

그러므로 외부의 온갖 경계에 따라서 윤회하게 되어 자유를 얻지 못하게 되는 것이다."

《해설》

* 차요구진정견해(且要求真正見解): 반드시 진정견해(眞正見解)를 구족해야 한다고 하는데 진정견해(眞正見解)란 자신이 불법(佛法)으로 대상경계를 바르게 판단하여 아는 것을 말한다. 즉 이것은 자신의 만법(萬法)이 공(空)이 되는 것을 자신의 불법(佛法)이라고 하는 것이므로 만법일여(萬法一如)가 되어 대상경계와 자신이 하나가 되는 것을 진정견해(眞正見解)라고 하는 것이다. 자신의 불법(佛法)이 무엇인지 알지 못하면 생사(生死)에 오염되고 거주(去住)에 속박되어 윤회하며 살아가게 된다고 하는 것이다.

일반적으로 진정견해를 설명하면 불법(佛法)을 깨달아서 정법을 바르게 아는 견해라고 하지만 이해하기가 더 쉽지 않기 때문에 위와 같이 설명하는 것이다.

만법(萬法)

58

2) 치구심(馳求心)만 쉬면 모두가 조사이고 부처

爾若能歇得念念馳求心, 便與祖佛不別. 爾欲得識祖佛麼,
祇爾面前聽法底是.

學人信不及, 便向外馳求. 設求得者, 皆是文字勝相, 終不
得他活祖意.

莫錯, 諸禪德.

此時不遇, 萬劫千生, 輪回三界, 徇好境掇去, 驢牛肚裏生.

道流, 約山僧見處, 與釋迦不別. 今日多般用處, 欠少什麼.
六道神光, 未曾間歇. 若能如是見得, 祇是一生無事人.

《번역》

그대들이 만약 항상 생각마다 무엇을 구하려고 자기 마음대
로 대상경계를 생각하며 치구(馳求)하는 마음만 쉬어 버린다
면 바로 조불(祖佛)과 차이가 없게 되는 것이다.

그대들이 조불(祖佛)의 경지를 알고자 한다면 단지 그대 자
신들의 면전(面前)에서 법을 듣고 있는 자신이 무위진인(無位
眞人, 본래의 자신)이며 조불(祖佛)인 것이다.

수행자들이 이것을 철저히 확신하지 않기 때문에 바로 향외
치구(向外馳求)하며 조불(祖佛)을 찾고 있는 것이다.

설령 외부에서 구하여 무엇을 얻었다고 할지라도 모두가 언
어문자로 알고 있는 만법(萬法)일 뿐이니, 결국은 본래 살아

있는 조사의 뜻을 깨닫지 못하게 될 것이다.

모든 선덕들이시여, 착각하지 말아야 한다.

지금 바로 여기에서 자신이 살아 있는 조불(祖佛)인 것을 깨달아 알지 못한다면 항상 삼계(三界)에서 번뇌망념으로 생사(生死)윤회하며 자신이 좋아하는 경계만 주장하다가 당나귀나 소와 같은 축생(畜生)으로 살게 되는 것이다.

수행자들이시여 산승이 깨달아 아는 것으로 보면 그대들은 모두가 석가모니 부처님과 하나도 모습은 다른 것이 없는 것이다.

그리고 지금부터 그대들이 온갖 생활을 하면서 진여의 지혜로 생활하기만 하면 무엇이 부족한 것이 있겠는가?

(진정견해를 구족하면) 육도(六道, 육근, 안이비설신의)에서 항상 신령한 진여의 지혜로 생활하는 것을 잠시도 멈춘 적이 없게 되는 것이다.

만약에 능히 이와 같은 여시(如是)한 경지를 체득하면 일생(一生)을 번뇌망념 없는 무사(無事)한 사람(대자유인)으로 살아가게 되는 것이다.

《해설》
* 염념치구심(念念馳求心): 항상 생각할 때마다 치구(馳求)하는 마음을 가지고 있는 것을 말한다. 여기에서 치구(馳求)라고 하는 것은 향외치구(向外馳求)하는 것을 말하는 것이다.
* 조불불별(祖佛不別): 누구나 향외치구(向外馳求)하는 마음만 멈출 줄 알면 조사나 부처와 조금도 다르지 않고 평등하다는 것이다.

망심(妄心)과 정심(正心)이 무엇인지 아는 진여의 지혜로 생활하면 조사나 부처라고 하는 것도 하나의 이름일 뿐이라고 하는 것이다.

＊ 면전청법저시(面前聽法底是): 그대 자신들의 면전(面前)에서 법을 듣고 있는 자신이 무위진인(無位眞人, 본래의 자신)이라고 번역한 것은 임제스님 앞에서 법을 듣고 있는 모든 사람들이라고 하면 임제스님의 입장에서 보는 조불(祖佛)이 되지만 자신의 면전에서 듣는다고 하면 자신이 향외치구(向外馳求)만하지 않으면 자신이 조불(祖佛)이 되는 것이다.

＊ 육도신광(六道神光): 안이비설신의에서 항상 신령스런 지혜를 구족하여 살아가는 법을 향외치구하지 않고 진정견해로 생활하면 조불(祖佛)이 된다고 하는 것이다. 예를 들면 눈으로 무엇을 보더라도 알음알이를 내지 않으면 자신의 마음이 청정하게 되어서 자신의 눈으로 보는 것들이 청정해지고 자신의 눈으로 보는 것들이 청정해지면 자신의 안목이 청정하여지게 되어 나머지 오근(五根)도 청정하게 되는 것이다.

＊ 지시일생무사인(祇是一生無事人): 진여의 지혜로 생활하기만 하면 항상 번뇌(煩惱)망념(妄念)없이 청정하게 대자유인으로 살아가게 된다고 설하고 있는 것이다.

大德, 三界無安, 猶如火宅, 此不是爾久停住處. 無常殺鬼, 一刹那間, 不揀貴賤老少.

爾要與祖佛不別, 但莫外求.

爾一念心上淸淨光, 是爾屋裏法身佛.

爾一念心上無分別光, 是爾屋裏報身佛.

爾一念心上無差別光, 是爾屋裏化身佛.

此三種身, 是爾即今, 目前聽法底人, 祗為不向外馳求, 有此功用.

據經論家 取三種身為極則, 約山僧見處不然, 此三種身是名言, 亦是三種依.

古人云. 身依義立, 土據體論. 法性身, 法性土, 明知是光影.

《번역》

대덕(大德)들이시여, 삼계(三界, 욕계, 색계, 무색계 : 마음속의 삼계를 말함)[2]는 안락한 곳이 없는 것으로 비유하면 마치 불타는 집과 같은 것인데 이곳에서 그대들이 고정관념을 가지고 살아갈 필요는 없는 것이다.

삼계(三界, 자신의 마음속의 삼계)는 생멸하는 곳이므로 무

---

2) 삼계(三界)
  1) 욕계(欲界)는 탐진치의 번뇌가 치성한 세계인 6욕천으로 사왕천, 도리천 (33천), 야마천, 도솔천, 화락천, 타화자재천을 말하며 이와 같은 마음으로 살아가는 사람들의 세계를 말함.
  2) 색계(色界)는 욕계를 벗어난 사선정으로 제행이 생멸하는 사람들이 사는 세계를 말함.
  3) 무색계(無色界)는 제행이 무상(無常)하여 색온이 없는 세계로 공무변처천, 식무변처천, 무소유처천, 비상비비상처천에서 살아가는 사람들이 있는 세계를 말함. 즉 무색계는 정신세계에서 공(空)의 실천이 무변한 세계를 공무변처천이라고 하고, 공(空)이라는 식(識, 깨달음)으로 실천하는 것이 무변한 세계를 식무변처천이라 하고, 공이라는 식(識)조차도 소유하지 않고 실천하는 것(유상(有想)을 벗어난 것)을 무소유처천이라 하고, 이와 같은 생각을 모두 뛰어 넘어 살아가는 것(무상(無想)을 벗어난 것)을 비상비비상처천(非想非非想處天), 비유상(非有想)비무상(非無想)처천(處天)이라고 하는 것으로 유상(有想)도 벗어나고 무상(無想)도 벗어난 마음으로 살아가는 세계가 최고라고 하는 마음이 남아 있는 사람들이 살아가는 세계를 말함.

상(無常)이라는 죽음(殺鬼, 滅, 死)이 언제라도 순식간에 일어나는 것이므로 귀한 사람, 천한 사람, 늙은 사람, 어린아이를 구분하지 않고 무상(無常)이 있는 것이다.

그대들이 조불(祖佛)과 다르지 않기를 요구한다면 단지 밖에서 경계를 따라 구(求)하여 취하려고만 하지 않으면 조불(祖佛)과 다를 바가 없는 것이다.

★ (그대가 조불과 다르지 않기를 원하거든 단지 외부에서 구하지 마라.)

그대들이 지금 한결 같이 여시한 생각(一念)에서 나오는 마음이 청정한 지혜라는 사실을 아는 것이 그대 자신 속에 있는 법신불이다.

그대들이 지금 한결 같이 여시한 생각(一念)에서 나오는 마음으로 사량 분별하지 않는 진여의 지혜로 구족된 것이 그대 자신 속의 보신불이다.

그대들이 지금 한결 같이 여시한 생각(一念)에서 나오는 마음이 차별 분별없는 진여의 지혜라는 사실을 알고 실천하는 것이 그대 자신 속의 화신불이다.

이 세 종류의 신(身)이 바로 그대들이며 지금 눈앞에서 법을 그 사람으로서 청정하게 들으면 그대 자신이 삼신(三身)이므로 다만 향외치구(向外馳求)하지 않게 되어 진여의 지혜로 살아갈 수 있게 되는 것이다.

★ (유공용, 무공용이 있지만 여기에서는 무공용을 의미하

는 것이라고 보는 것이 좋겠다.)

경론에만 근거하여 의지하는 사람들은 이 삼신(三身, 법신, 보신, 화신)이 되는 것을 불교의 구경의 경지라고 하는데, 산승의 견해로 보면 맞지 않고 이 삼신(三身)은 명칭과 말일 뿐이며 역시 삼신(三身, 삼신불, 비로자나불, 노사나불, 석가모니불)이라는 것도 사람들을 불법(佛法)에 의하여 의지하게 하는 것일 뿐이다.

고인(古人)이 말하는 것에 의하면, "삼신(三身)은 불법(佛法)의 상(相)에 의하여 존재하게 된 것이고, 불국토는 법성(法性)의 본체를 말하는 것이다."라고 했다.

그러므로 법성(法性)의 상(相)을 삼신(三身)이라고 하는 것이고, 법성(法性)의 본체를 불국토라고 하는 것이니 이것은 진여지혜의 영상(影像)이라는 사실을 명백하게 알아야 하는 것이다.

★ (삼신(三身)이나 불국토는 실상으로 존재하는 것이 아니고 불법(佛法)에 맞게 진여의 지혜로 살아가게 하기 위한 교화법의 하나인 것이다.)

《해설》

* 구정주처(久停住處): 삼계(三界)는 불타는 집과 같은 것이므로 오래 살 곳이 못되니 빨리 벗어나서 영원히 사는 조불(祖佛)이 되어야 한다고 하면 이 말은 맞는 것 같지만 잘못 이해하면 오류를 범할 수 있으므로 삼계(三界)라는 고정관념을 가지고 살아가는 것을 벗어나면 조불(祖佛)이 되어 삼계(三界)에서 조불(祖佛)로서 살

아가게 된다고 하는 것이다.

* 무상살귀(無常殺鬼): 삼계(三界, 자신의 마음속의 삼계)는 생
멸하는 곳이므로 무상(無常)이라는 죽음(殺鬼, 滅, 死)이라고 하는
것을 육신의 죽음으로만 이해하는 것은 근기가 낮은 사람들을 위
한 방편이고, 실제로는 계속 생사(生死)하는 망념(妄念)때문에 항
상 하지 못하는 것을 무상(無常)살귀(殺鬼)라고 한 것이므로 어느
누구나 무상(無常)이 있다는 것이다.

이 무상(無常)에서 벗어나려고 하면 향외치구(向外馳求)하지 말
고 삼신불로 살아가야지 무상(無常)이 사라져 진여의 지혜로 살아
가게 된다고 하는 것이다.

* 법성신 법성토(法性身, 法性土): 법성(法性)의 상(相)은 본성
(本性)을 구분하여 삼신(三身)이라고 이름 붙인 것을 말하는 것이
다. 그리고 법성(法性)의 본체를 불국토라고 하는 것은 불국토에
서 모든 것이 태어나게 되는 원천이라는 것이다.

* 명지시광영(明知是光影): 삼신과 불국토도 진여지혜의 영상
(影像)이기 때문에 이 사실을 명백하게 알아야 영상(影像)에서 벗
어나 일개성자인 대자유인이 되는 것이다.

大德, 爾且識取, 弄光影底人, 是諸佛之本源, 一切處是, 道
流歸舍處.

是爾四大色身, 不解說法聽法, 脾胃肝膽, 不解說法聽法.
虛空不解說法聽法.

是什麼解說法聽法, 是爾目前歷歷底, 勿一箇形段孤明, 是
這箇解說法聽法.

若如是見得, 便與祖佛不別. 但一切時中, 更莫間斷, 觸目
皆是.

秖爲情生智隔, 想變體殊, 所以輪迴三界, 受種種苦.

若約山僧見處, 無不甚深, 無不解脫.

《번역》

대덕(大德)들이시여, 그대들이 진여지혜의 영상(影像, 삼신
과 불국토)을 희롱(戲弄)하는 사람이 누구인지 자신이 깨달아
알면, 이것이 제불(諸佛)의 근본(本源)이라는 사실을 깨닫게
되는 것이고, 일체처가 불국토라는 사실을 깨닫게 되는 것이
며, 수행자들이 구경(究竟)에 이루고자 하는 경지가 이것이라
는 사실을 깨달아 알게 되는 것이다. ★(부처, 불국토, 삼신등)

그렇지만 이것은 그대들의 사대(四大, 지수화풍)로 만들어
진 몸뚱이가 설법을 하거나 법을 듣고 깨달아 아는 것이 아니
므로 그(육체) 속에 있는 비위간담(脾胃肝膽)등의 장기도 설
법을 하거나 법을 듣고 깨달아 알지 못하는 것이다. 그렇다고
육체가 아닌 허공이 설법을 하고 법을 듣는 것도 아닌 것이다.

이와 같다면 무엇이 설법을 하고 법을 듣는다는 것인가 하
면, 이것은 그대들의 눈앞에 있는 분명한 그 사람이지만 하나
(一箇)의 형체로 만들어진 것도 아니며 본래부터 고명(孤明)
한 불성(佛性)으로 이루어진 그대가 이와 같이 지금 설법을
하고 법을 들을 수 있는 것이고 이것은 그대들이 청정하기만

하면 저개성자(這箇聖者)가 되어 깨달아 알 수 있는 것이다.

★ (여기에서 어느 누구나 중생심으로 설법을 하고 법을 들을 수 있는 것이 아니고 중생심을 버린 사람만 설법을 할 수 있고 법을 들을 수 있다고 하는 것이다.)

만약에 그대들이 이와 같이 여시(如是)하게 깨달아 체득한다면 바로 조불(祖佛)과 다르지 않게 되는 것이다.

다만 항상 어디에서나 이와 같아야 하는 것이며 다시 이 마음이 단절되지 않으면 그대들이 지금부터 눈앞에서 조불(祖佛)로서 여시(如是)하게 살아가게 되는 것이다.

다만 중생심(情)이 생기면 지혜와는 멀어지게 되고, 자신의 중생심의 생각(想)이 움직여서(變) 영상(影像)이 나타나게 되면 본체(本體, 本性)가 없어지게(殊) 되니 삼계(三界)에 윤회하게 되어 온갖 고(苦)를 받게 되는 것이다.

만약에 산승이 깨달아 아는 것으로 말하여 보면 이와 같이 일개성자(一箇聖者)가 되는 것이기에 미묘(微妙)하여 깊고 깊은 구경(究竟)의 경지 아닌 것이 없게 되는 것이고, 지금 저개성자(這箇聖者)가 되어 살아가게 되는 것이기에 어디에서나 해탈하게 되어 자유인이 되는 것이다.

《해설》

* 농광영저인(弄光影底人): 진여지혜의 영상(影像)을 희롱하는 사람이 누구인지를 알아야 된다고 했는데 진여지혜의 영상(影像)이 무엇인가하면 지혜인데 진여의 지혜는 불법(佛法)에 맞는 지혜

이니 진정견해를 구족했다는 사실을 자신이 안다는 것을 영상(影像)이라고 한 것이며 이 영상(影像)을 자신이 희롱한다는 사실을 알고 몰종적으로 살아가야 하는 것이므로 제불의 근원이 되는 것이다. 제불의 근원이고 수행자들이 깨닫고자 하는 것이 공(空)으로 이루어진 진정견해이니 진정견해를 구족하여 사는 사람을 영상(影像)을 희롱하는 무위진인(無位眞人)이라고 하는 것이다.

* 물일개형단고명 시저개해설법청법(勿一箇形段孤明, 是這箇解說法聽法): 육신에 대한 집착을 강하게 하므로 육신에 대한 집착을 버리게 하려고 방편으로 사대나 오장육부가 설법하지 못한다고 하는 것이다. 사대육신이 없으면 자신의 부처는 사라지는 것이라고 더 강하게 말하고 있는 것이다. 사대육신에 대한 집착을 벗어나 불성(佛性)을 구족하면 일개성자가 되어 듣고 법을 설하는 것인데 그렇지 못하면 지금의 마음인 중생심으로 보고 듣고 말하고 사는 것이라고 하는 것이다.

道流, 心法無形, 通貫十方. 在眼曰見, 在耳曰聞, 在鼻嗅香, 在口談論, 在手執捉, 在足運奔.

本是一精明, 分爲六和合. 一心旣無, 隨處解脫. 山僧與麼說, 意在什麼處. 祇爲道流, 一切馳求, 心不能歇, 上他古人閑機境.

道流, 取山僧見處, 坐斷報化佛頭, 十地滿心, 猶如客作兒, 等妙二覺, 擔枷鎖漢, 羅漢辟支, 猶如廁穢, 菩提涅槃 如繫驢橛.

何以如此, 祇爲道流, 不達三祇劫空, 所以有此障礙.

若是眞正道人, 終不如是.

但能隨緣消舊業, 任運著衣裳, 要行即行, 要坐即坐.

無一念心, 希求佛果.

緣何如此, 古人云. 若欲作業求佛, 佛是生死大兆.

《번역》

수행자들이시여, 심법(心法, 자신이 지식으로 알고 있는 모든 것, 마음)은 형상이 없으므로 시방삼세에 어디에서나 깨달아 알 수 있는 것이다. 즉 눈에 있으면 본다고 말하는 것이고, 귀에 있으면 소리를 듣는다고 하는 것이며, 코에 있으면 냄새를 맡는다고 하고, 입에 있으면 말한다고 하고, 손에 있으면 잡는다고 하고, 발에 있으면 걷고 달린다고 하는 것이다.

본래는 하나의 청정한 본심(精明)인데 육근(六根)으로 나누어 육진(六塵)을 청정하게 화합하여 인식하는 것이다. 이와 같이 하는 것이 진여의 청정한 마음과 일심(一心)이 되면 번뇌가 이미 하나도 없게 되어 어디에서나 해탈하여 생활하게 되는 것이다.

산승(山僧)이 이와 같이 설하는 이유가 무엇인가 하면 다만 수행자들이 모두 치구심(馳求心, 향외치구)에서 쉬지 못하면서 무위진인(無位眞人)이 되려고(진정견해를 얻으려고) 고인(古人)들이 깨달았다고 하는 말씀과 방편에만 빠져 있기 때문에 이와 같이 말하는 것이다.

수행자들이시여, 산승이 깨달아 아는 것으로 보면, 지금 이 자리에서 보신불(報身佛)과 화신불(化身佛)이 실체로 존재한

다고 하는 마음을 없애야 하고,

십지보살의 지위를 증득한 마음을 구족하여도 비유하면 객작아(客作兒, 성취했다는 상이 있는 사람, 자신의 본심을 되찾은 사람)인 것이고,

등각(等覺), 묘각(妙覺)을 모두 성취하였다고 하여도 깨달음이나 부처라는 속박에 빠진 것이고,

나한과 벽지불도 비유하면 최고라는 흔적을 가지고 있는 것이기에 명예라는 더러움에 물든 것과 같고,

보리와 열반이라는 최고의 경지도 비유하면 깨달음에서 물러나지 않게 하려는 것으로 당나귀(驢, 바보 같은 수행자)를 매어 두는 말뚝과 같다는 것을 알고 없애야 하는 것이다.

어찌하여 이와 같이 하여야 하는가하면 다만 수행자들이 삼아승기겁이 공(空)하다는 사실을 통달하지 못했기 때문에 이와 같은 장애가 있기 때문인 것이다.

만약 진정견해를 체득한 도인(道人)이라면 끝까지 이와 같은 장애를 받지 않는다.

왜냐하면 단지 능히 인연에 따라 공(空)을 실천하며 살기 때문에 고정관념의 업장을 소멸(消滅)시키므로 임운자재 하게 어디에서나 불공(不空)으로 장엄하며 살기에 행주(行住)하고 싶으면 바로 행주(行住)하고 좌와(坐臥)하고 싶으면 바로 좌와(坐臥)하는 것이다.

그러므로 지금 한결 같이 여시한 생각(一念)에서 나오는 마

음으로 살아가는 것이지 조금도 부처가 된다는 생각을 한 번이라도 하지 않아야 하는 것이다.

무슨 이유에서 이와 같다고 말하는 가하면 고인(古人)이 말하는 것에 의하면, "만약에 부처를 구하려고 하는 마음이 있으면 부처라고 하는 것이 생사(生死, 부처와 부처가 아니라는 마음이 생기고 사라지는 것 모두)하게 되는 가장 큰 문제인 것이다."라고 하는 것에 의한 것이다.

《해설》

* 심법무형 통관시방(心法無形, 通貫十方): 심법(心法)이 형상이 없다고 하는 것은 마음이 형상이 없다는 것이다. 마음이 모습이 없다고 하면 쉽게 이해하지만 심법(心法)이 형상이 없다고 하면 이해하기 쉽지 않다.

이와 같이 심법(心法)이나 불법(佛法)에 대한 이해가 쉽지 않은 것은 언어로 사람들을 우상화하려는 경향 때문에 신비한 무엇이 있어야 많은 사람들을 신앙화 하는데 편리하니까 풀지 않으려고 한 것이 아닌가 하는 생각이 든다. 언어문자는 서로가 소통하려고 만든 것이지만 억압이나 통제하는 수단으로 이용하여 신앙화하는 경향이 있어서 그런 것이다. 불교(佛敎)에서 법(法)이란 인연법이고 자신의 법이므로 자신의 만법(萬法)이 청정해야 대상경계의 만법이 청정하게 되는 것이지 대상경계만 청정해지기를 기다리면 자신의 만법은 청정해 질 수 없는 것이다. 심법(心法)이란 고정된 법(法)이 아니기에 시방삼세의 어디에서나 누구나가 모두 깨달아 알 수 있는 것이므로 평등한 것이고 모두가 부처라고 하는 것이다.

* 본시일정명 분위육화합 일심기무 수처해탈(本是一精明, 分為六和合. 一心既無, 隨處解脫): 본래부터 사람들은 불성(佛性)을 가지고 있다고 하는데 이것을 청정한 본심(精明)이라고 하는 것이며 이 본심으로 육근(六根)에서 각기 작용을 하면 육근이 청정해지는 것이고 육근이 청정하면 대상경계인 육진(六塵)도 역시 청정하게 되는 것을 대상경계와 화합하여 인식하는 것이라고 하는 것이다. 이와 같이 대상경계와 하나 되는 것을 진여의 청정한 마음과 일심(一心)이 되면 번뇌가 이미 하나도 없게 되는 것을 일심기무(一心既無)라고 한 것이고 이미 번뇌망심이 없게 되니 어디에서나 해탈하여 생활할 수 있게 되는 것을 수처해탈(隨處解脫)이라고 하는 것이다.

* 부달삼기겁공 소이유차장애(不達三祇劫空, 所以有此障礙): 삼 아승기겁이 공(空)하다는 사실을 통달하여야 하는 것인데 이것을 통달하지 못하면 장애가 있다고 하는 것으로 즉 삼아승기겁이 왜 공(空)한 것인가를 알아야 하는 것이다. 즉 삼아승기겁이라는 것은 무수한 시간이라는 뜻이고 삼세(三世)의 시간을 말하는 것이므로 항상 진여의 지혜로 생활하면 어디에서나 삼세(三世)를 초월한 공(空)이 되는 것이다. 과거 현재 미래라는 삼세(三世)에서 항상 청정하게 생활하지 못하기 때문에 모든 장애가 있어서 삼신불과 십지보살, 등각, 묘각 나한, 벽지불, 보리열반등의 속박에서 벗어 나야 한다고 하는 것이다.

* 요행즉행 요좌즉좌(要行即行, 要坐即坐): 행주좌와를 자유자 재로 한다는 것은 중생심으로 보면 비웃겠지만 지혜가 있는 사람 은 아는 것이다. 사위의를 구족하여야 행주좌와에 장애 받지 않는 무의도인(無依道人)이 되는 것이다.

72

3) 자신을 외부에서 찾지 말라

大德, 時光可惜, 秖擬傍家 波波地, 學禪學道, 認名認句, 求佛求祖, 求善知識, 意度莫錯.

道流, 爾秖有一箇父母, 更求何物, 爾自返照看.

古人云. 演若達多失却頭, 求心歇處即無事.

大德, 且要平常, 莫作模樣, 有一般不識, 好惡禿奴(秀兵), 便即見神見鬼, 指東劃西, 好晴好雨.

如是之流, 盡須抵債, 向閻老前, 吞熱鐵丸有日.

好人家男女, 被這一般, 野狐精魅所著, 便即捏怪, 瞎屢生. 索飯錢有日在.　　　　★ ( )안은 천성광등록 본

《번역》

대덕들이시여, 시간을 헛되이 보내지 말아야 하는데도 진정견해를 체득하려고 하지 않고 단지 방가(傍家, 변방, 외부, 마음 밖)에서 사량분별하며 바쁘게 시간(세월)을 보내면서 선(禪)이나 도(道)를 배운다고 하기도 하고, 명칭(名稱)이나 명구(名句)만 인정(認定)하며 그것을 따라 똑같이 실천하려고 하고, 부처나 조사가 되기를 원하고, 선지식을 찾거나 추종하며 세월을 보내면서 추측으로 오해하여 진정견해를 체득하려고 하는 것은 잘못된 것이다.

수행자들이여, 그대들은 다만 부모미생전의 일개성자(一箇聖者)를 가지고 있으면서도 또 다시 무엇을 더 구하려고 하는데

그대들은 자신이 진여의 지혜를 구족하도록 회광반조하여 본래부터 있는 자신속의 일개성자를 찾는 것이 더 중요한 것이다.

고인(古人)이 말씀하시기를, "연약달다가 자신이 자신을 알아보지 못하고 자신을 찾다가, 자신을 찾는다는 마음을 그쳤을 때 곧바로 무사(無事, 자기본래로 돌아온 것, 일개성자)하다는 것을 깨닫게 되었다는 것이다."라고 하신 것이 이것이다.

대덕들에게 또 다시 바라는 것은 평상심으로 돌아와 본래의 자신으로 살고자 하면 외부의 대상경계를 가지고 조작하지 말아야 하는데 일반적으로 외부의 대상경계를 대상으로 알지 못하고 좋고 나쁘다는 것만 잘 알고 있는 노예 근성를 가진 유능한 사람들은(禿奴, 秀兵) 바로 신(神)이나 귀신(유령, 도깨비, 신기한 일들)을 본다고 하기도 하고, 아니면 보았다고 하며 동쪽에 있다고 가리키고 또는 서쪽에 있다고 함부로 말하면서 날씨가 맑아서 좋고 비가 와서 좋다고 하는 이들처럼 대상경계에 따라 살아가지 말기를 바라는 것이다.

이와 같은 무리들은 모두가 반드시 숙채(宿債)를 갚기 위하여 염라대왕 앞에서 뜨거운 쇳물을 먹는 날이 오게 될 것이다.

원래부터 조사의 본성을 구족한 사람들이면서도 일반적으로 여우같은 요망한 견해를 집착하게 되면 바로 괴상하게 날조하여 눈먼 바보 같은 놈이 되는 것이다.

★ (불성(佛性)은 원래 청정하지만 자신의 증상만(增上慢, 오만, 교만) 때문에 존재하지도 않는 것을 존재하는 것으로 알게

되어 조작하면서 연약달다와 같은 눈먼 바보가 되는 것이다.)

이와 같이 살게 되면 밥값을 갚아야 할 날이 있게 되는 것이다.

★ (이 일화를 여러 가지 형태로 인용하여 기록하고 있다. 얼마나 간절하게 요구하고 있는가를 파악하여야 선사들의 마음을 조금이나 이해할 수 있게 되는 것이다.)

《해설》

* 이지유일개부모(爾祇有一箇父母): 모든 사람들에게 부모미생전에 있는 일개성자(一箇聖者)가 있다고 하는 것은 누구나 원래부터 자신에게 일개성자가 있다는 것이다. 부모미생전이라고 하면 차별 분별이 없는 본래라는 뜻이므로 모든 사람들에게 본래부터 일개성자가 갖추어져 있는데도 다시 무엇을 더 구하려고 하는 것을 경책하는 것이다. 사람은 누구나 평등하고 모든 것이 구족되어 있는데도 처음부터 죄인이라는 이름을 붙여서 사람들을 속박하려고 하는 것은 신앙을 요구하는 사람들이 많은 사람들을 쉽게 이용하려는 수단인 것이다.

부처나 조사가 되라고 하는 것은 이와 같은 속박에서 해탈하기를 바라는 것인데 이교도들은 이것을 없애려고 온갖 노력을 하다가 결국에는 언어까지 말살하려고 소통이 되지 않는 언어를 만들어 지금까지 오게 된 것이다. 언어란 인간과 인간이 이심전심으로 자신의 마음을 전할 수 있어야 하는 것인데 만약에 전하지 못한다면 언어로서 역할을 충실하게 하지 못하는 것이 된다.

지금도 언어를 파괴하는 무리들이 있다고 하면 이들은 자신들만의 신앙에 사로잡혀 많은 사람들을 속박하여 위에서 군림하고자 하는 마음을 가진 사람들일 것이다.

소수의 사람들이지만 이들은 처음부터 소외 받았던지 자신이 부족하다는 마음을 가진 사람이라고 할 수 있기에 폭군이 될 수도 있으며 사람들을 계급화하려는 사람들이라고 할 수 있지만 조사나 부처는 처음부터 끝까지 평등을 요구하고 있다.

  * 이자반조간(爾自返照看): 자신이 부처나 조사라는 사실을 자각하면 되는 것인데 즉 지금 다른데서 구하려고 하고 있는 것을 자신이 알면 되는 것이라는 뜻이다. 그러나 이것을 쉽게 이해하지 못하는 것을 예를 들면 지금 일반적으로 지혜나 진여의 지혜라는 말도 이해 못하게 만든 것이기에 여기에서도 언어의 파괴가 얼마나 많은 사람들을 괴롭게 하는지 알 수 있는 것이다. 즉 과거에는 문맹이 많아서 한글로 바꾸어 일반적인 소통은 가능하게 만들었지만 지금은 소통이 중요한 것이 아니라 자기들만의 신앙을 위하여 자기들만의 언어를 만들어 자기들만 이용하려고 하고 있다면 언어의 기능으로 자기들만의 단체를 만드는 것이 된다. 이런 이유에서 언어 말살 정책으로 모든 국민들을 자기나라의 국민으로 만들려고 했던 시절도 있었던 것이다. 그러므로 국가의 정책이나 국어학자들이 얼마나 중요하고 더 분발해야 하는 이유가 여기에 있는 것이다.

  * 진수저채(盡須抵債): 반드시 숙채를 갚아야 한다는 것은 자신이 대상경계에 따라 살면서 진정견해를 갖추지 못했기 때문에 올바른 수행자가 아니므로 항상 자신이 빚을 가지고 다니면서 기어(綺語)의 댓가를 자신이 받게 되는 것을 말하는 것이다. 진정견해를 구족하여 본성으로 살지 못하고 항상 조작하며 살아가는 불행한 삶을 살지 말라고 하는 것이다.

  * 야호정매소착(野狐精魅所著): 여우같은 요망한 견해를 집착한다고 하는 것은 행운이나 요행을 바라는 것이고 아니면 정상적이지만 특수한 지식을 독점하여 자신들만 가지려고 하는 것까지도

속한다고 할 수 있다. 우스갯소리로 지혜가 무엇이냐고 물었는데 지혜는 슬기라고 하는 경우가 있어서 생각하여 보니 야호정매를 슬기라고 생각하는 사람도 있다는 사실을 알 수 있었다.

여기에서 이야기를 바꾸어 불교는 이 세상의 모든 인류가 화합하여 살기를 바라는 것이지 나만의 독식을 바라는 것은 아니다. 그러므로 지혜를 슬기라고 알고 있으면 불교가 아닌 것이고 평등해질 수가 없게 되는 것이다. 항상 평등한 진여의 지혜로 살아가야 모든 사람들이 행복하게 되고 조작하지 않는 생활을 하게 되므로 일개성자가 되어 살아가게 되는 것이다.

師示眾云. 道流, 切要求取, 真正見解, 向天下橫行, 免被這一般精魅惑亂.

無事是貴人, 但莫造作, 祇是平常. 爾擬向外, 傍家求過, 覓脚手, 錯了也. 祇擬求佛, 佛是名句. 爾還識馳求底麼.

三世十方, 佛祖出來, 也祇為求法. 如今參學道流, 也祇為求法, 得法始了, 未得依前, 輪回五道.

云何是法, 法者是心法, 心法無形, 通貫十方, 目前現用. 人信不及, 便乃認名認句, 向文字中, 求意度佛法, 天地懸殊.

《번역》

임제선사께서 시중(示衆)하여 말씀하셨다.

"수행자 여러분에게 진정견해를 취(取)하여 생활하기를 간절하게 요구하는 것은 천하에서 걸림없이 무위진인(無位眞

人)으로 살아가기를 바라는 것이고, 또 일반적으로 여우같은 요망한 견해를 집착하게 되는 혹란(惑亂)에서 벗어나기를 간절하게 요구하는 것이다.

그러므로 진정견해를 가지고 정념(正念)으로 살아가는 사람을 사념(邪念)이 없는 존귀(尊貴)한 사람이라고 하고 무위진인(無位眞人)이라고 하는 것은, 단지 조작하는 마음이 없는 사람을 말하는 것이며, 다만 항상 평상심으로 살아가는 사람을 말하는 것이다.

이것은 그대들이 외부에서 사량분별하여 구하려고 하기에, 방가(傍家, 변방, 외부, 마음 밖)에서 구하려는 과오가 있는데, 외부에서 부처가 되는 방법을 찾는 것은 대단히 잘못된 것이다.

다만 사량분별로 부처가 되기를 원하지만 그와 같은 부처는 부처라는 명칭(名稱)이나 명구(名句)인 것이다. 그러므로 그대들이 명구(名句)를 가지고 외부에서 찾으려고 하는 그 사람이 누구인가를 깨달아 알아야 하는 것이다.

시방(十方)삼세(三世)에서 부처나 조사가 출세하게 되는 것은 다만 이와 같은 법을 깨달아 자신이 진정견해를 체득했기 때문이다.

지금 참학(參學)하고 있는 수행자들도 다만 이와 같은 법을 깨달아 자신이 진정견해를 체득하면 비로소 진정견해를 요달하게 되는 것이고, 아직 이 법을 체득하지 못했다면 이전과 같이 오도(五道, 지옥, 아귀, 축생, 인간, 천상)에서 윤회하게 되는 것이다.

여기에서 말하는 법은 무엇을 말하는가 하면 자신의 마음속에 있는 만법(心法)을 말하는 것인데 이 심법(心法, 자신이 지식으로 알고 있는 모든 것)은 형상이 없으므로 시방삼세 어디에서나 깨달아 알 수 있는 것이고 지금 그대의 눈앞에서 현재 자신이 사용하고 있는 것을 말하는 것이다.

사람들이 이와 같은 사실을 확신하여 깨달으려고 하지 않고 명칭(名稱)이나 명구(名句)만 인정(認定)하며 그것을 따라 똑같이 실천하려고 하여 문자 가운데에서 불법(佛法)을 사량 분별하여 구할 생각을 가지고 있으니 이것은 아주 잘못된 것이다."

★ (지금 자신이 진정견해를 체득하면 되는 것을, 오직 생각으로 구하려고 하고 있으니 머리에 머리를 놓는 격이고 연약달다가 자신의 얼굴을 찾는 것과 같은 것으로 영원히 이루지 못할 것이라고 하는 것이다.)

《해설》

* **진정견해(眞正見解)**: 앞에서 설명하였지만 다시 살펴보면 "진정견해(眞正見解)란 자신이 불법(佛法)으로 대상경계를 바르게 판단하여 아는 것을 말한다. 즉 이것은 자신의 만법(萬法)이 공(空)이 되어야 자신의 불법(佛法)이 되는 것이므로 만법일여(萬法一如)가 되어 대상경계와 자신이 하나 되는 것을 진정견해(眞正見解)라고 하는 것이다. 자신의 불법(佛法)이 무엇인지 알지 못하면 생사(生死)에 오염되고 거주(去住)에 속박되어 윤회하며 살아가게 된다고 하는 것이다."라고 하였듯이 우리들이 살아가면서 불법(佛

法)에 맞는 견해를 가지지 못하면 불행하게 살게 된다고 하는 것이다. 그러므로 일반적으로 누구나 오계(五戒)를 잘 이해하여 실천해야 탐진치를 계정혜로 전환할 수 있게 되는 것이다.

　＊평상(平常): 이 말은 평상심으로 생활하는 것을 말하는데 항상 평등하고 어디에도 치우치지 않는 불법(佛法)으로 살아가는 것을 말하는 것이고 무위진인으로 살아가는 것을 평상심이라고 하는 것이다. 간혹 지금 자기들이 중생심으로 살면서도 중생심인지도 모르면서 자기들 마음대로 평상시에 생활하는 것을 여기에서 말하는 평상심으로 잘못 알지는 말아야 한다.

　＊법자시심법 심법무형 통관시방 목전현용(法者是心法, 心法無形, 通貫十方, 目前現用): 법(法)은 자신이 알고 있는 모든 것(心法)을 법(法)이라고 하는 것이다. 이 심법(心法, 자신이 지식으로 알고 있는 모든 것)이 형상이 없다는 것은 내가 가령 무슨 물건을 본다고 하면 내가 보는 물건의 명칭이 무엇이든지간에 내 마음속에 알고 있는 것은 명칭 밖에 없는 것이지 실제로 내 마음속에 그 물건이 들어와 있는 것은 아닌 것이다.

　즉 지금 자신의 마음만 자신의 것이라고 알고 자신의 것이라고 하고 있을 뿐이지 시간과 공간을 초월하여 영원히 자신의 것이 되는 것은 아닌 것이다. 지금 자신의 마음이 청정하기만 하면 시방세계 어디에서나 자신이 조불(祖佛)이라는 사실을 깨달아 알 수 있는 것이기에 통관시방(通貫十方)이라고 한 것이다. 목전현용(目前現用)이라고 한 것은 이상과 같이 자신이 항상 사용하고 있으면서도 청정하지 않기 때문에 자신이 조불(祖佛)이라는 사실을 확신하지 못하고 향외치구(向外馳求)하여 조불(祖佛)을 구하려고 하는 것은 잘못된 것이라고 지적하고 있다.

4) 심지(心地)법문(法門)

道流, 山僧說法, 說什麼法, 說心地法, 便能入凡入聖, 入淨入穢, 入真入俗.

要且不是 爾真俗凡聖, 能與一切 真俗凡聖, 安著名字. 真俗凡聖, 與此人安著 名字不得.

道流, 把得便用, 更不著名字, 號之為玄旨.

《번역》

수행자들이시여, 산승(山僧)이 무슨 법을 설하는가 하면 심지(心地)법문(法門)을 설하는 것이어서 바로 능히 범부(凡夫)에게도 있는 것이기에 범부(凡夫)가 들어도 깨달아 알 수 있는 것이고, 성자(聖者)가 들어도 정확하게 맞는 것이니, 정토(淨土)에 사는 사람이나 예토(穢土)에 사는 사람이 들어도 정확한 것이어서, 출가인이나 재가인이 들어도 깨달아 알 수 있는 심지(心地)법문(法門)인 것이다.

★ (심지법문은 차별분별이 없는 것으로 어느 누구나 진정견해를 가지고 실천하면 되는 것이다.)

이와 같이 요구함에도 불구하고 아니라고 하며 실천하지 않고 그대들이 출가인이나, 재가인이나, 범부나, 성자라고 구분하며 능히 일체의 출가인이나, 재가인이나, 범부나, 성자라는 이름을 붙이는 것을 좋아하고 있는 것이다.

그러나 출가인이나, 재가인이나, 범부나, 성자라는 이름을 이 사람에게 붙인다고 하여도 이 사람(진정견해를 체득한 사람)이 될 수 없는 것이다.

수행자들이시여, 심지(心地)법문(法門)을 깨달아 체득하여 바로 실천하면 다시는 이와 같은 명자(名字)에 집착을 하지 않고 진정견해를 구족하여 살아가게 되므로, 말하기를 현지(玄旨)를 체득했다고 하는 것이다.

《해설》

* 설심지법(說心地法): 심지법은 심법(心法)에서 심지(心地)의 법(法)이라는 더 구체적으로 심법의 주체를 설명하는 것이다. 그냥 심법(心法)이 아니고 심지(心地)라는 마음의 본래를 말하고 있는 것이다. 즉 모든 사람들이 가지고 있는 마음의 본체는 원래부터 청정하다는 것을 심지(心地)라고 표현한 것이다. 심지법은 누구나 가지고 있는 것이기에 이 심지법으로 설하면 설하는 사람도 듣는 사람도 모두가 무위진인, 무의도인이 되므로 이것을 불법(佛法)의 현지(玄旨)를 설한다고 한다.

山僧說法, 與天下人別, 秪如有箇, 文殊普賢, 出來目前, 各現一身問法, 纔道咨和尚, 我早辨了也.

老僧穩坐, 更有道流, 來相見時, 我盡辨了也.

何以如此, 秪爲我見處別, 外不取凡聖, 內不住根本, 見徹更不疑謬.

《번역》

산승(山僧)이 천하의 모든 사람들에게 법(法)을 설하는 것은 특별한 것으로 가령 문수보살이나 보현보살이 와서 각각 내 눈앞에 자신을 나타내어 법을 묻는다고 하며 화상에게 묻는다는 말을 하여도 나는 문수보현이라는 마음을 가지지 않고 바로 판단하는 것이다.

그리고 노승은 항상 안정(安定)하게 좌선(坐禪)하므로 다시 어느 수행자가 와서 상견(相見)하더라도 나는 정성을 다하여 차별하지 않고 판단하는 것이다.

어찌하여 이와 같이 할 수 있는가 하면 이것은 다만 나의 견해가 특별히 다르기 때문인데 즉 밖으로는 범부나 성자라는 차별을 하지 않는 것이고, 안으로는 기본적인 고정관념도 가지지 않기 때문에 진정견해를 가지고 보게 되어, 다시 의심하거나 속이지 않게 되는 것이다.

★ (대상경계를 차별하지 않는다.)

《해설》

＊ 이 단은 누구를 만나더라도 차별분별하는 선입견을 가지지 말고 상대하라는 것이다. 이것은 오온(五蘊)에서도 말하고 있듯이 일체를 철저하게 공(空)으로 알고 있어야 하는데도 과거의 기억이나 추억에 의하여 현실이나 미래를 살아가려고 하는 것 때문에 차별분별하게 된다는 것을 말하고 있는 것이다. 그러므로 밖으로 성범(聖凡)이라는 선입견을 갖지 말고 또 마음을 자신의 마음 안에

서도 조금도 성자나 범부라는 마음을 가지지 않고 상대하여야 진정견해를 구족하게 되는 것이라고 하고 있다. 자신의 허물도 구분하지 못하며 탐진치(貪嗔癡)만 가진 사람들은 자신들이 보고 듣는 것만 자신의 비위에 맞지 않는다고 하기 때문에 탐진치에서 영원히 벗어나기 힘든 것이다. 그러나 계정혜로 사는 사람들은 보고듣고 말하는 것이 성범(聖凡)이라는 차별분별이 없기 때문에 평등한 것이나 이것을 잘못 알면 조불(祖佛)을 신통(神通)을 가진 전지전능한 신으로 보기 쉬운 것이기에 조심해야 한다.

師示眾云. 道流, 佛法無用功處, 祇是平常無事. 屙屎送尿, 著衣喫飯, 困來即臥. 愚人笑我, 智乃知焉. 古人云. 向外作工夫, 總是癡頑漢.

爾且隨處作主, 立處皆真, 境來回換不得. 縱有從來習氣, 五無間業, 自為解脫大海.

今時學者, 總不識法, 猶如觸鼻羊, 逢著物安在口裏, 奴郎不辨, 賓主不分.

如是之流, 邪心入道, 鬧處即入, 不得名為真出家人, 正是真俗家人.

《번역》

임제선사께서 시중하여 말씀하셨다.

"수행자들이시여, 불법(佛法)은 삼업(三業)을 짓지 않는 것이고 다만 진여의 지혜로 항상 생활하여 망념(妄念)없이 정념

(正念)으로 살아가는 것이다.

즉 평상심으로 생활하는 것은 특별한 것이 아니고, 대소변을 보고 싶으면 대소변 보고, 옷 입고 밥 먹는 자연스런 일상 생활을 하는 것으로 피곤하면 누워 자는 것이다.

이와 같이 평상심으로 무사(無事)하게 생활하는 것을, 어리석은 사람들은 나의 행동을 보고는 비웃겠지만 진여의 지혜로 사는 사람은 이내 이와 같은 것을 보고 바로 깨달아 안다."

고인(古人)이 말씀하셨다.

"자신의 마음 밖에서 무위진인(無位眞人)을 찾으려고 공부(功夫, 工夫, 방법과 수단, 노력)하여 조작하는 것은 모두가 어리석고 우둔한 사람들인 것이다."

그대들이 장차 어디에서라도 자신이 진여의 지혜로 살아간다면 그대들이 있는 그 곳이 바로 좌도량(불국토)이 되는 것이니, 무슨 경계가 닥쳐오더라도 자신이 진여의 지혜로 살아가는 것이므로 이것을 다시 예토(穢土)로 바꿀 수는 없게 되는 것이다.

설령 이제까지 살아오면서 남은 업(業)이 있어서 습기(習氣, 습관)가 있고 또 오무간지옥에 떨어질 만한 업(業)이 있다고 할지라도 진여의 지혜로 살아간다면 자신은 해탈의 대해(大海)에서 살아가게 되는 것이다.

지금의 수행자들은 이와 같은 법(法)을 대상으로 알고 자신의 마음 밖에서 구(求)하려고 하고 있는 것을 비유하면 염소들이 냄새만 맡고 입에 닿는 것들을 무조건 모두 먹는 것처럼 하므로 하인과 주인을 판단하지 못하는 것이고, 손님과 주인도 구별하지 못하니 계속하여 밖에서 찾고 있는 것이다.

★ (자신의 안으로 수행하지 않고 밖에서 기도, 수행, 참선, 예배하는 것은 잘못된 수행이라는 것)

이와 같은 무리들은 삿된 마음을 가지고 도(道)를 깨달아 알고자 하는 것이므로 영리나 명예를 탐착하고 많은 인파가 있는 곳에서 구하려고 하는데 이와 같이 수행하는 사람들은 출가인(出家人)이라고 말할 수 없는 것이며 정말로 속인(俗人)이라고 하는 것이다.

★ (자신이 수행을 외부에서 하려고 하는 이들을 경계한 것으로 무조건 많이 보고 들으면 이룩된다고 하는 것과 불법(佛法)의 수행을 잘못 알고 명리나 구하는 것을 경책한 것.)

《해설》

* 불법무용공처(佛法無用功處): 불법(佛法)이라는 것은 심지법이므로 조작하지 않는 것을 말하는 것이므로 삼업(三業)을 짓지 않고 살아가는 것이다. 이것을 평상(平常)무사(無事)라고 하는 것이며 진여의 지혜로 항상 생활하는 것이다. 그러므로 망념(妄念) 없이 정념(正念)으로 살아가는 것인데 어리석은 사람들은 비웃을 수 있는 것이라고 하는 것이다.

* 평상무사(平常無事): 평상심으로 생활하면 번뇌 망념의 일은 없는 것이기에 무위진인으로 살아가는 것이라고 하는 것이다. 이것을 진여의 지혜로 사는 사람이라고 하는 것이다.

＊ 우인소아 지내지언(愚人笑我, 智乃知焉): 평상무사한 생활을 하는 것은 누군가가 자신을 알아주기를 바란다든지 부귀나 명예를 위한 것이 아니고 자신의 인생을 행복하게 극락세계에서 살아가는 것을 말한다. 이와 같이 살아가는 것이 자신의 안일만 위한 것이 아니고 상구보리 하화중생의 생활을 정확하게 하는 것이므로 진여의 지혜로 사는 사람은 이것이 무엇인지를 자신도 알지만 남을 보고 알고도 비웃지 않는다는 것이다. 어리석은 사람들은 그런 것은 아무나 할 수 있는 것이라고 비웃기 때문에 자신도 실천하지 못하고 자신이 탐진치에 빠진 줄을 모르기 때문에 어리석다고 하는 것이다.

그렇기 때문에 옛사람들이 말하기를 도(道)는 어린 아이도 알지만 80세 된 노인도 행(行)하기 어렵다고 하는 것이 이 말이다.

＊ 수처작주 입처개진(隨處作主, 立處皆真): 수처라는 말은 장소라는 말도 되지만 자신의 경계라는 말도 되는 것이다. 그러므로 자신의 법(法)이 불법(佛法)으로 되는 것을 작주라고 하는 것이 되어 자신의 만법(萬法)이 일여(一如)가 되는 것을 수처작주(隨處作主)라고 하는 것이 된다. 수처작주의 생활을 하면 자신이 항상 어디에서나 무위진인(無位眞人)으로 좌도량에서 살게 된다고 하는 것을 입처개진(立處皆真)이라고 하고 있다.

＊ 자위해탈대해(自爲解脫大海): 습기(習氣)나 오무간업이라고 하는 것은 자신이 지은 잘못된 생활을 말하는 것인데 쉽게 말하면 바꾸기 아주 어렵고 지은 죄가 아주 무거운 것을 말하는 것으로 이것도 자신이 돌이켜 참회하고 참괴할 줄 알고 탐진치를 계정혜로 전환할 줄 알면 해탈하여 살 수 있다고 하는 것이다. 화해와 용서할 줄 아는 새로운 무위진인(無位眞人)이 탄생하게 되는 것을

해탈의 대해(大海)에서 살아간다고 하는 것이다.

　* 부득명위진출가인 정시진속가인(不得名爲真出家人, 正是真俗
家人): 출가인과 속가인이 어떻게 다른지를 구분하는 내용이다.
진출가인은 진여의 지혜로 생활하기 때문에 무위진인으로 살게
되고, 속가인은 밖으로 수행하는 사람이기 때문에 주인과 객도
구분 못하므로 부귀영화등을 탐착하는 사람이기에 진속가인이라
고 설명하고 있다. 사족을 달면 승속을 구분 짓는 것이지만 이것
은 사람을 모습으로 보지 말라는 경고이기도 하다. 어느 누구나
가 출가인이 되기도 하고 진출가인이 되기도 한다는 것을 말하고
있는 것이고 모습은 출가인 이지만 진속가인이 될 수 있다는 경
고를 이와 같이 하고 있는 것이다. 어떻게 하면 진출가인이 될
수 있는 것인가를 다음 단에서 다시 진정견해를 체득하여야 된다
고 정확하게 설명하는 살아 있는 임제의 안목을 볼 수 있는 부분
이다.

　夫出家者, 須辨得平常, 真正見解, 辨佛辨魔, 辨真辨偽,
辨凡辨聖. 若如是辨得, 名真出家.

　若魔佛不辨, 正是出一家 入一家, 喚作造業眾生, 未得名
爲真出家.

　祇如今有, 一箇佛魔, 同體不分, 如水乳合, 鵝王喫乳. 如
明眼道流, 魔佛俱打.

　爾若愛聖憎凡, 生死海裏浮沈.

《번역》

　　무릇 출가한 수행자들은 반드시 항상 진정견해를 체득하여
야 부처와 마장을 분별할 수 있고 진실과 거짓을 분별할 수
있고, 범부와 성인을 분별할 수 있게 된다.

　　만약 이와 같이 여시(如是)한 진정견해를 체득하여 분별할
수 있는 견해를 구족하였을 때에 진정한 출가수행자라 말할
수 있는 것이다.

　　만약 마장과 부처를 분별하지 못하면 이것은 정확하게 바로
어느 속가(俗家, 탐진치)에서 나와서 다시 어느 속가로 들어
가는 것이 되어 출가하여 승가(僧家, 계정혜)에 들어가서도
탐진치(貪瞋癡)를 가지는 것이므로 다시 업(業)을 짓는 중생
이 되는 것이라고 할 수 있으며 진정한 출가를 했다고 말할
수 없는 것이다.

　　다만 지금 여기 하나의 부처와 마장이 같은 몸뚱이 속에 있
어서 분리할 수 없는 것과 같은데 진정견해를 체득하여 물과
우유가 혼합된 것에서 아왕(鵝王, 거위, 부처, 무위진인, 진
출가인)이 우유만 마시는 것과 같이 진여지혜로 생활하여 불
마(佛魔)를 분별하여야 한다.

　　그러므로 바른 안목(眼目)을 구족한 수행자들은 누구나 마
장과 부처를 모두 타파(打破)할 수 있어서 진출가인이라고 하
는 것이다.

　　그러므로 그대들이 만약 성자를 좋아하고 범부를 증오(憎

惡)하는 마음이 있다면 이것은 차별분별하는 생사(生死)의 업해(業海)에서 벗어날 기약이 없게 되는 것이다.

《해설》

* 변불변마 변진변위 변범변성(辨佛辨魔, 辨眞辨僞, 辨凡辨聖): 부처와 마장, 진실과 거짓, 범부와 성자를 구분하지 못하면 진출가인이 아니라고 하는 것이다. 부처와 마장이 밖에 있다고 하면 구분하기 쉬울 것인데 여기에서 말하는 부처와 마장은 자신의 안에 있는 것을 말하는 것이므로 동체(同體)라고 하는 것이다. 조불(祖佛)이나 마장, 사탄, 마구니 등이 밖에 있다고 구하여 조불(祖佛)이 되면 남들이 알아주고 받들어 모신다고 생각하는데 이것은 아주 잘못된 것이다. 조불(祖佛)이나 마장은 자신의 안에 있는 것인데 이것도 구분하지 못하면 진출가인이 아니므로 거짓과 진실, 범부와 성자도 구분하지 못한다고 하는 것이다. 일반적으로 범부와 성자를 지식의 차이에 따라 구분하는 것이라고 알고 슬기가 많으면 성자가 되는 것이라고 알고 있는 것은 잘못된 것이다. 불교에서는 이것을 경계하기 위하여 지혜와 지식을 구분하고 있는 것으로 문수를 부처의 어머니라고 하는 것이다. 이 말은 문수의 지혜에 의하여만 부처가 탄생할 수 있다고 설하고 있는 것이 된다.

* 명안도류(明眼道流): 진정견해를 구족한 사람을 명안도류(明眼道流)라고 다시 설명하는 것이다. 자신이 부처인지 마구니나 사탄인지 구분하지 못한다고 하면 출가인이라고 할 수 없다고 말하고 있는 것이다. 이것을 판단하지 못하는 수행자라고 하면 출가인이 아니고 이 집에서 나와 저 집으로 간 속인이라고 말하고 있는

것처럼 승가의 근간을 흔드는 문제인 것이다. 출가의 기본은 자신이 속인(俗人)인지 성인(聖人)인지 구분하는 진정견해를 구족하게 하는 것인데도 이것이 중요한 것이 아니고 탐진치에 빠진다면 성자를 좋아하고 범부를 미워하게 되는 것이므로 아주 잘못된 것이라고 설하고 있다.

問. 如何是佛魔. 師云. 爾一念心, 疑處是魔. 爾若達得, 萬法無生, 心如幻化, 更無一塵一法, 處處淸淨是佛. 然佛與魔, 是染淨二境.

約山僧見處, 無佛無衆生, 無古無今.

得者便得, 不歷時節, 無修無證, 無得無失, 一切時中. 更無別法.

設有一法過此者, 我說如夢如化. 山僧所說皆是.

《번역》

어느 수행자가 물었다. "어떻게 하면 부처가 되고 마장이 됩니까?"

임제선사께서 대답하셨다. "그대들이 지금 한결 같이 여시한 생각(一念)에서 나오는 마음으로 살면서도 이것을 의심을 하면 마장인 것이다.

그리고 그대가 만약 자신의 만법(萬法)이 무생(無生)이라고 통달하여 체득하였다면 자신의 중생심이 환화(幻化)와 같다고 깨닫게 되어 다시는 망념으로 아는 대상경계와 법이 하나도 없게 되니 수처(隨處)에서 청정하게 살아가는 것을 부처라고 하는 것이다.

그러므로 부처와 마장이라는 것은 오염(染)과 청정함(淨)을 구별하는 마음의 경계라는 것이다.

산승(山僧)이 깨달아 아는 것으로 말하여 보면, 나는 부처와 중생이라는 생각을 하지 않고, 옛날과 지금이라는 생각도 하지 않는다. 깨달아 증득하는 것은 바로 증득하는 것이지 시절인연을 만나야 한다는 것이 아니므로 수행하여 증득해야 한다고 하는 것이 없고, 증득했다고 하는 것도 없는 것이기에 잃을 것도 없는 것이므로 항상 또다시 특별한 법을 구할 필요가 없는 것이다.

설령 이것보다 뛰어난 무슨 법이 있다고 할지라도 나는 그것을 꿈과 같고 환상과 같은 것이라고 하는 이것이 산승이 설하는 모든 것이다.

《해설》

* **여하시불마(如何是佛魔)**: 부처와 마장이 무엇인지에 대하여 설명하는 부분으로 다시 어떻게 하면 자신이 부처가 되고 마장이 되는가하는 물음에 대한 대답이다.

부처와 마장이 외부에 있는 것이 아니고 자신의 안에 있는데 어떻게 하면 부처이고 마장인지를 정확하게 다시 설명하는 것이다. 부처에 대하여는 설명할 필요가 없고 마장만 간단하게 설명하면, 자신의 마음이 삐뚤어진 것을 마장이라고 하는 것으로 오염과 청정의 차이라고 임제스님은 설명하고 있다.

* 득자변득 불역시절(得者便得, 不歷時節): 이 말은 아주 중요한 말인데 시절인연을 기다리며 노력을 할 필요가 없다는 식으로 이해하여 게으름뱅이가 되어 아무것도 하지 않는 공병(空病)에 떨어진 것을 부처라고 알고 살아가면 안 되는 것이다. 즉 깨달아 증득하는 것을 바로 증득하라고 하는 것은 사람의 차이를 두는 것이 아니고 지금 바로 자신의 마음을 자각하라고 하는 것이지 수행하여 이룩하려고 하는 마음을 가지지 말라고 하는 것이다.

어느 누구나 지금 자신이 가진 마음을 자신이 바르게 하는 것을 다음으로 미룬다면 이것이 바로 어긋난다고 하는 것을 시간이나 세월을 필요치 않는다고 하는 것이다. 수행을 하지 않고 시절인연을 만나야 한다고 세월을 헛되이 보내며 때나 무엇을 기다리는 어리석은 사람이 되지는 말라고 하는 것이다.

* 무수무증 무득무실(無修無證, 無得無失): 지금 바로 자신의 마음을 자각하면 특별히 수행하여 증득해야 한다고 하는 것이 없게 되는 것이므로 항상 지금 자신의 마음을 관조하라고 설하는 것이다. 증득했다고 하는 것도 없는 것이기에 잃을 것도 없는 것이 되는 것은 당연하므로 다음에 수행한다고 미루는 마음을 가지지 말고 지금 바로 하라는 것이 된다. 임제와 같은 진정견해를 체득하지 않고 이 말도 잘못 이해하여 수행할 것도 없고 깨달을 것도 없으니 얻을 것도 없고 잃을 것도 없다는 것으로 알고 아무것도 하지 않고 무위도식하며 세월만 보낸다면 아주 잘못되는 것이다. 그리고 전지전능한 부처가 되기를 구한다면 이것 또한 요즘처럼 몇몇 사람들만 소유하는 귀족불교로 타락하게 되는 오류를 범하게 되는 것

이다. 여기에서 임제스님이 말하는 조불(祖佛)은 어느 누구나 진정견해를 구족하기만 하면 무위진인(無位眞人)으로 무의도인(無依道人)으로 살아갈 수 있다고 하는 것이므로 천상천하유아독존의 평등을 실천하는 것이다.

명안도류(明眼道流)

5) 대장부가 부처이고 조사

道流, 即今目前, 孤明歷歷地聽者, 此人處處不滯, 通貫十
方, 三界自在.

入一切境, 差別不能回換, 一刹那間, 透入法界, 逢佛說佛,
逢祖說祖, 逢羅漢說羅漢, 逢餓鬼說餓鬼.

向一切處, 游履國土, 敎化衆生, 未曾離一念, 隨處淸淨, 光
透十方, 萬法一如.

《번역》

수행자들이시여, 지금 눈앞에 분명히 본래의 지혜로 본심으
로 듣는 사람은, 무위진인(無位眞人)이 되어 어디에도 장애받
는 것이 없게 되니 시방삼세 어디에서나 깨달아 알 수 있어서
삼계(三界)에서 자유자재하게 살아가는 사람이 되는 것이다.

그러므로 이 사람은 일체의 경계가 닥쳐오더라도 자신이 진
여의 지혜로 살아가는 것이므로 다시 차별의 세계로 되돌아
가지 않게 되고 순식간에 자신이 중생심의 법계(法界)를 뛰어
넘게 되어 자신이 부처라는 대상경계를 만나면 부처를 제도
하고, 조사라는 경계를 만나면 조사를 제도하고, 나한이라는
경계를 만나면 나한을 제도하고, 아귀라는 경계를 만나면 아
귀를 제도하게 된다.

나는 어느 곳이나 어느 나라를 다니면서 중생을 교화하지만

아직까지 한 번도 이 일념(一念)을 벗어난 적이 없기 때문에 다니는 곳마다 청정한 진여의 지혜로 살아가게 되어 시방삼세와 함께하며(透) 자신의 만법(萬法)과 하나가 되어 여시(如是)하게 살아가는 것이다.

《해설》

 * 봉불설불 … 아귀(逢佛說佛, … 逢餓鬼說餓鬼): 부처를 만난다고 하는 것은 자신이 부처라는 대상경계를 만나는 것이고, 부처를 제도한다고 하는 것은 부처라는 대상경계를 자신이 제도(濟度)하는 것이다. 조사(祖師)나 나한과 아귀라는 경계를 자신이 만나면 그 경계를 제도(濟度)하는 것을 말하는 것이지 실제로 타인을 제도하는 것을 말하는 것은 아니다. 요즈음은 몇 마디 비워나 맞춰 주는 좋은 말만 배워가지고 타인들을 실제로 제도(濟度)하는 것처럼 하지만 이것은 신앙이나 교단을 유지시키면서 명예나 재물을 추구하기 위한 수단 일 뿐이지 타인을 제도(濟度)할 수는 없는 것이다.

 아직까지 사대주의 근성이 남아 있어서 절대자나 전지전능한 신앙에 의지하고 싶은 마음으로 존재하지도 않는 전지전능한 것을 추구하여 존재하는 것이라고 착각하는 것은 아주 잘못된 것이라고 하는 것이다.

 * 만법일여(萬法一如): 자신의 만법(萬法)이 여여(如如)하고 여시(如是)하다는 것을 일여(一如)라고 하는 것이다. 항상 어디에서나 진여의 지혜로 청정하게 살아가는 것을 중생을 제도한다고 하는 것이고 부처, 조사, 나한, 아귀 등을 만나도 항상 지혜로 살아간다고 하는 것이다.

道流, 大丈夫兒, 今日方知, 本來無事, 秖為爾信不及, 念念馳求. 捨頭覓頭, 自不能歇.

如圓頓菩薩, 入法界現身, 向淨土中, 厭凡忻聖, 如此之流取捨, 未忘染淨心在.

如禪宗見解, 又且不然, 直是現今, 更無時節.

山僧說處, 皆是一期, 藥病相治, 總無實法.

若如是見得, 是眞出家, 日消萬兩黃金.

《번역》

수행자들이시여, 대장부로서 살아가려면 지금 진여의 지혜로 살아가야한다는 것을 비로소 깨달아서 본래부터 무사(無事, 번뇌 망념이 없이 생활하는 것)하다는 것을 알아야 하는데, 다만 그대가 이것을 확신하여 깨닫지 못하였기 때문에 항상 무엇을 구하려고 자기마음대로 대상경계를 생각하며 치구(馳求)하는 마음으로 살아가는 것이다.

비유하면 자기의 얼굴은 잊어버리고 다른 얼굴을 찾는 것과 같이 자신이 치구하는 마음을 멈추지 못하므로 대장부로서 살아가지 못하는 것이다.

원돈(圓頓)보살(菩薩)3)이 되어서도 법계를 깨달아 법신으

---

3) 『阿彌陀經疏鈔演義』 卷2(『卍續藏』 22, 750쪽. 상13.): 「報化非眞佛亦非說法者, 此合二義. 一會用歸體義. 以報化二身, 乃法身之用, 用無自性, 全體卽眞, 故報化無體, 乃歸法身也. 二奪事顯理義. 以報化所說, 乃文字說. 然文字性空, 名字亦離, 以何爲法, 必見法身者, 乃能知法也. 當是隨機所見者, 凡小權乘. 但見應身說法, 大乘登地. 乃見報身說法. 若圓頓菩薩, 乃見法身說法, 以佛本無三, 隨

로 설법하기를 원하고, 정토(淨土) 가운데에 태어나기를 구하고, 범부를 싫어하고 성인이 되기를 바란다면, 이와 같은 무리들은 취하고 버리는 마음으로 수행하는 이들이어서 청정한 것을 그리는 마음이 있어서 이와 같은 망념이 남아 있게 되는 것이다.

선종(禪宗)의 견해(見解)는 이와 같지는 않은 것으로 바로 지금 여기에서 법신(法身)으로 반야바라밀을 실천하는 것이지 (원돈보살처럼) 시절인연을 기다리지 않는다.

지금 산승(山僧)이 설하는 것도 이와 같아서 모두가 병을 치료하기 위하여 방편으로 만든 일회용 처방전일 따름이지 이 모든 것이 고정된 실체가 있는 것은 아닌 것이다.

만약 이와 같이 깨달아 알고 실천한다면 진정한 출가(出家)라고 하는 것이고 매일 황금 만냥을 쓰는 가치가 있는 생활을 한다고 할 수 있는 것이다.

《해설》

* 대장부아(大丈夫兒): 대장부는 부처나 조사를 뜻하는 것이다. 그러므로 남녀라는 차별을 벗어난 삶을 살아가야 하는 것이다. 대장부로서 살아가려면 진여의 지혜로 무사(無事)하게 생활하여야

機所見, 自不同故.」
『楞伽阿跋多羅寶經註解』卷4「第四」(『大正藏』39, 420쪽. 하25.): 「此圓頓菩薩所修, 攝受者, 謂六根攝受六塵. 自心二者, 言修檀度治慳貪能治所治之二也. 大乘菩薩, 旣覺了諸法惟心所現. 所謂不住色聲香味觸法而行布施, 則能治所治二無二也. 二無二故則三輪體空, 故曰不生妄想, 能施空也. 不攝受能受空也.」

하고 향외치구(向外馳求)하지 않고 살아가야 진출가인이 되어 대장부로 살게 되는 것이다.

　* **일소만량황금**(日消萬兩黃金): 하루에 황금 만 냥이라는 금액으로 사람의 삶을 나타내고 있는 것은 실제로는 돈으로 살 수 없다는 것을 강조하고 있는 것이다.

　요즘 사람들도 돈으로 사람을 사려고 하는데 이것은 노예제도가 있던 시절과 비교하면 권력으로 사람을 부리는 것과 돈으로 사람을 부리는 차이라고 하면 인권이 얼마나 중요한가를 나타내는 내용이 된다. 서민들이 평생을 벌어 모아도 모을 수 없는 금액을 하루에 쓰는 삶이라고 하는 것 때문에 천상천하유아돈존이라는 말을 한 것이고 또 인간의 평등과 자유를 강조하기 위하여 이와 같은 말을 한 것인데 이것은 대장부로 살아갈 때 이와 같은 가치가 있다고 강조하고 있는 것이다. 그러므로 모두가 대장부의 삶을 살아야 한다고 하는 것이다.

6) 인가증명보다 진정견해를 체득해야 한다

道流, 莫取次被 諸方老師 印破面門. 道我解禪解道, 辯似
懸河, 皆是造地獄業.

若是真正學道人, 不求世間過, 切急要求, 真正見解.

若達真正見解, 圓明方始了畢.

《번역》

수행자들이시여, 누구에게 인가증명을 받았다고 제멋대로
제방(諸方)의 노사(老師)들의 경지에 도달하였다고 하며 면
전에서 타파했다고 말하지 말아야 한다.

그리고는 인가증명을 받았다고 하며 '나는 선(禪)을 깨달아
알고 도(道)를 깨달아 안다.'라고 하며 말을 청산유수와 같이
잘할지라도 이것은 모두가 지옥업을 짓는 것이 된다.

만약 진정한 도인(道人)으로 수행하는 이라면 세간에서 주
고받는 인가증명을 받으려고 하는 등의 세간의 허물들을 구
하지 않고 자신이 직접 간절하게 진정견해를 자신이 체득하
려고 할 것이다.

만약 자신이 진정견해를 통달하여서 원만하고 명백하게 자
신이 살아갈 수 있는 안목을 구족하게 된다면, 비로소 진정견
해를 깨달아 마쳤다고 할 수 있는 것이다.

《해설》

 * 여기에서도 진정견해를 자신이 체득해야 하고 제방의 노사(老師)들이나 누구에게서 구하지 말라고 간절하게 요구하고 있다. 진정견해는 자신이 구족하여야 하고 또 자신이 알아야 하는 것이라고 계정혜를 강조하고 있다.

 입으로 지식으로 자신이 자신의 법을 알고 말을 폭포수와 같이 할지라도 자신이 계정혜에 맞는 진정견해를 구족하지 못하면 지옥업을 짓는 것이 되는 것이다. 임제스님은 여기에서 한 발 더 나아가 인가증명을 받았다고 할지라도 언어문자로 하려고 하지 말고 자신이 실천해야 하는 것이지 자신이 도(道)나 선(禪)을 지식으로 안다고 하면 바로 어긋난다고 설하고 있다.

 問. 如何是 眞正見解.

 師云. 爾但一切, 入凡入聖, 入染入淨, 入諸佛國土, 入彌勒樓閣, 入毘盧遮那法界, 處處皆現國土, 成住壞空.

 佛出于世, 轉大法輪, 却入涅槃, 不見有去來相貌, 求其生死, 了不可得.

 便入無生法界, 處處游履國土, 入華藏世界, 盡見諸法空相, 皆無實法.

 唯有聽法, 無依道人, 是諸佛之母, 所以佛從無依生.

 若悟無依, 佛亦無得.

 若如是見得者, 是眞正見解.

《번역》

어느 스님이 물었다.

"어떻게 하면 진정견해를 요달하는 것입니까?"

임제선사께서 대답하셨다.

"그대가 다만 일체에서 진정견해를 체득하면, 범부의 경지에 들어가도 바른 견해로 깨달아 살 수 있고, 성자의 경지에 들어가도 바른 견해로 깨달아 살 수 있고, 예토(穢土)에 사는 사람과 정토에 사는 사람의 경지에 들어가도 바른 견해로 깨달아 살 수 있는 것이고, 모든 불국토에 들어가서 살아도 바른 견해로 깨달아 살 수 있게 되고, 미륵의 누각에서 살아도 바른 견해로 살게 되고, 비로자나 법계에 들어가도 바른 견해로 살게 되지만, 모든 곳에서 그 국토가 성주괴공(成住壞空)하는 것이라는 것을 깨달아 알게 되면 진정견해를 요달하여 살게 되는 것이다. ★ (몰종적)

즉 부처님이 세상에 출현하여 위대한 반야의 불법(佛法)으로 중생을 제도하고는 도리어 열반(涅槃)적정(寂靜)하게 사셨기 때문에 가고 오는 것을 형상으로 친견할 수 없는 것이니 그곳에서 번뇌망념의 생사(生死)를 찾는다는 것은 불가능한 것이다.

★ (여래를 형상이나 음성으로 친견한다는 것은 있을 수 없는 것이다.)

그러므로 바로 이곳이 번뇌 망념이 없는 무생(無生)법계(法

界)라는 사실을 깨닫게 되어 온갖 국토를 유행하면 모든 곳이 연꽃으로 장엄된 화장세계라는 것을 깨닫게 되어 살아가니 제법(諸法)이 모두 다 공(空)의 모습이고 실체(實體)로 고정되어 존재하는 법(法)이 없는 것이라는 사실을 깨달아 아는 것이다.

그리하여 오로지 본심으로 법(法)을 듣는 무의도인(無依道人, 의지함이 없는 도인)이 지금 여기에 있는데 이것이 바로 모든 부처의 어머니인 것이므로 자신의 부처가 의지함이 없는 본심으로부터 태어나게 되는 것이다.

만약 무엇에도 의지함이 없는 본심으로부터 (부처가) 태어난다는 사실을 깨달으면 부처 역시 얻는 것은 아니다.

만약에 이와 같이 여시(如是)한 견해를 체득하면 진정견해를 요달하게 되는 것이다."

《해설》

* 제법공상 개무실법(諸法空相, 皆無實法): 모든 법이 공(空)이라는 사실을 자각하면 실체로 고정되어 존재하는 법은 없다는 것이다. 제법(諸法)이 공(空)이라는 사실은 자신의 만법(萬法)이 공(空)이 되지 않으면 중생심으로 사는 것을 말하는 것이고 공(空)이 되면 성자(聖者)로 살게 되는 것이므로 진정견해를 체득해야 한다고 설하시고 있는 것이다. 이것을 석공(釋空)으로 해석하면 시간과 공간으로 분석해야 하므로 자신이 가진 만법(萬法)이 멈출 수가 없기 때문에 공(空)이라고 해석해야 하고 실체의 존재가 파괴되는

물질의 근본이 사라지기를 기다리는 것이고 우주공간에서 멈춰지지 않기 때문에 공(空)이라고 한다면 불합리한 것이다. 자신의 만법(萬法)에 집착을 하면 공(空)이 아니고 번뇌가 되는 것이고 공(空)이 되면 집착을 하지 않는 몰종적(沒蹤跡)이 되므로 자신의 만법(萬法)이 번뇌가 없게 되는 것을 무법(無法)이나 무실법(無實法)이라고 표현한 것이다. 그러므로 자신의 만법(萬法)이 공(空)이 되어야 모두가 무실법(無實法)이 되어 무의도인(無依道人)으로 살아가는 것이라고 설하고 있는 것이다.

* 불종무의생(佛從無依生): 무의도인(無依道人)은 어디에도 의지하지 않고 살아가는 사람을 말하는 것이고 부처 역시 어디에도 의지하지 않고 태어나야한다는 것을 말하고 있는 것이다. 그러므로 자신의 본심(本心)에서 태어나야 하고 자신의 본심(本心)으로 살아가야 된다고 설하고 있는 것이다.

學人不了, 爲執名句. 被他凡聖名礙, 所以障其道眼, 不得分明.

秖如十二分敎, 皆是表顯之說, 學者不會, 便向表顯, 名句上生解, 皆是依倚, 落在因果, 未免三界生死.

爾若欲得, 生死去住, 脫著自由, 即今識取聽法底人. 無形無相, 無根無本, 無住處, 活撥撥地, 應是萬種施設, 用處秖是無處.

所以覓著轉遠, 求之轉乖, 號之爲祕密.

《번역》

수행자들이 이와 같은 것을 요달하지 못하는 것은 명구(名句)에 집착하기 때문이다.

즉 자신의 외부에서 말하는 범부와 성인이라는 명구(名句)에 빠져 그것을 집착하여 자신들의 도안(道眼)을 방해하기 때문에 자신의 분명한 진정견해를 체득하지 못하는 것이다.

단지 12분교(十二分敎, 대장경)라는 것도 진정견해를 언어문자로 표현(表顯)하여 나타낸 말이라는 사실을 수행자들이 알지 못하고 바로 그 명구(名句)에서 알려고 알음알이를 내는데, 이것이 모두 명구(名句)로 인하여 인과(因果)에 떨어진 것이므로 삼계에서 생사(生死, 번뇌의 생사윤회)하는 것을 벗어나지 못하게 되는 것이다.

그대들이 만약에 번뇌망념으로 생사(生死)하는 번뇌속에서 행주좌와에 항상 해탈하여 자유롭게 살아가고자 한다면 지금 바로 자신이 본심으로 법(法)을 청정하게 듣는 자신의 무의도인(無依道人)을 깨달아 알면 되는 것이다.

자신의 무의도인(無依道人)은 형상도 없고, 근본도 없으며, 집착하는 것도 없이 자유자재하게 살아가기 때문에, 어디에서나 불법(佛法)에 맞게 무의도인(無依道人)으로 살아가게 되는 것이고 또 무의도인(無依道人)은 행한 흔적이 없는 것이므로 조사(祖師)라고 하는 것이다.

그러므로 무의도인(無依道人)은 찾으려고 집착하면 할수록 점점 더 멀어지고, 구(求)하려고 하면 할수록 점점 맞지 않게 되는 것이므로 비밀이라고 말하는 것이다.

《해설》

* 학인불요 위집명구(學人不了, 爲執名句): 수행자들이 명구(名句)에 집착하기 때문에 진정견해를 요달하지 못한다고 하는 것이다. 즉 이것은 명구(名句)로 존재한다고 하는 것들을 추종하는 마음 때문에 자신이 고통스럽다는 것을 알지 못하고 더 집착하므로 진정견해를 요달하지 못하는 것이다. 이것 때문에 삼계(三界)를 고해(苦海)라고 하는 것이고 수행자들을 무위진인(無位眞人)으로 살아가라고 하는 것이며, 이 사실을 자각하면 무의도인(無依道人)으로 살게 되는 것이라고 설하시고 있다.

막수만물(莫隨萬物)

7) 사대가 자신의 진정한 반려자이다

道流, 爾莫認著箇, 夢幻伴子, 遲晚中間, 便歸無常.

爾向此世界中, 覓箇什麼物作解脫, 覓取一口飯喫, 補毳過時.

且要訪尋知識, 莫因循逐樂, 光陰可惜, 念念無常. 麁則被地水火風, 細則被生住異滅, 四相所逼.

道流, 今時且要, 識取四種無相境, 免被境擺撲.

《번역》

수행자들이시여, 그대들은 육신을 영원할 것이라고 생각하며 집착하지 말아야 하는데도, 꿈속에서 보는 환상과 같은 육신을 반려자라고 생각하여 무의도인(無依道人)이라고 의지하고자 한다면, 이것(육신)은 조만간에 무상(無常, 죽음)으로 돌아가게 되는 것이다.

그대들이 이와 같은 세계(육신)속에서 무엇을 찾아 해탈하고자 하며 이 육신에게 좋은 밥을 한 그릇 먹이기 위하여 찾아다니고, 좋은 옷을 입히기 위한다면 그것은 세월만 허비하고 있는 것이 된다.

그러므로 반드시 선지식을 잘 친견하여 안락만 추구하는 마음으로 삶을 살지 말고 생각 생각이 무상(無常)하니 시간을 아껴야 한다.

육신은 대체로(麁) 지수화풍(地水火風)의 사대(四大)로 이루어진 것이고, 세부적으로는 생주이멸(生住異滅)하는 사상

(四相)의 핍박이 있는 것이다.

수행자들이시여, 내가 지금 그대들에게 반드시 요구하는 것은 이 네 가지의 종자(種子, 사대의 근원)가 무상(無相)하다는 것을 깨닫게 되면 그 경계에서 벗어나게 되어 요동(搖動)하는 일이 없게 되는 것이다.

《해설》

* 이막인착개 몽환반자(爾莫認著箇, 夢幻伴子): 일반적으로 사람들이 자신의 육신을 영원할 것이라고 생각하며 집착하는데 이것이 영원하지 않다는 것을 확신시키는 것이다. 임제스님께서 수행자들은 육신을 꿈속에서 보는 환상과 같은 반려자일 뿐이므로 실제로 자신인 것처럼 생각하여 좋은 음식과 좋은 옷으로 치장하지 말라고 하는 것이다. 신(身)과 심(心)은 분리될 수 없는 것이지만 한 쪽으로 치우쳐 분리하여 산다면 무의도인(無依道人)은 전륜성왕이 되어야 하고 요즘과 같은 세상에는 성형을 하면 영원하게 될 것이라고 생각하지만 실제로는 얼마 가지 못하고 조만간에 죽게 되는 것이라고 설하고 있다. 그러므로 신(身)과 심(心)을 조화롭게 잘 운용하여 어디에도 치우치지 않는 사람으로 불법(佛法)에 맞게 자유자재하며 살아가는 사람을 무의도인(無依道人)이라고 하는 것이다.

問. 如何是 四種無相境.

師云. 爾一念心疑, 被地來礙, 爾一念心愛, 被水來溺, 爾一念心嗔, 被火來燒, 爾一念心喜, 被風來飄.

若能如是辨得, 不被境轉, 處處用境, 東涌西沒, 南涌北沒,中涌邊沒, 邊涌中沒, 履水如地, 履地如水.

緣何如此, 為達四大, 如夢如幻故.

《번역》

어느 스님이 물었다.

"어떻게 하면 네 가지의 종자(種子, 사대의 근원)가 무상(無相)하다는 것을 알 수 있습니까?"

임제선사께서 대답하셨다.

"그대가 한결 같이 여시한 생각(一念)에서 나오는 마음을 의심하면 땅과 같은 고정관념이 되어 장애가 되는 것이고,

그대가 한결 같이 여시한 생각(一念)에서 나오는 마음으로 애착하게 되면 사랑의 물에 빠지게 되는 것이고,

그대가 한결 같이 여시한 생각(一念)에서 나오는 마음으로 불평하게 되면 화(火病)가 되어 자신을 불태울 것이고,

그대가 한결 같이 여시한 생각(一念)에서 나오는 마음을 즐기려고 하면 바람이 되어 자신을 표류하게 하는 것이 된다.

만약에 능히 자신이 이것을 여시하게 분명히 체득하면 대상경계에 구속받지 않게 되고 어디에서나 대상경계를 주인으로서 활용할 수 있는 것이므로, 행동을 자유자재로 바르게 할 수 있고, 어디에도 여시하게 살게 되고, 맞고 맞지 않은 것에 자유롭게 살게 되어(東涌西沒, 南涌北沒, 中涌邊沒, 邊涌中沒) 물속에서 걷는 것을 땅에서 걷는 것과 같이 하고, 땅에서

걷는 것을 물속에서 걷는 것과 같이 하는 것이다.

★ (항상 진여의 지혜로 살아간다.)

무슨 인연으로 이와 같이 하는가하면 사대(四大)를 꿈이나 환상과 같다고 완전히 통달했기 때문이다."

《해설》

* 이일념심의 피지래애(爾一念心疑, 被地來礙): 여기에서 의심하는 마음이라고 하는 것은 즉 자신의 불심(佛心)을 의심하는 것이므로 자신이 극복해야 하는 것이고 극복하지 못하면 고정관념이 되어 사대(四大)의 지(地)가 된다고 하는 것이다. 그래서 번역을 그대가 한결 같이 여시한 생각(一念)에서 나오는 마음을 의심하는 것이라고 한 것은 불심(佛心)을 의심하여 해결하지 못하였으므로 땅과 같은 고정관념이 되어 쉽게 바꿀 수 없기 때문에 장애가 된다고 하는 것이다. 나머지 수화풍(水火風)도 자신의 중생심에서 벗어나지 않으면 탐진치에서 벗어나지 못한다고 설하시고 있는 것이다.

道流, 爾秖今聽法者, 不是爾四大, 能用爾四大. 若能如是見得, 便乃去住自由, 約山僧見處, 勿嫌底法.

爾若愛聖, 聖者聖之名, 有一般學人, 向五臺山, 裏求文殊, 早錯了也, 五臺山無文殊.

爾欲識文殊麼, 秖爾目前用處, 始終不異, 處處不疑, 此箇是活文殊.

爾一念心, 無差別光, 處處總是眞普賢.

爾一念心, 自能解縛, 隨處解脫, 此是觀音.

三昧法, 互爲主伴, 出則一時出, 一即三, 三即一, 如是解得,
始好看教.

《번역》

수행자들이시여, 그대들은 (틀림없이 본심으로) 지금 법문
을 듣고 있는데 이것은 그대들의 사대(四大)가 듣는 것이 아
니고 그대들의 사대(四大)를 사용하는 그대들인 것이다.

만약에 능히 자신이 이와 같은 여시(如是)한 경지를 깨달아
체득하면 바로 생사(生死)하는 번뇌속에서 행주좌와에 항상
해탈하여 자유롭게 되는 것이고, 이것은 산승의 견처(見處)에
서 보면 의심(嫌疑)할 법이 하나도 없는 것이 된다.

그대들이 성자(聖者)를 애착하여 성자를 찾으려고 하지만
성자라는 이름만 있는 것인데도 만약에 일반적으로 수행자들
이 오대산(五臺山)에 가서 그곳에서 문수보살을 찾으려고 하
고 있다면 이것은 아주 잘못된 것이라는 뜻이며 실제로 오대
산(五臺山)에는 문수보살이 없다는 것이 된다.

그대들이 문수보살이 무엇인지를 만나서 깨달아 알고 싶다
면, 다만 그대의 눈앞에서 진여의 지혜로 생활을 하며 처음부
터 끝까지 이와 같이 행하고 어디에서도 이것을 의심하지 않
고 살아간다면 이 사람이 일개성자이며 바로 살아 있는 문수
보살인 것이다.

★ (그대들이 바로 문수보살이다.)

그대들이 지금 한결 같이 여시한 생각(一念)에서 나오는 마음으로 차별하지 않고 여시하게 진여의 지혜로 생활하기만 하면 처처(處處, 어디든지)가 극락이 되고 진정한 보현보살(普賢菩薩)로 살아가게 되는 것이다.

그대들이 지금 한결 같이 여시한 생각(一念)에서 나오는 마음으로 자신이 능히 속박(束縛, 성자, 문수, 보현, 관음, 명구)된 것을 여시하게 해결하여서 어디에서나 무의도인(無依道人)으로 자유롭게 해탈하여 살면 이 사람이 바로 관세음보살(觀世音菩薩)인 것이다.

이와 같이 삼매가 되어 살아가는 법은 서로 주반(主伴, 지혜의 방편)이라는 사실을 깨달아 출현하면 곧바로 동시에 출현하는 무의도인(無依道人)인데 이 한 사람이 문수, 보현, 관음으로 출현하는 것이고, 이 문수, 보현, 관음이 되어야 무의도인(無依道人)이 되는 것이라는 사실을 깨달아 체득했을 때에 비로소 이 가르침을 알아듣는다고 할 수 있다.

《해설》

* 차개시활문수(此箇是活文殊): 항상 진여의 지혜로 생활하며 이 지혜를 의심하지 않는 이 사람이 일개성자이며 바로 살아 있는 문수보살이라는 것이다. 문수보살을 어디에 가서 명구(名句)로 찾으려고 하거나 형상(形狀)으로 찾으려고 하면 영원히 찾을 수 없고 지금 자신이 지혜로 살아가는 문수보살이라는 사실을 자각해야 문

수보살을 찾을 수 있다고 설하시고 있다.

＊ 무차별광 처처총시진보현(無差別光, 處處總是真普賢): 차별분별하지 않고 진여의 지혜로 생활하기만 하면 어디에나 극락이 되는 것이므로 진정한 보현보살(普賢菩薩)이라고 하는 것이다. 즉 어디에서나 차별분별하지 않는 지혜로 생활하면 항상 좌도량에서 살아가는 보현보살을 친견하게 되는 것이다.

＊ 자능해박 수처해탈 차시관음(自能解縛, 隨處解脫, 此是觀音): 자신이 진여의 지혜로 생활하면 어디에서나 속박에서 벗어날 수 있는 것이고 이와 같이 속박에서 벗어나면 어디에서나 자유롭게 되므로 해탈이라고 하는 것이다. 이와 같이 해탈하는 것은 오로지 자신이 자신을 진여의 지혜로 관조해야 하는 것이므로 자신이 관세음보살이 되는 것이다. 그러므로 문수보살과 보현보살, 관세음보살등의 보살들은 모두 부처나 조사로 살아가기 위한 교화의 방편으로 제시한 것이다.

임명종시(臨命終時)

Ⅳ. 무의도인(無依道人)으로 사는 법

1) 의지하지 않는 자신이 도인(道人)

師示眾云. 如今學道人, 且要自信, 莫向外覓. 總上他閑塵境, 都不辨邪正. 祇如有祖有佛, 皆是教迹中事.

有人拈起, 一句子語, 或隱顯中出, 便即疑生, 照天照地, 傍家尋問, 也太忙然.

大丈夫兒, 莫祇麼 論主論賊, 論是論非, 論色論財, 論說閑話過日.

山僧此間, 不論僧俗, 但有來者, 盡識得伊, 任伊向甚處出來, 但有聲名文句, 皆是夢幻.

《번역》

임제선사께서 시중(示衆)하여 말씀하셨다.

"지금 현재의 수행자들에게 또 다시 요구하는 것은 자성(自性)을 확신하여 진여의 지혜로 살아가라는 것이고 외부에 있는 성자(聖者)를 찾으려고 하지 않기를 바라는 것이다.

모두가 고인(古人)들이 깨달았다고 하는 말씀과 방편에만 빠져 있기 때문에 도무지 옳고 그름을 판단하지 못하는 것이다.

틀림없이 조사(祖師)의 가르침이나 부처의 가르침이 있지만 이것은 모두가 가르침으로 일대사(一大事)4)를 깨우치게 한 방편인 것이다.

어느 사람이 일구(一句)에 관한 무슨 말을 제시하고 혹은 감추어진 뜻과 들어난 뜻을 정확하게 나타내 보이면 바로 의심을 하여 온 세상 어디에 있는지 맞추어보기도 하고, 아니면 방가(傍家, 옆길, 외도, 방편)를 찾아가 묻는다고 아주 바쁘게 다니면서 허송세월을 보내기도 한다.

★ (요즘은 인터넷에서 자료를 찾으려고 설치는 것등.)

대장부로서 살아가려면 단지 주적(主賊, 주인과 적)을 논하지 말고, 시비(是非, 옳고 그름)를 논하지 말고, 재색(財色, 재물과 여색)을 논하지 말고, 한가하게 온갖 얘기를 논하고 설명하면서 세월을 허비하지 말아야 한다.

산승(山僧)의 이곳에는 승속(僧俗, 출가자나 재가자)을 구분하지 않고, 단지 어느 사람이라도 찾아오면 모두에게 그 사람(무의도인)을 깨달아 체득하여 살아가게 하고 그 사람을 구하여 나타나게 하도록 하지만, 이것은 단지 성명(聲名, 名聲, 평판, 명칭, 음성이나 이름)이나 문구(文句, 글귀. 글의 구절, 문장의 해설)로 설명하여 알려주는 것일 뿐이므로 모두가 자신이 체득하지 않으면 꿈이요 환상일 뿐인 것이다.

---

4) 일대사(一大事): 생사대사(生死大事)라고 하는 것이고 이 생사(生死)는 번뇌망념이 일어나고 사라지는 것을 말하는 것이다. 이 생사(生死)의 원인을 자각하여 공(空)이라고 확신하여 마치는 것을 일대사를 요달했다고 하는 것이다.

《해설》

＊ 불론승속 단유래자 진식득이(不論僧俗, 但有來者, 盡識得伊):
승속을 논하지 않는다고 하는 것은 모든 사람들에게 불성(佛性),
본성(本性)이 있다는 것을 말하는 것이고, 모두를 평등하게 제접
(提接)한다는 절대평등을 실천하는 것이다. 임제스님 자신이 사는
곳이 바로 좌도량(坐道場)이라는 것을 강조하고 있지만 임제스님
자신이 구제하여 줄 수 없는 것이므로 모두가 각자 무의도인으로
살아가기를 바라며 설법하시는 것이다.

却見乘境 底人 是諸佛之玄旨, 佛境不能自稱 我是佛境,
還是這箇, 無依道人, 乘境出來.

若有人出來, 問我求佛, 我即應淸淨境出. 有人問我菩薩,
我即應慈悲境出.

有人問我菩提, 我即應淨妙境出. 有人問我涅槃, 我即應寂
靜境出.

境即萬般差別, 人即不別. 所以應物現形, 如水中月.

《번역》

오히려 경계를 자유자재로 다스리는 무의도인(無依道人)을
자신이 친견하면 제불의 현지(玄旨)를 깨달아 아는 것이고 부처
의 경지가 되는 것이므로 자신이 자칭 내가 부처의 경지를 체득
했다고 말하지 않아야 도리어 일개의 무의도인(無依道人)으로

경계를 자유자재로 다스리면서 나타나게 되는 것이다.

만약 어느 사람이 와서 나에게 부처가 되기를 원한다고 하면 나는 즉시 청정한 것을 설명하여 그 경계에서 벗어나게 설명하여 준다.

어느 사람이 와서 나에게 보살이 되기를 원한다고 하면 나는 즉시 자비를 설명하여 그 경계에서 벗어나게 설명하여 줄 것이다.

어느 사람이 와서 나에게 깨달음(보리)을 체득하기를 원한다고 하면 나는 즉시 정토를 설명하여 그 경계를 벗어나게 하여 줄 것이다.

어느 사람이 와서 나에게 열반이 무엇인가를 묻는다면 나는 즉시 적정의 경지를 설명하여 그 경계에서 벗어나게 할 것이다.

경계라는 것은 즉 온갖 것이 다 있어서 차별하여 나타내지만 무의도인(無依道人)이 되어서 차별하지만 않으면 경계를 자유자재로 다스리는 것이 된다.

그러므로 경계의 사물에 응하여 원래의 형상으로 나타내는 것을 마치 물속에 비치는 달과 같이 하여야 하는 것이다.

★ (이것은 무의도인이 경계를 자유자재로 활용하는 것은 경계를 본래의 모습으로 전환하는 것이 물속에 비친 달과 같이 똑같이 청정하게 보고 대하며 실천하는 모습을 나타낸 것이다.)

《해설》

* 문아구불 아즉응청정경출(問我求佛, 我即應淸淨境出): 어느 사람이 와서 나에게 부처가 되기를 원한다고 묻는 것은 임제스님을 부처로 생각하고 있다는 것이다. 그러므로 이 책의 저자가 전하고자 하는 것은 모든 사람이 부처가 되어 각자의 좌도량에서 살아가기를 바라는 것이라고 할 수 있다. 부처라고 하는 것이 무엇인가를 정확하게 청정(淸淨)이라고 설명하는 내용이고 이 청정이라고 하는 부처의 경계까지도 벗어나야 진정한 무의도인으로 살아가는 것이라고 말하고 있는 것이다. 여기에서 경출(境出)을 조금 더 확대하여 설명한 것이다.

* 여수중월(如水中月): 물속에 비친 달과 같이 하라고 하는 것은 물은 달을 받아주기는 하지만 물이 달을 그리워하거나 집착하지 않는 것을 말하는 것이다. 즉 우리들이 모든 대상경계를 대할 때에 이 물처럼 하면 된다는 것을 말하는 것이다. 우리들의 마음을 청정하게 하라고 하는 것을 물에 비유하여 설명하는 것이고 대상경계를 달에 비유하여 무의도인(無依道人)으로 살아가는 방법을 설명하고 있는 것이다.

道流, 爾若欲得如法, 直須是大丈夫兒始得. 若萎萎隨隨地, 則不得也.

夫如甖嗄(上音西, 下所嫁切)之器, 不堪貯醍醐. 如大器者, 直要不受人惑, 隨處作主, 立處皆眞, 但有來者, 皆不得受.

爾一念疑, 即魔入心, 如菩薩疑時, 生死魔得便.

但能息念, 更莫外求, 物來則照, 爾但信現今用底, 一箇事也無.

爾一念心生三界, 隨緣被境分為六塵.

儞如今應用處, 欠少什麼, 一刹那間, 便入淨入穢, 入彌勒樓閣, 入三眼國土, 處處遊履, 唯見空名.

《번역》

수행자들이시여, 그대들이 만약 여시(如是)한 지혜로 불법(佛法)에 맞게 살아가고자 한다면 지금 반드시 자신이 대장부(大丈夫)가 되어야 비로소 무의도인이 되는 것이고, 만약 연약하여 여기저기에 의지하여 살아가는 사람이라면 무의도인이 될 수 없는 것이다.

무릇 근기(根器)가 약하고 작은 사람은(징징대는 사람) 진여의 지혜를 감당할 수 없는 것이고 대장부가 되어야 곧 인혹(人惑)을 받지 않고 어디에서라도 자신이 진여의 지혜로 살아가면서 자신이 있는 그 곳이 바로 좌도량(불국토)이 되는 것이어서 단지 무슨 경계가 있어서 다가온다고 하더라도 모두에게서 인혹(人惑)을 받지 않게 되는 것이다.

그대가 지금 한결 같이 여시한 생각(一念, 마음)을 의심하면 즉시 마장(魔障)이 그대의 마음속에 들어오는 것이고 보살이라고 할지라도 의심을 하게 되면 번뇌 생사(生死)의 마장이 바로 들어오게 되는 것이다.

단지 능히 망념(妄念)만 쉬고 다시는 외부에서 구하려고 하지 않으면 어떤 경계가 다가오더라도 곧바로 지혜로 관조(觀

照)하면서 그대들이 오직 지금 경계를 활용하고 있는 무의도인을 확실히 알기만 하면 아무 일도 없게 되는 것이다.

그대들이 지금 한결같이 여시한 생각(一念)에서 중생심의 마음을 내어 자신이 삼계(三界)를 만들어서 대상경계에 따라 육진(六塵, 색성향미촉법)으로 나누어 차별분별하여 깨달으려고 하는 것이다.

그대들이 지금부터 온갖 생활을 하면서 진여의 지혜로 생활하기만 하면 무엇이 부족하단 말인가 한 찰나에 정토(淨土)에 사는 사람의 경지에 들어가기도 하고 예토(穢土)에 사는 사람의 경지에 들어가기도 하고 미륵의 누각에 들어가 살기도 하고 삼안국토(三眼國土)에 들어가기도 하여 곳곳을 유행하여 다니지만 오로지 공명(空名, 헛된 이름)만 있다는 것을 알게 되는 것이다.

《해설》

* 대장부아시득(大丈夫兒始得): 대장부가 되어 살아가는 법은 자신이 진여의 지혜로 사는 법을 체득해야 인혹과 경혹을 받지 않게 된다고 설하고 있다. 대장부는 향외치구(向外馳求)하지 않는 무의도인이므로 어디에서나 자신이 좌도량에 살고 있다는 것을 알고 진여의 지혜로 살아가는 것이다.

* 분위육진(分爲六塵): 삼계가 외부에 있는 것이 아니고 자신이 중생심으로 사는 것이 삼계이므로 대상경계에 따라 육진(六塵, 색성향미촉법)으로 나누어 깨달으려고 하는 것은 육식(六識)으로 이

해하기 때문에 공(空)을 모르는 중생이 되는 것이다. 육근(六根)에 육진(六塵)이 닿는 대로 중생심의 육식(六識)으로 판단하기 때문에 불법(佛法)의 공(空)을 모른다고 하는 것이고 중생심을 버리고 보면 육진(六塵)이 다시 청정하게 되어 어디에서나 진여의 지혜로 살게 되므로 항상 있는 그곳이 좌도량이 되는 것이다. 중생심을 내지 않으면 육진(六塵)이 청정하게 되는 것이나 중생심을 내면 육진(六塵)에 미혹하게 되어 자신이 삼계(三界)에서 윤회하며 벗어나지 못한다고 하는 것이다.

여수중월(如水中月)

2) 삼신불이 되어 자유자재로 살다

問. 如何是 三眼國土.

師云. 我共儞 入淨妙國土中, 著淸淨衣, 說法身佛.

又入無差別國土中, 著無差別衣, 說報身佛.

又入解脫國土中, 著光明衣, 說化身佛.

此三眼國土, 皆是依變, 約經論家, 取法身爲根本, 報化二身爲用.

山僧見處, 法身卽不解說法.

所以, 古人云. 身依義立, 土據體論. 法性身, 法性土, 明知是建立之法, 依通國土, 空拳黃葉用誑小兒.

蒺藜夌刺, 枯骨上覓什麼汁. 心外無法, 內亦不可得, 求什麼物.

《번역》

어느 스님이 물었다.

"삼안국토(三眼國土)가 무엇입니까?"

임제선사께서 대답하셨다.

"내가 그대들과 같이 정묘국토(淨妙國土, 청정미묘한 국토, 정토)에 들어가면 청정한 본성으로 사는 법신불이 되어 설한다.

또 차별하지 않는 국토에 들어가면 본성으로 차별하지 않고 사는 보신불이 되어 설한다.

또 해탈국토에 들어가면 본성의 지혜로 사는 화신불이 되어 설한다.

이 삼안국토(三眼國土)라는 것은 모두가 상황에 따른 변화하는 것을 설명한 것인데 경론으로 설명하는 사람들은 법신을 근본으로 하고 보신, 화신을 활용(用)이라고 한다.

산승(山僧)이 깨달아 아는 것으로 보면 법신이 법(法)을 설하는 것이 아니다.

그러므로 고인(古人)은 이와 같이 말씀하셨다.

"이 신(身)은 불법(佛法)의 상(相, 義, 불법의 가르침, 대상)에 의하여 존재하게 된 것이고, 불국토는 법성(法性)의 본체를 말하는 것이다.

그러므로 법성(法性)의 상(相)을 삼신(三身)이라고 하는 것이고, 법성(法性)의 본체를 불국토라고 하는 것이니 본체로 활용하는 불국토도 법(法)에 의하여 건설된 국토라는 사실을 분명하게 알아야 빈주먹에 금색 낙엽을 가지고 황금이라고 하여 우는 아이들을 방편으로 달래는 것과 같은 것이라는 사실을 알게 되는 것이다."

질려능자(蒺藜菱刺)나 마른 뼈와 같은 남의 신체에서 무슨 이익을 얻으려고 하면 무슨 이익이 있겠는가?

자신의 마음 밖에서도 구할 법은 없는 것이고 또 자신의 육체내부에서도 역시 얻을 수 없는 것인데 구하는 것이 어디에 있는 무엇이란 말인가?

《해설》

　* **삼안국토(三眼國土):** 삼안(三眼)을 법신, 보신, 화신의 삼신(三身)으로 설명하며 이 모든 것이 의변(衣變)이라는 것이다. 삼안(三眼)으로 이루어진 국토이므로 일반적으로 불국토라고 하는 것이나 여기에서는 더 자세하게 불국토에서 삼안(三眼)을 구족하여 살아가는 사람을 무의도인(無依道人)이라고 하는 것이다. 자신이 무의도인(無依道人)으로 살아가는 법을 삼신(三身)으로 설명하고 다시 체용(體用)으로 확인하여 몰종적의 삶을 살아가게 하고 있는 것이다.

　* **법신즉불해설법(法身即不解說法):** 법신, 보신, 화신의 삼신(三身)은 의변(衣變)이니 이 옷을 입고 사는 무의도인(無依道人)이 법을 설한다는 것이다. 그러나 교학자들이 법신(法身)을 본체로 하고 보신(報身)과 화신(化身)을 법신(法身)의 작용으로 이해하고 있는 것을 반박하기 위하여 법신(法身)이 법을 설하지 못한다고 하고 있다. 일반적으로 법신은 법을 설하지 못하고 법을 익힌 보신이 되고 그 다음에 화신이 되어야 법을 설하는 것으로 알고 있는데 이것도 반박하는 것이다. 여기에서는 법신은 청정한 본성으로 사는 것을 말하는 것이고, 보신은 본성으로 차별분별하지 않고 사는 것이고, 화신은 본성의 지혜로 사는 것이라고 하며 이 모든 것을 의변(衣變)이라고 하고 있다. 그러므로 이 옷을 입고 사는 주인이 무의도인(無依道人)이고 이 무의도인(無依道人)이 이 옷을 입고 법을 설하는 것이라고 설하시고 있는 것이다.

　* **질려능자(蒺藜菱刺):** 마름열매의 가시라고 한 것은 장애물이라는 뜻이다. 방편을 잘못알고 방편에서 무엇을 구하려고 하므로 본질을 놓치는 어리석은 짓을 하지 말라는 것이다. 이 비유는 무의

124

도인(無依道人)은 조금도 인혹이나 경혹을 받지 않고 조금도 의지함이 없이 살아가는 사람이 되어야 한다는 것을 다시 설명하고 있는 것이다.

　爾諸方言, 道有修有證, 莫錯. 設有修得者, 皆是生死業.
　爾言六度萬行齊修, 我見皆是造業, 求佛求法, 卽是造地獄業.
　求菩薩 亦是造業. 看經看敎 亦是造業.
　佛與祖是無事人, 所以有漏有爲, 無漏無爲, 爲淸淨業.
　有一般瞎禿子, 飽喫飯了, 便坐禪觀行, 把捉念漏, 不令放起, 厭喧求靜, 是外道法.
　祖師云. 爾若住心看靜, 擧心外照, 攝心內澄, 凝心入定, 如是之流, 皆是造作.
　是爾如今與麼 聽法底人, 作麼生擬 修他證他 莊嚴他. 渠且不是修底物, 不是莊嚴得底物.
　若敎他莊嚴, 一切物卽莊嚴得, 爾且莫錯.

《번역》

　그대들이 제방(諸方)에서 말하기로는 도(道)는 수행을 하고 증득을 하여야 하는 것이라고 하는데 이것은 잘못 알고 있는 것이다.

　가령 수행자가 도(道)를 수행하여 얻었다고 한다면 이것은 모두가 번뇌망념으로 생사(生死)하는 업장(業障)이 되는 것이다.

그대들이 육도만행(六度萬行, 육바라밀)을 모두 완전하게 수행한다고 하지만 내가 보기에는 모두가 부처나 법(法)을 구(求)하는 업을 짓는 것이어서 바로 지옥에 떨어질 업을 짓는 일인 것이다.

보살이 되려고 육바라밀을 실천한다고 하지만 역시 이것도 업을 짓는 일이고, 간경(看經)을 하고 간교(看敎)를 하여 도(道)를 구하는 것도 역시 업을 짓는 일이 되는 것이다.

부처와 조사라고 하는 것은 대상으로 무엇을 구하는 것 없이 지혜를 실천하는 사람(無事人)이므로 번뇌(有漏)가 있는 것을 번뇌가 없는(無漏) 열반적정으로 조작하여 만드는 것은 청정(淸淨)하게 만드는 업(業)이 되는 것이다.

그런데도 어느 눈먼 바보 같은 수행자(심안이 열리지 않은 수행자)는 배부르게 밥을 먹고 밥 먹는 것을 요달하여 마쳐야 바로 진정한 좌선을 실천한다고 하면서 관행(觀行)을 하는 것이 번뇌망념이 일어나지 않도록 (화두나 염불을 하는 것 등으로 자신의 마음을) 꽉 잡고 놓아주지 않는 것이 수행이라고 생각하고, 시끄러운 것을 싫어하고 조용한 것을 구하는 것이 수행이라고 하는데 이것은 외도법(外道法)인 것이다.

조사께서 말씀하셨다. "그대들이 만약 마음을 하나에 집중하여 청정한 마음인가를 관찰하고, 마음을 내어 외부에서 관조하려고 하고, 마음을 하나의 대상에 집중하여 마음을 맑히려고 하고, 마음을 응집하여 선정삼매에 들려고 하는 이와 같은 종류의 수행을 모두 조작된 수행이라고 하는 것이다."

그대들이 지금 청정하게 법(法)을 여시(如是)하게 듣기만 하면 무의도인(無依道人)인데 어떻게 수행하고 어떻게 증득하며 어떻게 장엄시킬 것인가?

무의도인(無依道人)은 수행을 해야 하는 중생이 아니고 무엇으로 장엄을 해야 하는 중생이 아닌 것이다.

만약 무의도인(無依道人)을 그대들이 장엄시킬 수 있다고 하면 일체의 중생들도 장엄을 해야 무의도인(無依道人)이 되는 것이다. 그러므로 그대들은 이것을 착각하지 말아야 한다.

《해설》

* 개시생사업(皆是生死業): 도(道)는 수행하여 증득해야 하는 것이라고 알고 있는데 이것이 생사의 업장이 된다고 설하고 있는 것이다. 또 생사를 벗어나기 위하여 도(道)를 닦고 도(道)를 얻어야 한다고 알고 있는데 이것을 업이 된다고 설하시는 것이다. 생사의 업을 벗어나기 위하여 수행을 하는데 도리어 업을 짓고 있다고 설하시는 것은 무의도인이 되어야 업을 짓지 않게 된다는 것을 강조하시고 있는 것이다.

* 무의도인(無依道人): 무의도인(無依道人)이라는 말은 어디에도 의지하지 않고 도(道)를 실천하며 살아가는 사람이다. 무의도인(無依道人)은 간단하면서도 실천하기는 쉽지 않은 것이므로 옛 사람이 말씀하시기를 도(道)는 3살 된 아이도 알지만 80살 된 노인

도 실천하지 못한다고 말한 것이 이것이다. 부처나 조사라고 말하는 것을 대표의 자리에 있는 것이라고 의미한다면, 임제스님이 말하는 부처나 조사는 위치나 자리에 연연해하지 않고 어느 누구나 모두가 될 수 있는 무의도인(無依道人)을 주장하는 것이다. 즉 무의도인으로 인하여 임제 스님에 와서 진정한 선불교가 이룩되었다고 하여도 과언이 아니라고 생각된다. 모든 사람들이 진정한 자유와 해탈을 알고 살아갈 수 있게 한 것이기에 불교의 새로운 장을 열었다고 볼 수 있는 것이다.

무의도인(無依道人)

3) 무의도인의 본성

道流, 爾取這一般 老師口裏語 為是真道, 是善知識不思議.
我是凡夫心, 不敢測度他老宿.

瞎屢生, 爾一生秖作 這箇見解, 辜負這一雙眼, 冷噤噤地,
如凍凌上, 驢駒相似, 我不敢毀善知識, 怕生口業.

道流, 夫大善知識, 始敢毀佛毀祖, 是非天下, 排斥三藏敎,
罵辱諸小兒, 向逆順中覓人.

所以我於, 十二年中, 求一箇業性, 如芥子許不可得.

若似新婦子禪師, 便卽怕趁出院, 不與飯喫, 不安不樂.

自古先輩, 到處人不信, 被遞出始知是貴.

若到處人盡肯, 堪作什麼. 所以師子一吼, 野干腦裂.

《번역》

　수행자들이시여, 그대들은 일반적으로 노사(老師)들이 하
는 말씀만이 진정한 무의도인(無依道人)의 말씀이라고 하며
이 분이야 말로 진정한 선지식으로서 불가사의(不可思議)하
다고 하면서 나는 범부의 마음으로 살아가는데 이 노숙의 경
지를 감히 측량하고 비교할 수 없는 것이라고 생각을 한다.

　이와 같이 생각하면 어리석은 사람이 되는데도 그대들은 일
생(一生)동안 이와 같은 견해를 가지고 살면서 자기 자신이
가진 무의도인의 안목을 등져버리고는(배반하고는) 노숙들의

말씀 앞에서 벌벌 떨며 마치 살얼음판을 걷는 당나귀와 같이 입을 다물어 버리고는 내가 감히 선지식을 비방하여 구업을 짓는 것이 두렵다고 생각하고 있다.

수행자들이시여, 대체로 위대한 선지식들은 근본부터 감히 부처와 조사가 되려고 하는 마음이 없고, 천하에서 시비(是非)하며 논쟁하는 삼장(三藏)의 가르침을 배척하여 이것을 수치스런 어린아이 같은 마음이라고 꾸짖으며, 때로는 역경(逆境)이나 순경(順境)을 자유자재로 사용하여 자신의 무의도인(無依道人)을 찾아내어 위대한 선지식이 된 것이다.

그리하여서 나도 12년 동안이나 일개성자가 되는 특별한 업성(業, 업의 성품)이 있는가 하고 찾아 봤는데도 겨자씨만큼도 찾아 볼 수가 없었다.

그러나 만약 새신부와 같은 선사(禪師)라면 바로 사찰에서 쫓겨나는 것이 부끄러워 밥도 먹지 못하고 불안해하며 (이와 같은 무의도인을) 좋아하지 않을 것이다.

자고(自古)로 옛날부터 선배(先輩)들도 가는 곳마다 모든 사람들이 인정을 하여주지 않고 순서대로 쫓겨나고 나서야 비로소 무의도인(無依道人)이 귀하다는 사실을 깨달았던 것이다.

만약에 가는 곳마다 모든 사람들이 그대를 인정한다면 무의도인(無依道人)이 무슨 필요가 있겠는가?

★ (가는 곳마다 마음에 맞는 소리만 하면 그들에게 무슨

이익이 있겠는가?)

　그러므로 사자가 한 번 소리치면 의심 많은 여우같은 중생의 머리가 깨어진다고 말하는 것이다.

《해설》

　* **고부저일쌍안**(辜負這一雙眼): 자신이 가진 무의도인의 안목을 버리고 남의 안목을 숭상하는 것을 말한다. 일반적으로 말하면 자신의 부처를 버리고 남의 부처를 구하지 말라고 하는 것이다. 부처나 조사, 선사, 노숙등의 말씀만을 훌륭하다고 하면서 자신의 안목을 등지고 맹목적으로 신앙하는 것을 경계하는 것이다. 그리고 자신의 무의도인으로 살아가기를 바라는 것인데 훌륭하고 뛰어나다는 명성과 부귀영화를 위하여 자신의 인생을 허비하면서 세월을 보내지 말라는 것이다.

　* **신부자선사**(新婦子禪師): 부모님의 말씀을 거역하지 못하는 새신부를 비유하는 것으로 고정관념을 벗어나지 못하여 자신의 무의도인을 모르고 세월을 보내는 어리석은 수행자를 비유하는 것이다.

　* **도처인진긍**(到處人盡肯...): 가는 곳마다 마음에 맞는 소리만 하면 그대들에게 어떤 이익도 있을 수 없는 것이다. 자신의 허물을 지적하여 주고 비판하는 사람은 자신의 스승인 것이고 자신의 무의도인(無依道人)을 찾게 하는 사람은 자신의 진정한 스승인 것이다. 즉 자신이 아는 것만 말한다면, 또 자신이 하고 있는 것만 좋게 말하여 비위만 맞춘다고 하면 진실로 더 듣고 말할 필요가 없는 것이다.

* **야간뇌렬**(野干腦裂): 자타의 중생을 깨우치게 하기 위하여 수행하는 것인데 중생을 중생으로 살아가게 하기 위하여 비위나 맞추면서 희희닥거리며 자신의 이익만 챙기며 세월만 보내지 말아야 한다. 여우의 머리가 깨어진다는 것은 중생의 망념을 파괴하는 것이며 중생을 무의도인(無依道人)으로 살아가게 하는 방편의 설법을 사자후(獅子吼)라고 하는 것이다.

道流, 諸方說有道可修, 有法可證, 爾說證何法, 修何道.

爾今用處, 欠少什麼物, 修補何處.

後生小阿師不會, 便即信這般野狐精魅, 許他說事繫縛人, 言道理行相應, 護惜三業始得成佛, 如此說者如春細雨.

古人云. 路逢達道人, 第一莫向道.

所以言. 若人修道道不行, 萬般邪境競頭生, 智劍出來無一物, 明頭未顯暗頭明.

所以, 古人云. 平常心是道.

《번역》

수행자들이시여, 제방에서 말하는 도(道)는 수행을 하여야 하고 법(法)은 깨달아 증득해야 하는 것이라고 하는데 그대들은 무슨 법(法)을 어떻게 깨달아 증득해야 한다고 하는 것이고 어떻게 도(道)를 수행한다고 하는 것인가?

그대들이 지금 무의도인(無依道人)이 되어 진여의 지혜로

132

살아가기만 하면 부족한 것이 무엇이며 어디를 보충해야 한
다고 하겠는가?

젊은 학인 수행자들은 도(道)를 대상으로 알지 말아야 하는
데도 바로 일반적으로 여우같은 요망한 견해를 믿고 그들이
말하는 것을 받아들이고 그 사람들에게 속박되어 말하기를
도(道)는 이(理)와 행(行)이 상응해야 하고 삼업(三業)을 잘
지켜야 비로소 성불할 수 있다고 말하는데 이와 같이 설법하
는 사람들은 봄날에 이슬비 오는 것과 같이 흔하게 많다.

고인(古人)이 말씀하셨다.

"도(道)를 실천하다가 도(道)에 통달한 무의도인(無依道
人)을 만나면 절대로 도(道)를 말로 하려고 해서는 안 되는
것이다."

그러므로 고인(古人)이 말씀하셨다.

"만약 어느 수행자가 도(道)를 수행한다고 하면서도 도(道)
를 실천하지 않으면

온갖 삿된 경계가 경쟁적으로 나타나게 되지만

지혜의 검이 출현하면 무일물(無一物)이 되고

차별분별하는 마음이 나오지 않으면 본래무일물의 지혜가
분명하게 출현하는 것이네."라고 하셨다.

그래서 고인(古人)이 말씀하셨다.

"평상심이 도(道)이다."라고 했다.

《해설》

* 이금용처 ... 수보하처(爾今用處, ... 修補何處): "그대들이 지금 무의도인이 되어 진여의 지혜로 살아가기만 하면" 이라고 번역을 하였는데 각자가 무의도인(無依道人)으로 살아가면서도 자신이 자신을 알지 못하기 때문에 자신이 무의도인(無依道人)이 아니라고 생각을 하여 부족하다는 생각을 하는 것이라는 것이다. "부족한 것이 무엇이며 어디를 보충해야 한다고 하겠는가?"라고 번역한 것은 자신의 어디가 부족한지 모르기 때문에 어디를 어떻게 보충하고 수리해야 하는지를 모르기에 자신의 무의도인(無依道人)을 멀리에서 찾고 있는 것이라는 설명이다.

* 여차설자여춘세우(如此說者如春細雨): 봄날에 이슬비 오는 것과 같이 흔하게 많은 사람들이 불교의 도(道)는 이사(理事), 성상(性相), 체용(體用)을 여여(如如)하게 실천하여야 하는 것이고 삼업(三業)을 잘 지켜야하는 것이라고 설법하고 있다는 것이다. 그렇지만 도(道)는 자신이 실천하여야 하는 것이지 말로 설명하여 나타내려고 하지 말라고 다음 구절에 설명하고 있다.

* 노봉달도인 제일막향도(路逢達道人, 第一莫向道): "도(道)를 실천하다가 도(道)에 통달한 무의도인을 만나면 절대로 도(道)를 말로 하려고 해서는 안 되는 것이다."라고 하는 것은 도인(道人)에게 도(道)를 설명하려고 하면 도(道)가 언어문자로 타락하게 되는 우(愚)를 범하게 되므로 말이 아닌 여여(如如)하게 실천을 해야 되는 것이라고 설하는 것이다. 자신이 도(道)를 실천하지 않고 차별분별하며 비교하고 경쟁하는 대상으로 생각하는 도(道)가 있다고 하며 전지전능한 도(道)가 있다는 착각에 빠질 수 있고 자만하기 쉽기 때문이다.

134

* 평상심시도(平常心是道): 여여(如如)한 지혜로 실천하는 것이 도(道)인데 실천하는 것보다 타인에게 설명하고 자신을 나타내는 것이 도(道)라고 착각하는 것을 경계하는 것이다. 그러므로 불법(佛法)에 맞게 차별분별 없는 여시한 진여지혜로 몰종적의 생활을 하는 것이 도(道)라는 것이다.

평상심(平常心)

4) 지금의 자신이 무의도인이다

大德, 覓什麼物.

現今目前, 聽法無依道人, 歷歷地分明, 未曾欠少.

爾若欲得, 與祖佛不別, 但如是見, 不用疑誤.

爾心心不異, 名之活祖, 心若有異, 則性相別, 心不異故, 即性相不別.

《번역》

대덕(大德)들이시여, 지금 수행하여 구하고자 하는 것이 무엇인가?

현재 지금 눈앞에서 법을 청정하게 듣기만 하면 무의도인(無依道人)으로 확실히 분명하게 살아가게 되어 조금도 부족한 것이 없게 되는 것이다.

그대들이 만약에 조불(祖佛)과 다르지 않기를 바란다면 단지 이와 같이 여시(如是)하게 알고 무의도인(無依道人)이 사는 것이라는 것을 의심하고 착각하지 말아야 한다.

그대들이 지금 생각하고 쓰는 마음을 여시(如是)하게 사용하여 살아가기만 하면 살아있는 조사가 되는 것이라고 하는 것이고, 마음에 만약 차별분별하는 마음이 있다면 곧 마음이 성상(性相)으로 나누어지는 것이고, 마음에 차별분별하는 마음이 없다면 마음이 성상(性相)으로 나누어지지 않고 성상(性

相)이 일치하게 되는 것이다.

《해설》

　* 이심심불이(爾心心不異): 마음이라고 하지만 이것을 분리하면 본성으로 살아가는 것과 본성으로 살지 않고 조작된 마음으로 살아가는 것을 성(性)과 상(相)으로 나타낸 것이다. 본성(本性)으로 살아가면 무엇이나 장애 받는 것이 없지만 대상경계를 만나면 탐진치가 발동하여 차별분별하여 조작하는 마음이 생기는 것을 상(相)으로 나타낸 것인데 이것을 계정혜로 전환하여 여시(如是)하게 살면 무의도인(無依道人)으로 살 수 있지만 그렇지 않으면 중생으로 사는 것이다.

　* 현금목전 청법무의도인(現今目前, 聽法無依道人): 현재 지금 눈앞에서 법을 듣는 무의도인(無依道人)이라고 하게 되면 무의도인(無依道人)이 되어야 하는 것이지만 청법(聽法)을 청정하게 법을 듣는다고 하면 어느 누구나 청정하게 듣기만 하면 무의도인(無依道人)이 되는 것이고 부처와 조사로서 조금도 부족한 것이 전혀 없게 되는 것이다.

　* 심약유이 즉성상별(心若有異, 則性相別): 마음에 만약 차별분별하는 마음이 있다면 마음이 청정하지 않다는 것이 되고 청정하지 않다는 것은 본성으로 여시(如是)하게 생활하지 않기 때문에 번뇌망념이 되는 것이므로 성상(性相)으로 나누어지는 것이라고 설하는 것이다.

問. 如何是 心心不異處.

師云. 爾擬問早異了也, 性相各分.

道流莫錯. 世出世諸法, 皆無自性, 亦無生性, 但有空名, 名字亦空, 爾祇麼認 他閑名為實, 大錯了也.

設有, 皆是依變之境, 有箇菩提依, 涅槃依, 解脫依, 三身依, 境智依, 菩薩依, 佛依.

爾向依變國土中, 覓什麼物. 乃至三乘 十二分教, 皆是拭不淨故紙, 佛是幻化身, 祖是老比丘, 爾還是娘生已否.

爾若求佛, 即被佛魔攝. 爾若求祖, 即被祖魔縛. 爾若有求 皆苦, 不如無事.

《번역》

어느 스님이 물었다.

"어떻게 하는 것이 지금 생각하고 쓰는 마음이 여시(如是)한 마음이 되어 살아가는 것입니까?"

임제선사께서 대답하셨다.

"그대가 질문하려고 자신의 마음과 비교(擬)하면 벌써 다르게 되어 자신의 마음을 본성(本性)과 상(相, 경계)으로 나누게 되는 것이다."

수행자들이시여, 착각하지 말아야 한다. 세간과 출세간에서 말하는 모든 법(法)은 모두 무자성(無自性, 자신의 만법은 불성)이므로 역시 자성(自性)도 무생(無生, 번뇌망념이 없음)

인 것이고, 단지 제법(諸法)도 차별분별 없는 공(空, 무자성)으로 이름만 있는 것이고 그 이름 역시 차별분별이 없는(無生) 언어문자일 따름인데 그대들이 단지 그 언어문자인 이름을 자성(自性)의 실체가 있는 것이라고 알고 있는 것은 아주 잘못된 것이다.

가령 실체가 있다고 할지라도 모든 것은 경계에 의지하여 변하는 것인데 보리, 열반, 해탈, 삼신, 경계와 지혜, 보살, 부처라는 의변(衣變)의 법(法)을 자신들이 실체가 있다고 아는 것이다.

그대들이 이와 같이 의변(衣變)하는 세계 속에서 찾으려고 하는 것은 무엇인가?

즉 삼승 12분교라고 하는 것도 활용하지 않으면 모두 쓸모없는 종이일 뿐이며, 부처라는 것도 환화신(幻化身)이고, 조사(祖師)라고 하는 것은 늙은 비구일 뿐인데도 그대들은 지금 살아 있는 사람으로서 어머니 뱃속에서 태어난 사람으로 살고 있으면서도 그것(환화신이나 늙은 비구)을 구하려고 하고 있지 않는가?

★ (살아 있는 사람이 최고의 부처이고 조사이다.)

그러므로 그대들이 만약 부처가 되기를 구한다면 바로 부처가 되려는 마장에 빠지게 되고, 그대들이 만약 조사가 되기를 원한다면 바로 조사가 되려는 마장에 속박된다.

그대들이 만약 마음에서 구하려고 하는 것이 있다면 그것은 모두 고(苦)가 되는 것이므로 오히려 더욱더 망념(妄念)없이 진여의 지혜로 생활해야 하는 것이 된다.

《해설》

  * 이의문조이료야 성상각분(爾擬問早異了也, 性相各分): 그대들이 의심(擬心)을 하여 물으려고 하면 이미 어긋나는 것이므로 의심즉차(擬心卽差)라고 한 것을 여기에서는 성상(性相)으로 설명한 것이다. 즉 자기의 불성(佛性)으로 진여의 지혜로 살아가면 무의도인(無依道人)이라고 설명하기 위한 것이다.

  * 이약유구개고 불여무사(爾若有求皆苦, 不如無事): 마음에 구(求)하려고 하는 것이 있다면 모두가 고(苦)가 된다고 하여 아무일없이 놀고 있으라는 것은 더더욱 아니고 정념으로 살아가지 않으면 고(苦)가 된다고 하는 것이다. 중생심인 망념으로 구하는 것을 금지하는 것은 중생심으로 살아가지 말라는 것이고 중생심으로는 부처나 조사(祖師), 보리, 열반, 해탈, 삼신, 경계와 지혜, 보살 등이나 어느 절대자의 의변(衣變)을 구하여서는 고(苦)가 되는 것이므로 진여의 지혜로 살아가라고 하는 것이다.

5) 전지전능한 부처는 없다

有一般禿比丘, 向學人道. 佛是究竟, 於三大阿僧祇劫, 修行果滿, 方始成道.

道流, 爾若道佛是究竟, 緣什麼, 八十年後, 向拘尸羅城, 雙林樹間, 側臥而死去, 佛今何在. 明知與我, 生死不別.

爾言三十二相, 八十種好是佛, 轉輪聖王, 應是如來, 明知是幻化.

古人云. 如來擧身相, 爲順世間情, 恐人生斷見, 權且立虛名. 假言三十二, 八十也空聲, 有身非覺體, 無相乃眞形.[5]

《번역》

어느 모자라는 비구는 일반적으로 학인들에게 다음과 같이 말한다.

"부처는 깨달음의 궁극적인 경지이므로 삼아승지겁을 수행하여 불과(佛果)의 지위가 되어야 비로소 도(道)를 성취한다."라고 말한다.

수행자들이시여, 그대들이 만약 부처가 구경의 경지라고 한다면, 어찌하여 석가모니부처는 80년 후에 구시라성의 쌍림수

---

[5] 『梁朝傳大士頌金剛經』 卷1(『大正藏』 85, 2쪽. 중18.): 「須菩提. 於意云何, 可以身相見如來不. 不也世尊. 不可以身相得見如來. 何以故. 如來所說身相, 卽非身相. 佛告須菩提. 凡所有相, 皆是虛妄, 若見諸相非相, 則見如來. 彌勒頌曰. 如來擧身相, 爲順世間情, 恐人生斷見, 權且立虛名. 假言三十二, 八十也空聲, 有身非覺體, 無相乃眞形.」

사이에서 옆으로 누워 돌아가셨으며, 또 돌아가시지 않았다면 석가모니부처가 지금 어디에 어찌 있어야 하지 않겠는가?

그러므로 석가모니부처도 분명히 우리들처럼 태어나서 죽었다는 사실을 알아야 한다.

그대들이 말하는 32상 80종호를 구족하여야 부처라고 한다면 전륜성왕도 마땅히 여래가 되어야 하는 것이므로 분명히 이것은 환화와 같은 형상을 부처라고 말하는 것이라는 것을 분명히 알아야 하는 것이다.

그러므로 고인(古人)이 말씀하셨다.

"여래를 삼신의 모습으로 설명하는 것은
세간 사람들의 마음을 순응시키기 위함이고
사람들이 단견(斷見)에 떨어지는 것을 걱정하여
방편으로 잠시 거짓으로 명칭을 붙인 것이네.
32상도 거짓으로 말한 것이고
80종호도 헛소리이며
육신이 깨달음의 본체가 아니니
무상(無相, 일체의 상(相)을 차별분별하지 않고 청정하게 보는 것)이 진상(眞相)이네."라고 하셨다.

《해설》

* 부처가 되려고 하면 삼아승기겁을 수행하여 불과(佛果)를 성취하여야 한다고 하고 부처를 전지전능한 절대자라고 하여 영원히

죽지 않는 절대신이라고 알고 있는 것을 임제스님은 모든 사람들이 부처라고 설하고 있는 것이다. 명칭으로 부처라고 하며 살아있는 사람이 부처이지만 어느 누구나 다 죽는다는 명백한 사실을 확신시키고 있는 것이고 무상(無相)이 진상(眞相)이라고 설명하시고 있다.

爾道佛有六通, 是不可思議, 一切諸天, 神仙, 阿修羅, 大力鬼, 亦有神通, 應是佛否.

道流莫錯, 祇如阿修羅, 與天帝釋戰, 戰敗領八萬四千眷屬, 入藕絲孔中藏, 莫是聖否.

如山僧所擧, 皆是業通依通, 夫如佛六通者不然.

入色界不被色惑, 入聲界不被聲惑, 入香界不被香惑, 入味界不被味惑, 入觸界不被觸惑, 入法界不被法惑.

所以達六種 色聲香味觸法, 皆是空相, 不能繫縛.

此無依道人, 雖是五蘊漏質, 便是地行神通.

《번역》

그대들이 말하는 부처가 육신통(六神通)이 있기 때문에 불가사의한 것이라고 한다면 일체의 모든 불법(佛法)을 수호하는 천상의 사람이나, 신선(神仙)으로 사는 사람, 아수라로 사는 사람, 아주 뛰어난 지식으로 귀신같이 사는 사람들도 역시 각기의 신통(神通)이 있는데 마땅히 모두를 부처라고 해야 하는 것이 된다.

수행자들이시여, 신통이 있다고 해서 부처가 된다는 잘못된 생각을 한다면 마침 아수라들이 제석천과 싸워서 패배하면 팔만사천 권속을 이끌고 연근의 작은 구멍 속으로 들어가 숨는다고 하는데 이것이 더 성(聖)스러운 신통(神通)이고 부처가 아니겠는가?

산승이 이와 같은 것을 들어서 설명하는 것은 이와 같이 행하는 모든 것이 업통(業通)이고 의통(依通)인 것이고 대체로 경전에서 말하는 부처가 가진 육신통이란 그와 같은 것(업통, 의통)은 아니기 때문에 이와 같이 말하는 것이다.

즉 경전에서 말하는 신통은 색계(色界)에 들어가 살아도 색(色)의 경혹(境惑)을 받지 않는 것이고(천안통), 음성의 세계(聲界)에 들어가 살아도 음성으로 인한 혹란(惑亂)을 받지 않는 것이고(천이통), 향기의 세계에 들어가 살아도 향기의 미혹(迷惑)을 받지 않는 것이고, 맛의 세계에 들어가 살아도 맛의 미혹을 받지 않는 것이고, 촉감의 세계에 들어가 살아도 촉감으로 인한 미혹을 받지 않는 것이고, 법계(法界)에 들어가 살아도 법(法)으로 인한 혹란(惑亂)을 받지 않고 살아가는 것(무루통)을 신통이라고 한다.

그러므로 색성향미촉법의 육진(六塵)이 모두 공(空)으로 청정하다는 사실을 통달하여 깨달았기 때문에 능히 어디에도 속박되지 않고 신통으로 살아가는 것이다.

이와 같은 사람을 무의도인(無依道人)이라고 하는데 이 사람은 비록 오온(五蘊)의 번뇌를 가지고 있으면서도 바로 지금 지상에서 행하는 모든 것이 신통묘용이 되는 것이다.

★ (중생의 몸으로 항상 평상심으로 살아가기 때문에 신통 묘용이라고 하는 것이다. "번뇌즉보리"라는 말을 그대로 실천 하는 것을 무의도인이라고 하고 있다.)

《해설》

* 이도불유육통 시불가사의(爾道佛有六通, 是不可思議): 부처가 육신통(六神通)이 있기 때문에 불가사의하다고 알고 있어서 일반 사람들이 도달하기 어렵다고 하는 것을 없애기 위하여 설하는 내 용이다. 일반적으로 육신통(천안통, 천이통, 신족통, 타심통, 숙명 통, 무루통)을 보이지 않는 것을 보고, 듣고, 날아다니고, 타인의 마음을 알고, 전생을 알아야 하고, 번뇌가 완전히 없어야 한다고 알고 있어서 도달하기 어렵다고 하는 것이다. 만약에 사람이 날아 다니고 보이지 않거나 들리지 않는 것을 보고 들어야 부처라고 하면 부처는 사람이 아니고 괴물이 되어야 하는 것이고, 또 타인의 마음을 알고 과거를 알고 미래를 안다고 하면 타인을 조종하려고 하는 독재자가 죄악에 대한 망념이 없이 살아도 된다고 하는 면죄 부를 주는 것이 되어 부처와는 아주 멀어지게 되는 것이다.

그러므로 부처는 사람이고 신통이라고 하는 것은 청정하게 되는 것(쏲)을 말하는 것이므로 어느 누구든지 평등하게 살아가기를 바 라며 임제스님은 무의도인(無依道人)이 되어 살아가라고 설하시 고 있는 것이다.

6) 진정한 부처는 무형(無形)이고 무상(無相)이다

道流, 真佛無形, 真法無相.

爾秖麼幻化上頭, 作模作樣, 設求得者, 皆是野狐精魅, 並不是真佛, 是外道見解.

夫如真學道人, 並不取佛, 不取菩薩, 羅漢, 不取三界殊勝, 迥無(然)獨脫.

不與物拘, 乾坤倒覆, 我更不疑, 十方諸佛現前, 無一念心喜, 三塗地獄頓現, 無一念心怖.

緣何如此, 我見諸法空相, 變即有, 不變即無, 三界唯心, 萬法唯識.

所以夢幻空花, 何勞把捉.

《번역》

수행자들이시여, 진정한 부처는 고정된 모습의 형상이 있는 것이 아니며(자신뿐만 아니라 모든 사람이 부처가 되는 것), 또 진정한 자신의 불법(佛法)은 일체의 상(相)을 차별분별하지 않고 청정하게 보는 것이다.

그러나 그대들이 다만 부처라는 고정된 환상(幻化)을 최고라고 생각하여 전지전능해야 한다는 등의 자신이 마음대로 생각하여 만들어 놓고는 그것을 이루려고 추구한다면 가령 구하여 얻는다고 하더라도 그것은 모두 여우같은 요망한 견해이므로 진정한 부처가 아니고 외도의 견해가 되는 것이다.

대체로 진정한 수행자라면 부처가 되려고도 하지 않고, 보살이나 나한이 되려고도 하지 않고, 삼계에서 수승(殊勝)하게 뛰어난 깨달음의 경지를 구하려고 하지도 않는다.

왜냐하면 진정한 수행자라면 대상경계(物, 외경, 중생, 사물)에 구속되는 것을 좋아하지도 않으니 하늘과 땅이 뒤집어져도 다시 괴이하게 생각하지 않기 때문에 시방삼세의 제불(諸佛)이 지금 눈앞에 나타난다고 해도 한결 같이 여시한 생각(一念)에서 나오는 마음으로 살아가므로 기쁘다는 마음이 조금도 없고, 삼도(三途, 지옥, 아귀, 축생)의 지옥이 바로 나타난다 해도 지금 한결 같이 여시한 생각(一念)에서 나오는 마음으로 살아가기 때문에 두려움이 조금도 없이 수행을 하기 때문이다.

무슨 인연으로 이와 같은가 하면 나는 제법(諸法)을 공상(空相)이라고 알고 있으므로 전식(轉識)에서 변(變)하면 번뇌 망념이 있는 것이고, 전식(轉識)에서도 불변(不變)이면 번뇌 망념은 없는 것이므로 삼계(三界)는 오직 마음의 변화로 만들어진 것이고, 만법(萬法)은 오직 전식(轉識)의 변화로 존재하는 것이기 때문에 이와 같이 말하는 것이다.

그러므로 꿈이나 환상과 같은 망념(妄念)으로 만들어진 것들을 무엇 때문에 잡으려고 노력하는지 알 수 없는 일이라는 것이다.

《해설》

* 진불무형 진법무상(真佛無形, 真法無相): 앞에서 설하고 있듯이 "자신의 무의도인(無依道人)은 형상도 없고, 근본도 없으며, 집착하는 것도 없이 자유자재하게 살아가기 때문에, 어디에서나 불법(佛法)에 맞게 무의도인(無依道人)으로 살아가게 되는 것이고 또 무의도인(無依道人)은 행한 흔적이 없는 것이므로 조사(祖師)라고 하는 것이다."라고 하는 것은 자신이 부처가 되어야 한다고 하는 것이다. 그러므로 진정한 부처는 고정된 모습의 형상이 있는 것이 아니라고 하는 것은 자신과 모든 사람이 부처가 될 수 있다는 것을 강조하는 것이고, 또 진정한 자신의 불법(佛法)은 일체의 상(相)을 차별분별하지 않고 청정하게 보는 것이므로 누구나 자신이 부처로 살아갈 수 있다고 설하고 있다.

* 부여진학도인(夫如真學道人): 진정한 수행자는 진여의 지혜가 무엇인지를 잘 알기 때문에 부처나 보살이 되려고 하지 않고 부처나 보살이 눈앞에 있다고 해도 좋아하거나 싫어하는 마음을 내지 않게 되는 것이다.

부처나 조사가 무형(無形)이라는 것을 알기 때문에 진정한 수행자가 되는 것이고, 또 자신의 법(法)이 무상(無相)의 불법(佛法)이라는 것을 알기 때문에 경계에 미혹하지 않게 되는 것이다.

* 소이몽환공화 하로파착(所以夢幻空花, 何勞把捉): 꿈이고 환상을 잡으려고 하는 신앙을 안타까워하는 것이다. 그러므로 꿈이나 환상인 부처, 보살, 나한이 되려고도 하지 않고 삼계에서 수승하여 (천당이나) 극락에 태어나기를 구하지도 않고, 지옥이 현전(現前)한다 해도 두려워하지 않는 이유를 설하고 있다.

唯有道流, 目前現今, 聽法底人, 入火不燒, 入水不溺, 入
三塗地獄, 如遊園觀, 入餓鬼畜生, 而不受報. 緣何如此, 無
嫌底法.

爾若愛聖憎凡, 生死海裏沈浮, 煩惱由心故有. 無心煩惱何
拘, 不勞分別取相, 自然得道須臾.

爾擬傍家, 波波地學得, 於三祇劫中, 終歸生死. 不如無事,
向叢林中, 床(牀)角頭交脚坐.

★ ( ) 안은 천성광등록 본

《번역》

　오직 수행자들이 지금 눈앞에서 본심(本心)으로 법을 듣는
무의도인(無依道人)으로 살아가려고 하면, 화병(火病)의 세
계속에 들어가도 화병(火病)에 빠지지 않고, 애욕의 물에 들
어가도 상사병에 빠지지 않고, 삼악도의 지옥에 떨어져도 극
락세계의 정원에 있는 것 같아야, 아귀나 축생의 세계에 들어
가도 그 과보를 받지 않는 무의도인(無依道人)으로 살아가게
된다.

　무슨 인연으로 이와 같이 하는가하면 근본적으로 제법(諸
法)을 공(空)이라고 알고 살아가므로 이것을 의심하지 않기
때문이다.

　그대들이 만약에 성자를 좋아하고 범부를 싫어한다면 이것
이 자신의 생사(生死)가 되어 법해(法海)에서 부침한다고 하

는 것이며 이것을 번뇌라고 하는 것인데 이것은 자신의 마음으로 인하여 번뇌가 있게 되는 것이기 때문이다.

그러므로 망심(妄心)없이 무심(無心)하게 살아가면 번뇌가 어찌 구속할 것이며 진법(眞法)은 무상(無相)이므로 차별분별하여 상(相)을 취하려고만 하지 않으면 자연히 잠깐 사이에 도(道)를 체득하여 살아가게 되는 것이다.

그대들이 방가(傍家, 변방, 외부, 마음 밖)에서 사량분별하며 바쁘게 시간(세월)을 보내면서 도(道)를 배워 체득하려고 한다면 삼아승지겁동안 수행을 하여도 마침내는 번뇌 망념의 생사를 벗어나지 못하게 되는 것이다.

그러므로 번뇌망념의 생사(生死)에 빠지지 않고 조용히 총림(叢林)의 선상에서 좌선하는 것이 났다고 하는 것이며 방가(傍家)에서는 바쁘게 구하여도 이루지 못한다고 하는 것이다.

《해설》

* 청법저인 입화불소 … 무혐저법(聽法底人, 入火不燒, 入水不溺 … 無嫌底法): 무의도인이 불속에서 타지 않는 사람이 아니고 탐진치(貪嗔癡)에서 성내는 경계(瞋, 嗔)를 만나더라도 경혹(境惑)에 미혹하지 않게 되는 것을 말하는 것이므로 화병(火病)의 세계 속에 들어가도 화병(火病)에 빠지지 않는다고 하는 것이다. 왜냐하면 제법을 공(空)이라고 알고 탐진치를 계정혜로 돈오할 줄 알기 때문에 지수화풍의 세계에서 벗어나지 않고 무의도인(無依道人)으로 살아가는 것이다.

* 마음 밖에서 자신의 모든 중생을 구할 것이라고 아무리 노력하여도 되지 않는 것이기에 자신의 마음을 관조하며 살아가는 사찰에서 생활하는 것이 좋다는 것이다. 자신도 구제하지 못하면서 타인을 구제하는 것은 더더욱 불가능하다는 것을 말하는 것이다. 자신의 마음 밖에서 자신의 불법(佛法)을 구하지 말고 오직 자신의 마음을 청정하게 하여야 하는 것이다.

진불무형(眞佛無形)

7) 사빈주

道流如諸方有學人來, 主客相見了, 便有一句子語, 辨前頭
善知識.
　被學人拈出箇機權語路, 向善知識口角頭攛過, 看爾識
不識.
　爾若識得是境, 把得便抛向坑子裏.
　學人便即尋常, 然後便索 善知識語, 依前奪之.
　學人云. 上智哉, 是大善知識.
　即云. 爾大不識好惡.
　如善知識, 把出箇境塊子, 向學人面前弄, 前人辨得, 下下
作主, 不受境惑.
　善知識便, 即現半身, 學人便喝.
　善知識 又入一切 差別語路中擺撲.
　學人云. 不識好惡老禿奴. 善知識歎曰. 眞正道流.

《번역》
　지금 여기에 있는 수행자들처럼 제방에서 학인으로 찾아와
서는 주객으로 상견(相見, 인사, 자세하게 알게 됨, 서로 친
견)하고 나면 바로 자신이 아는 일구(一句)로 말을 하며 면전
에서 선지식을 분별하여 확인하고자 한다.
　그리하여 학인은 성인들이 방편으로 하신 말씀을 가지고 와서

는 선지식에게 언쟁하는 투로 내뱉으면서 하는 말이 이것을 압니까? 모릅니까? 하고 묻는다면 그대들은 어떻게 할 것인가?

그대들이 만약 이 경계를 깨달아 알았다면 학인이 경계를 잘 파악하게 하여서 바로 포기하게 하고 이것을 구덩이에 묻어 제거하게 하여야 한다.

그리하여 학인이 곧바로 언제나 하던 것처럼 마음을 다시 바꾸고는 선지식의 가르침을 요구하면 이전과 같이 학인의 경계를 빼앗아 버린다.

★ (학인이 그 경계를 버리게 한다.)

학인이 말한다.

"상인의 지혜이고 대단히 훌륭한 선지식입니다."

선지식이 말한다.

"그대는 좋고 나쁜 것을 대상으로 밖에 알지 못하는 것이다."

선지식으로서 성자들이 말한 구경의 경계를 가지고와서 학인의 면전에서 마음대로 설명하여 보이면 학인이 어디에 서든지 주인으로 분별할 수 있게 되어 경혹(境惑)을 받지 않게 된다.

그리고 선지식이 바로 자신의 모습을 절반만 나타내 보이면 학인이 바로 할(喝)을 한다.

선지식이 또 일체의 경계를 차별적인 말씀으로 학인을 파악하려고 시험하여 보면 학인이 말하기를 "좋고 나쁜 것도 대상으로 아는 늙은 비구이십니다."라고 말을 하면 선지식은 찬탄하여 말하기를 "진정한 수행자이다."라고 말한다.

《해설》

　＊ **주객상견료 … (主客相見了 …):** 일반적인 수행자들은 자신의
경지를 알지 못하면서도 먼저 선지식의 경지를 파악하고 나서 자
신의 경지를 파악하려고 하는 수행자를 제도하는 것이다. 학인이
찾아와서는 자신이 아는 한마디 말(一句)로 선지식의 경지를 파악
하려고 하는 것이 더 자신의 경지를 탄로 나게 하는 것이 되어
자신에게로 되돌아오는 것이다.

　＊ **이대불식호악(爾大不識好惡):** 좋고 나쁜 것도 모른다는 것은
좋고 나쁜 것을 대상으로 밖에 알지 못하는 것이므로 자신의 불법
(佛法)은 어디에 있는지 모르는 중생이라는 것이다.

　如諸方善知識, 不辨邪正, 學人來問, 菩提涅槃, 三身境智,
瞎老師便與他解說.

　被他學人罵著, 便把棒打, 他言無禮度.

　自是爾善知識無眼, 不得嗔(瞋)他.

　有一般不識好惡禿奴, 即指東劃西, 好晴好雨, 好燈籠露柱.

　爾看眉毛有幾莖, 這箇具機緣, 學人不會, 便即心狂.

　如是之流, 總是野狐精魅魍魎, 被他好學人, 嗑嗑微笑, 言瞎老禿奴,
惑亂他天下人.

　　　　　　　　　★ ( )안은 천성광등록 본

《번역》

　제방의 선지식으로서 바른 것과 어긋난 것을 판단하지 못한다면, 학인이 와서 보리와 열반과 삼신(三身)의 경계와 지혜를 물어도 안목이 없는 노사(老師)로서 바로 그에게 다른 해설을 하게 된다.

　그런 설명을 들은 학인이 꾸짖어 비난하면 노사(老師)는 주장자를 잡고 바닥을 내리치며 그에게 예의가 없는 학인이라고 말한다.

　처음부터 이와 같은 선지식이라는 노사는 안목이 없으므로 학인에게 화를 내서는 안 된다.

　일반적인 것을 모두 대상으로 알고는 좋고 나쁜 것도 판별하여 알지 못하는 지식인들이 즉 두서없이 함부로 말하기를, 날씨가 맑아서 좋고 비가 와서 좋다고도 하며, 대상경계에 따라 등롱(燈籠)이나 노주(露柱)가 구경(究竟)의 경지인 것처럼 아름답고 대단하다고 설명한다.

　그대들은 자신의 눈썹(본래면목)이 어떻게 있는지 잘 살펴보아야 이와 같은 기연(機緣)이 어떻게 나오게 되었는지 알게 되는데, 학인들이 이것을 알지 못하면 바로 마음이 거만해지거나 사리를 분별하지 못하게(狂) 되는 것이다.

　이와 같은 부류의 사람들은 여우같은 요망한 견해를 가진 도깨비와 같은 사람들이므로 이와 같은 견해를 배워 받아들이게 되면 훌륭한 학인들을 웃음거리로 만들게 되고, 안목 없

는 늙은 노사(老師)가 그와 천하의 사람들을 미혹하게 한다고
비난받게 되는 것이다.

《해설》

* 언할로독노 혹난타천하인(言瞎老禿奴, 惑亂他天下人): 수행
이라는 것이 무엇인지도 모르면서 명칭만 선지식들이나 누구를
등에 업고 자신이 적자라고 하는 이들은 사정(邪正)이나 호악(好
惡)도 알지 못하면서 명예만 가진 이들 이기에 부처나 천하인들
을 미혹하게 하고 자신의 수하로 만들어 그들 위에 군림하려고
하는 것이다.

이것은 불법(佛法)도 아니고 폭군을 만들어내는 방법이고 부처
를 중생으로 만드는 외도인 것이다.

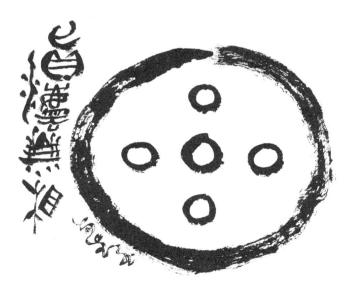

진법무상(眞法無相)

8) 교학에서 선수행으로 전환하다

道流, 出家兒, 且要學道.

祇如山僧往日, 曾向毘尼中留心 (曾向毗尼中留心 數十年), 亦曾於經論尋討.

後方知是濟世藥, 表顯之說, 遂乃一時抛却, 即訪道參禪.

後遇大善知識, 方乃道眼分明. 始識得天下老和尙, 知其邪正.

不是娘生下便會, 還是體究練磨, 一朝自省.

★ ( )안은 천성광등록 본

《번역》

수행자들이시여, 출가한 사람이라고 하면 불도(佛道)를 배우는 것이 중요하다고 생각한다. 그러므로 산승(山僧)도 정말로 지난날에는 일찍이 계율이 최고의 수행이라고 생각하며 계율을 지키고 계율을 공부했었으며, 또한 경론을 최고의 수행이라고 생각하고 경론도 깊이 탐구했었다.

그런 공부를 한 이후에 비로소 이와 같은 것들이 병을 치료하기 위해 만든 처방전과 같은 것으로 불법(佛法)을 문자로 기록한 말씀이라는 사실을 깨달아 알고는 마침내 일시에 버리고는 곧 불도(佛道)를 실천하며 참선하는 사람들을 방문(訪問)하게 되었다.

여러 선지식을 방문하다가 위대한 선지식을 만나고 나서야 불도(佛道)의 안목(眼目)을 분명히 깨닫게 되었다.

그런 후에야 비로소 천하에 있는 노화상들을 친견하면 노화상들의 바르고 어긋난 것을 알 수 있는 안목(眼目)을 깨달아 체득하게 되었다.

이것은 지금 살아 있는 사람으로서 어머니 뱃속에서 태어난 사람으로 살고 있다고 해서 바로 깨달아 아는 것이 아니고, 오히려 몸소 연구하고 수행으로 연마하여야 어느 때에(하루 아침에) 자신이 분명하게 깨닫게 되는 것이다.

《해설》

* **출가한** 사람들은 모두가 불도(佛道)를 경율론으로 배우면 되는 것으로 알고 아주 깊게 공부를 하여 전지전능한 부처가 되기를 원하다가 대장경이 모두 중생의 병을 치료하는 처방전이라는 것을 알고 불도(佛道)를 실천하는 수행을 하게 되었다는 임제스님의 경험담이다.

황벽과 대우선사를 친견하고 자각하여 자신의 안목이 열리게 되었다고 하는 것을 말하면서 선지식도 중요하지만 자신이 하지 않으면 안 된다고 말씀하시고 있는 것이다. 임제스님도 자신이 경율론을 아주 구경의 경지까지 익히고 나서 실천하는 수행을 하였다고 하는 것은 불법(佛法)에 맞는 여시(如是)한 지혜를 구족하였다는 것이 된다. 그러므로 불법(佛法)에 맞지 않는 지혜를 가지면 외도(外道)가 되는 것이기에 무조건 명상이나 좌선만 하면 묵조사선이 되는 것이다. 바른 안목을 구족하려면 어머니 뱃속에서 태어난 사람이면 누구나 되는 것이 아니고 자신이 배우고 익혀야 된다는 것을 분명하게 말하고 있는 것은 선천적으로 태어난 부처는 없다는 것을 정확하게 말씀하시고 있는 것이다. 요즘 사람들을 보면 전생에 의하여 이생이고 이생에 의하여 육신이 죽고 난 이후에 내생이라고 말하면서 지금 현재의 몸이 아닌 사후(死後)에 삶을 위하여 살아가는 사람들이 있는데 이것은 어느 것을 선천적인 부처라고 하는지 의문이고 임제스님의 견해와는 어긋난 것이다. 태어날 때부터 부처라는 것은 있을 수 없다고 정확하게 말하고 있는데도 전지전능한 깨달음이나 부처, 신(神)등을 구하는 것은 누구를 위한 인생을 사는지 각자가 생각하여야 한다. 그러므로 자신의 인생을 무의도인(無依道人)으로 살아가지 않으면 외도(外道)의 수행자가 되는 것이다.

道流, 爾欲得如法見解, 但莫受人惑, 向裏向外, 逢著便殺.
逢佛殺佛, 逢祖殺祖, 逢羅漢殺羅漢, 逢父母殺父母, 逢親眷殺親眷, 始得解脫, 不與物拘, 透脫自在.
如諸方學道流, 未有不依物出來底, 山僧向此間, 從頭打.
手上出來手上打, 口裏出來口裏打, 眼裏出來眼裏打, 未有一箇獨脫出來底, 皆是上他古人閑機境.

《번역》
수행자들이시여, 그대들이 여법(如法)한 견해를 체득하고자 한다면 단지 인혹(人惑)을 받지 말고 안이나 밖으로 만나는 대상경계를 바로 자신의 의식에서 없애야 한다.

즉 자신이 부처라는 경계를 만나게 되면 부처라는 의식을 죽여 없애야 하고, 자신이 조사(祖師)라는 경계를 만나게 되면 조사(祖師)라는 의식을 죽여 없애야 하고, 자신이 나한(羅

漢)이라는 경계를 만나게 되면 나한(羅漢)이라는 의식을 죽여 없애야 하고, 자신이 부모(父母)라는 경계를 만나게 되면 부모(父母)라는 의식을 죽여 없애야 하고, 자신이 친척이나 권속이라는 경계를 만나게 되면 친척이나 권속이라는 의식을 죽여 없애야 비로소 해탈을 하게 되고 어느 경계에도 구속받지 않게 되어야 완벽히 자유자재하게 살아가게 되는 것이다.

당연히 제방에서 수행하는 수행자들은 대상경계에 의지하지 않고는 무의도인이 될 수 없다고 하지만 산승(山僧)의 이곳에서는 처음부터 끝까지 모든 경계를 타파하게 한다.

즉 수법으로 깨닫는다고 하면 수법을 타파하게 하고, 입으로 깨달으려고 하면 입으로 말하는 언어문자로 타파하게 하고, 눈으로 보고 깨달으려고 하면 잘못된 안목을 타파하게 하는데도 아직까지 일개성자로 대상경계를 벗어나서 인혹이나 경혹을 받지 않는 무의도인(無依道人)이 나타나지 않는 것은 모두 고인(古人)들이 깨달았다고 하는 말씀과 방편에만 빠져 있기 때문이다.

★ (인혹과 경혹에 의지하여야 바른 수행자라고 생각하기 때문에 무의도인이 되지 않는 것이다.)

《해설》

* 봉불살불 ... 투탈자재(逢佛殺佛, ... 透脫自在): 부처를 만나면 부처를 죽이라는 말로 일반적으로 많이 알려져 있는 내용이다. 이 내용을 잘못 이해하면 실제로 목숨을 죽여야 하는 것으로 착각하

는 경우가 있을 수 있는데 불교는 마음 수행을 하는 것이므로 자신이 무의도인(無依道人)으로 살아가는 방법을 설명하는 것이다.

부처나 조사등등의 속박에서 벗어나 살아가라는 것이고 불법(佛法)에 맞게 살아가라는 것이지, 인간의 윤리와 도덕을 무시하고 살아가라는 것은 더더욱 아니다.

모든 인혹과 경혹을 벗어나 무의도인으로 살아가는 법을 자세하게 자신이 어떤 마음으로 살아가야 하는지 설명하는 것이지 부처나 조사, 부모나 친척을 멀리하고 등지라는 말은 아닌 것이다. 그러므로 모두를 부처로 보는 안목을 구족해야 진여의 지혜로 살아가게 되는 것이고 인혹이나 경혹의 속박에서 해탈하여야 진정한 무의도인이 되는 것이다.

투탈자재(透脫自在)

9) 무의도인이 보리수에 올라가 사는 법

山僧無一法與人, 秖是治病解縛.

爾諸方道流, 試不依物出來, 我要共爾商量, 十年五歲, 並無一人.

皆是依草附葉, 竹木精靈, 野狐精魅, 向一切糞塊上, 亂咬瞎漢. 枉消他十方信施, 道我是出家兒, 作如是見解.

向爾道, 無佛無法, 無修無證, 秖與麼傍家, 擬求什麼物.

瞎漢頭上安頭, 是爾欠少什麼.

《번역》

산승(山僧)이 사람들에게 대신하여 줄 수 있는 불법(佛法)은 하나도 없고 다만 수행하는 사람들이 자신의 심병(心病)을 치료하게 하여 마음의 속박에서 해탈하게 할 뿐이다.

그대들과 제방에서 수행하는 수행자들이 대상경계에 의지하지 않고 깨달은 수행자가 있는지 점검하려고 나는 그대들과 불법(佛法)을 상량(商量)하여 보았지만 15년이 지나도록 아직까지 무의도인(無依道人)은 아무도 없었다.

지금까지 만나본 수행자들은 모두가 풀이나 나뭇잎에 의지하여 수행하는 이들이었고, 또 대나무나 고목의 정령(精靈, 고정관념)으로 수행하는 자들이거나, 여우같은 요망한 견해를 가진 이들이었는데, 모두가 번뇌망념을 제거하는 말씀(세간의 수행법이나 경전의 수행법등)에 대하여 요란하게 논하는 눈먼 수행자들뿐이었다.

그들은 시방삼세에서 믿고 따르는 이들의 시물(施物)을 이와 같이 잘못 사용하면서도 내가 올바른 출가 수행자라고 말하면서 이와 같은 견해로 살아야 한다고 생각하고 있다.

★ (무의도인으로 살아가지 못하면서도 자기들의 견해가 올바르다고 주장하는 이들을 초목이나 정령(精靈), 야호정매라고 비판하면서 일반적인 제방의 수행자들을 경책하는 것이다.)

그래서 내가 그대들에게 말하였듯이 고정된 부처도 없고, 고정된 법도 없으며, 고정된 수행도 없고, 고정된 깨달음도 없다고 하였는데도 단지 방가(傍家)에서 무엇을 구하려고 하는지 알 수가 없다.

눈먼 수행자들은 자신의 머리 위에 또 다른 머리를 붙이려고 하는데 그대들에게 부족하고 모자란 것이 무엇이기에 그와 같은 수행을 하며 살고 있는지 반드시 생각하고 살아야 하는 것이다.

★ (자신의 부처, 자신의 법(法)으로 수행하여야하고 체득해야 하는데도 타인의 법과 타인이 말하는 부처나 깨달음을 얻으려고 괴상한 수행법을 주장하는 이들을 추종하며 수행하는 이들을 경책하는 것)

《해설》

* 무일법여인(無一法與人): 법(法)이란 자신의 법(法)을 말하는

것이지 타인의 법(法)이 아니기 때문에 대신하여 줄 수 있는 법(法)은 없는 것이다. 그러므로 대신하는 법(法)은 없는 것이고 수행자들에게 자신들의 심병(心病)을 치료하게 하여 주는 설법(說法)을 할 뿐이고 수행자들이 이 설법을 듣고 자신의 법(法)에서 자신이 해탈해야 하는 것이므로 줄 수 있는 법은 하나도 없다고 하는 것이다.

＊ 지여마방가 의구십마물(祗與麼傍家, 擬求什麼物): 방가(傍家)에서 부처나 법을 구하려고 하는 것은 자신의 부처나 법이 아니고 신앙에 의한 전지전능한 부처나 법을 구하는 것이므로 자신에게는 아무런 이익이 없게 되는 것이다. 그렇지만 안목이 없는 수행자들은 자신의 명예나 이익을 위하여 타인을 이롭게 한다는 변명을 하면서 자신의 수행은 뒷전이고 착한 선업(善業)만 지으면 내생에 극락이나 천당에 태어난다고 믿고 수행을 하지 않는 수행자를 경책하는 것이다. 선업(善業)을 짓지 말라는 것이 아니고 많은 선업(善業)을 짓되 자신이 올바른 수행자가 되어야 진정한 선업(善業)을 짓는 것이 되기 때문에 바른 수행자가 되는 것이 더 중요하다고 하는 것이다. 향외치구(向外馳求)하지 말고 무의도인(無依道人)으로 살아가면 어느 누구나 부처이며 자신이 진여의 지혜로 불국토에서 살아가게 된다고 하는 것이다.

道流, 是爾目前用底, 與祖佛不別, 祇麼不信, 便向外求, 莫錯.
向外無法, 內亦不可得, 爾取山僧口裏語, 不如休歇無事去.
已起者莫續, 未起者不要放起, 便勝爾十年行脚.
約山僧見處, 無如許多般, 祇是平常, 著衣喫飯, 無事過時.
爾諸方來者, 皆是有心, 求佛求法, 求解脫, 求出離三界, 癡人.

爾要出三界, 什麼處去, 佛祖是賞繫底名句.

爾欲識三界麼, 不離爾今聽法底心地.

爾一念心, 貪是欲界, 爾一念心, 瞋是色界, 爾一念心, 癡是無色界, 是爾屋裏家具子, 三界不自道, 我是三界.

還是, 道流, 目前靈靈地, 照燭萬般, 酌度世界底人, 與三界安名.

《번역》

수행자들이시여, 그대들이 지금 눈앞에서 자신이 본심(本心)으로 살기만 하면 무의도인(無依道人)이며 조사나 부처와 조금도 다르지 않은데 단지 이와 같은 사실을 확신(確信)하지 못하고는 바로 자신의 밖에서 조사나 부처를 찾고 있는데 이것은 잘못 알고 있는 것이다.

그대들 자신의 마음 밖에서 구할 법(法)은 없는 것이고 또 자신의 육체 내부에서도 역시 법(法)을 얻을 수 없는 것이니 그대들은 산승이 하는 말에서 구하려고 하지 말고 번뇌망념을 쉬면서 여시(如是)하게 생활하는 것이 더 좋은 것이다.

이미 마음에 일어난 번뇌는 계속하지 않게 하고 아직 일어나지 않은 번뇌를 일어나지 않게 할 줄 알면 바로 그대가 10년 동안 행각하며 수행하는 것보다 훨씬 수승한 것이다.

산승의 견해를 말하여보면 여러 가지를 복잡하게 받아들이려 하지 말고 여시하게 살고, 단지 항상 일상생활을 하면서도 여시(如是)하게 살아야 하는 것이다.

제방(諸方)에서 수행하다가 여기를 찾아온 사람들은 모두가 망심(妄心, 중생심)을 가지고 부처가 되려고 하고, 불법(佛法)을 구하려고 하고, 해탈하기를 바라며 또 삼계(三界)를 벗어나 살고자 하는데, 이것은 어리석은 사람이나 하는 짓이다.

　그대들이 삼계를 벗어나서 되려고 하는 것이 부처나 조사가 되어 살아가는 것이라고 하면서도 부처와 조사라는 신앙의 대상에 속박되면 이것이 그대들을 근본적으로 속박시키는 명구(名句)가 되는 것이다.

　그대들이 삼계(三界)를 알고자하면 지금 그대들이 본심으로 법을 듣고 있는 근본적인 그 마음(心地)에서 나오는 것을 벗어난 삼계(三界)는 없는 것이다.

　그대들이 지금 한결 같이 여시한 생각(一念)에서 나오는 마음으로 탐욕을 내면 욕계(欲界)에 사는 것이고, 그대들이 지금 한결 같이 여시한 생각(一念)에서 나오는 마음으로 탐욕을 억제하지 못하여 화를 내면 색계(色界)에 사는 것이고, 그대들이 지금 한결 같이 여시한 생각(一念)에서 나오는 마음으로 살면서도 탐진(貪瞋)에 빠져 있는 줄을 모르면 무색계(無色界)에 사는 것이며 또 이것들은 모두 그대들 집안의 가구처럼 항상 사용하고 있으면 자신이 삼계(三界)에 살고 있는 것이지만 자신은 삼계(三界)에 살고 있다는 것을 알지 못하고 사는 것이다.

　이미 수행자가 되었으니 그대들은 눈앞에서 신령한 진여의 지혜로 모든 대상경계를 관조하여 삼계(三界)를 헤아려 판단

166

하는 무의도인(無依道人)이 되어 살아가면 삼계(三界)가 새로운 명칭인 불국토(佛國土)가 되는 것이다.

《해설》

  * 변향외구 막착(便向外求, 莫錯): 자신이 조불(祖佛)이라는 사실을 깨닫지 못하고 외부에서 자신의 조불(祖佛)을 구하는 어리석은 일을 하지 말라는 것이다.

  * 불여휴헐무사거(不如休歇無事去): 법(法)이라는 것은 자신의 만법을 말하는 것인데 이 법(法)이 고정된 법으로 존재한다고 생각하여 자신의 내부나 외부에서 구하려고 하고, 이 법(法)을 깨달아 얻으려고 한다면 망념(妄念)없이 쉬면서 무의도인(無依道人)으로 사는 것이 더 좋다고 하는 것이다. 불법(佛法)을 고정된 법이라고 한다면 밖이나 안에서 구하고 얻을 수 있다고 할 수 있지만 불법(佛法)은 진여지혜의 법이므로 지식으로 구하는 고정된 법이 아니므로 무법(無法)이라고 한 것이고 얻을 수 없다고 하는 것이다.

  * 개시유심 ... 치인(皆是有心, 求佛求法, 求解脫, 求出離三界, 癡人): 망심(妄心)을 가지고 부처나 불법(佛法)을 구하여 삼계(三界)를 벗어나 해탈하여 자유자재로 살아가기를 바란다면 이루어지지 않는다고 강조하는 것이다. 즉 신앙이나 전지전능한 깨달음을 추구하는 사람들의 몽매함을 지적하는 것으로 속박(束縛)에서 해탈하려고 하지 않고 더 깊은 구덩이로 빠져들게 하는 그런 믿음에 속지 말라는 것이다.

  * 이요출삼계 … 불조시상계저명구(爾要出三界 … 佛祖是賞繫底名句): 그대들이 삼계를 벗어나 부처나 조사가 되어 살아가려고 하면서 부처와 조사라는 명상(名相)에 빠지면 오히려 자신을 속박

하는 것이 된다는 것이다. 부처나 조사는 이름일 뿐이지 실상이 없다는 것을 말하는 것이고 자신들이 각자가 부처나 조사이므로 자신이 확신하여 살아가기를 바라는 것이다.

＊ 이욕식삼계마 … 아시삼계(爾欲識三界麼 … 我是三界): 삼계 (욕계, 색계, 무색계)는 자신의 본성(本性)에 있는 것이다. 그러므로 탐욕을 가지고 살면 욕계에 사는 사람인 것이고, 탐욕을 가지고 있든 벗어났든 색으로 인하여 자신을 억제하지 못하고 화를 내거나 비난하면 색계에 사는 것이고, 자신이 욕계와 색계에 살고 있는 줄 모르고 사는 것을 무색계에 살고 있다고 설명하고 있다. 우리들이 이와 같이 삼계에 살고 있으면서 삼계에 살고 있는 줄 모르고 있으므로 진여의 지혜로 삼계를 벗어나 무의도인으로서 불국토에 살아가기를 바라는 것이다.

大德, 四大色身是無常, 乃至脾胃肝膽, 髮毛爪齒, 唯見諸法空相.

爾一念心歇得處, 喚作菩提樹.

爾一念心不能歇得處, 喚作無明樹, 無明無住處, 無明無始終.

爾若念念, 心歇不得, 便上他無明樹, 便入六道四生, 披毛戴角.

爾若歇得, 便是淸淨身界

爾一念不生, 便是上菩提樹, 三界神通變化, 意生化身, 法喜禪悅.

身光自照, 思衣羅綺千重, 思食百味具足, 更無橫病.

菩提無住處, 是故無得者.

168

《번역》

　대덕(大德)이시여, 사대(四大, 지수화풍, 육체)로 이루어진 색신(色身, 육신)은 무상(無常)한 것이고 그리고 비위간담(脾胃肝膽, 비장, 위장, 간장, 쓸개)이나 발모조치(髮毛爪齒, 머리카락, 털, 손톱, 치아)도 무상(無常)한 것이므로 오로지 제법(諸法, 자신의 만법)이 공상(空相)이라는 것을 보고 알게 되는 것이다.

　그대가 지금 한결 같이 여시한 생각(一念)에서 나오는 마음으로 살고 번뇌를 쉬게 되었을 때 보리수(菩提樹, 지혜를 키우는 곳)가 되었다고 하는 것이다.

　그대가 지금 한결 같이 여시한 생각(一念)에서 나오는 마음으로 살지 못하고 번뇌를 쉬지 못하면 무명수(無明樹, 무명을 키우는 곳)가 되었다고 하는 것이지만 무명(無明)이라는 것은 어디에 실체가 있는 것이 아니고 또 무명(無明)은 시작과 끝이 없다.

　그대들이 만약 생각 생각을 할 때마다 항상 망심(妄心)을 쉬지 못하면 바로 그대들이 무명수(無明樹)에 올라가서 살게 되니 바로 사생(四生)육도(六道)에서 피모대각(披毛戴角, 중생으로 사는 모습)하며 살게 되는 것이다.

　그대들이 만약 망심(妄心)을 제거하였다면 바로 청정법신의 세계에서 살게 되는 것이다.

　그대들이 지금 한결 같이 여시한 생각(一念)으로 살면서 망념(妄念)이 일어나지 않는다면 바로 보리수(菩提樹)에 올라가 사는 것이고 삼계(三界)에서 신통변화를 나타내게 되니 마음대로 화신(化身)으로 살게 되어 법희(法喜)선열(禪悅)을 만끽하게 된다.

그리고 자신이 항상 자신을 진여의 지혜로 관조하며 살게 되니 옷을 생각하면 고운 비단옷을 입은 것과 같고, 음식을 생각하면 어느 음식이든지 만족하게 되니 다시 자신을 장애하는 심병(心病)이 없게 되는 것이다.

이와 같은 깨달음도 어디에 실체가 있는 것이 아니므로 깨달음을 대상으로 얻는 것은 아니다.

《해설》

＊ 이일념불생 변시상보리수(爾一念不生, 便是上菩提樹): 자신이 망심(妄心)을 쉬게 되면 보리수가 되는 것이고 망심(妄心)이 일어나지 않고 여시하게 살아갈 수 있다면 보리수에 올라가 살게 되는 것이라고 하는 것이다.

＊ 법희선열(法喜禪悅): 자신의 마음에 망심(妄心)이 없다고 견성(見性)하면 법희(法喜)가 되는 것이고 이와 같이 견성하여 무의도인(無依道人)으로 살아가는 것을 선열(禪悅)이라고 하는 것이다. 그러므로 견성성불하면 법희선열하게 된다고 하는 것이고 견성성불하는 법은 자신이 해야 하는 것이지 외부에서 구해서 얻는 것이 아니라고 설하시고 있다. 그대들이 만약 망심(妄心)을 제거하고 여여(如如)하게 살아간다면 바로 청정법신의 세계에서 살아가게 되는 것이다.

道流, 大丈夫漢, 更疑箇什麼. 目前用處, 更是阿誰, 把得便用, 莫著名字, 號為玄旨.

170

與麼見得, 勿嫌底法.

古人云. 心隨萬境轉, 轉處實能幽, 隨流認得性, 無喜亦無憂.

《번역》

수행자들이시여, 대장부라고 하면 다시 무엇을 의심할 것이 있겠는가? 즉 눈앞에서 자신이 지혜로 살아가는 사람이 다시 누구인가를 알고 살아가면서 성자다 부처다 조사라고 하는 등등의 이름에 집착하여 빠지지 않고 살아가는 사람을 현지(玄旨)를 체득한 무의도인인 대장부라고 말하는 것이다.

이와 같이 깨달아 알고 체득하여 살아가면 (수처작주 입처개진의 삶을 살게 되는 것이므로 모든 것을 부처의 관점에서 보게 되어) 혐오스런 법이 하나도 없게 되는 것이다.

고인이 게송으로 말씀하셨다.

마음은 온갖 대상경계에 따라 전식(轉識)하지만

전식(轉識)하는 그것에서 진실로 자신이 능히 유현(幽玄, 진여지혜)하게 살기만 하면

변화하는 마음에서 본성(本性)을 견성하여 체득하게 되니

대상경계에 따라 기뻐하고 슬퍼할 일이 없게 되네.

《해설》

* 물혐저법(勿嫌底法): 대장부로서 살아가는 방법을 제시한 것으로 자신의 법이 진여법이라는 사실을 자각하여 지혜로 여여(如如)하게 사는 것이므로 만법일여(萬法一如)가 된다고 하는 것이

다. 그리고 자신이 명상(名相)에 집착하지 않고 몰종적의 지혜로 살아가게 되면 자신이 청정한 불국토에서 생활하게 된다고 하는 것이다.

 * **심수만경전(心隨萬境轉)**: 마음은 대상경계가 없으면 일어날 것이 없다고 하는 것이고 대상경계가 있으면 전식(轉識)[6]을 자유자재로 하게 되는 것이다.

 전식(轉識)하는 것에서 항상 진여의 지혜로 살아가면 견성하게 되므로 '법희선열'하게 된다고 하는 앞의 내용과 상통하는 내용이다.

번뇌즉보리(煩惱卽菩提)

---

6) 전식(轉識): 본성(本性), 아뢰야식을 제외한 6식과 말나식.

10) 선종(禪宗)의 견해

道流, 如禪宗見解, 死活循然, 參學之人, 大須子細.

如主客相見, 便有言論往來, 或應物現形, 或全體作用, 或把機權喜怒, 或現半身, 或乘師子, 或乘象王.[7]

如有真正學人, 便喝, 先拈出一箇膠盆子, 善知識, 不辨是境, 便上他境上, 作模作樣.

學人便喝, 前人不肯放.

此是膏肓之病, 不堪醫, 喚作客看主.

或是善知識, 不拈出物, 隨學人問處即奪.

學人被奪, 抵死不放, 此是主看客.

《번역》

수행자들이시여, 마땅히 선종(禪宗)의 견해로 살아가려고 하면 망념을 없애는 것과 지혜를 살리는 것을 대상경계에 따라 (근기에 맞게 여여하게) 해야 하는 것을 참선(參禪)학도(學道)하는 사람들은 이것을 반드시 아주 잘 알고 수행해야 한다.

---

7) 『新華嚴經論』 卷4(『大正藏』 36, 745쪽. 상21.):「但諸經之內 以文殊為 問答主者, 多明法身, 佛性之門. 普賢為 問答主者, 多論其行, 以此表之. 又文殊乘師子者, 為明創證, 法身佛性, 根本智斷, 惑之駿故. 普賢乘香象王者, 表行序序, 為威德故.」

가령 주인과 손님이 상견(相見)하고 나면 바로 대화가 오고 가는데 어느 사람에게는 그 사람의 근기(根器)에 따라 형상을 나타내어 설명하기도 하고, 어느 사람에게는 전체를 지혜로 살아가는 모습으로 나타내기도 하고, 어느 사람에게는 방편으로 희로(喜怒, 즐거움과 꾸짖음)의 모습으로 설명하기도 하고, 어느 사람에게는 절반만 나타내 보이기도 하고, 어느 사람에게는 사자(獅子)의 모습으로 불성(佛性)을 자각하게 하고, 어느 사람에게는 상왕(象王)의 모습으로 지혜로 실천하게 하는 것이라는 것을 참학(參學, 參禪學道)하는 수행자들은 아주 잘 알아야 하는 것이다.

만약에 진정한 수행자가 있다면 바로 할(喝)을 하고는 먼저 일개성자의 말씀을 제시하면 선지식은 이 경계를 판단하지 못하고 그 경계에 빠져서 자기의 마음대로 조작한다.
그러면 수행자가 바로 할(喝)을 하여도 앞의 선지식이라고 하는 사람은 이것을 긍정하지 않고 앞의 일개성자(一箇聖者)의 말씀을 놓지 못한다.
이와 같이 대상경계에 빠지면 치명적인 심병(心病)이 되는 것으로 의왕(醫王, 부처)이 와도 감당할 수가 없는 것인데 이것을 객(客)이 주인을 간파(看破)한 것이라고 하는 것이다.

어느 사람에게는 선지식이 아무것도 제시하지 않고 수행자가 묻는 것에 따라 곧바로 그 경계를 빼앗아 버린다.

　　그러면 수행자는 그 경계를 빼앗겨도 그 경계를 고수(固守)하려고 하며 필사적으로 놓지 않는데 이것을 주인이 객(客)을 간파(看破)한 것이라고 하는 것이다.

《해설》

　　* 차시고황지병 … (此是膏肓之病 …): 고황(膏肓)의 병이라는 말은 고치기 어려운 난치병이라는 뜻으로 치명적인 심병(心病)이라는 것이며 공병(空病)이나 선병(禪病)을 말한다. 잘못된 신앙(信仰)에 빠지면 벗어나기 어렵다는 것을 강조한 것으로 의왕(醫王, 부처)도 고칠 수 없다고 한 것을 객(客)이 주인을 간파(看破)한다고 한 것으로 즉 자신이 고치려고 하지 않고 자신의 고집을 끝까지 주장한다는 것이다. 공(空)을 바르게 알고 살아가기를 바라는 내용이고 이것의 판단을 올바르게 하기 위하여 사자(師資)간에 선문답으로 서로 제도(濟度)하는 것이다.

　　或有學人, 應一箇淸淨境, 出善知識前, 善知識辨得是境, 把得抛向坑裏.

　　學人言. 大好善知識.

　　卽云. 咄哉, 不識好惡.

　　學人便禮拜, 此喚作主看主.

或有學人, 披枷帶鎖, 出善知識前, 善知識更與安一重枷鎖.
學人歡喜, 彼此不辨, 呼爲客看客.
大德, 山僧如是所擧, 皆是辨魔揀異, 知其邪正.

《번역》

어느 사람이 수행자로서 일개성자의 청정한 경계를 가지고 와서 선지식의 앞에 내보이면 선지식이 이 경계를 분명히 체득하고는 그것을 구덩이에 묻어 제거하게 한다.

수행자가 말한다.

"아주 위대한 선지식입니다."

선지식께서 바로 말씀하신다.

"멍청한 놈 좋고 나쁜 것을 대상으로 알지마라."

수행자가 바로 예배를 하여 긍정하게 되면 이것을 주인이 주인을 간파하는 것이라고 하는 것이다.

어느 사람이 수행자로서 자신이 목에 칼을 쓰고 족쇄로 자신을 묶어 가지고 선지식 앞에 나타나 자신의 경계를 내보이면 선지식이 또 다시 칼(목에 거는 형틀)과 족쇄를 그에게 더 보태준다.

그러면 수행자는 이것이 속박인 줄도 모르고 환희(歡喜)하는데 이것을 선지식과 수행자가 분별하지 못하므로 객이 객을 간파하는 것이라고 하는 것이다.

대덕이시여, 산승(山僧)이 이와 같은 것들을 들어 설명한 것은 마장을 분별하고 이단을 가려내어 바르고 어긋난 것을 정확하게 깨달아 알게 하기 위한 것이다.

《해설》

　* 선지식과 수행자의 선문답에서 선지식이 수행자를 위하여 설명을 하여 주면 수행자가 어떻게 듣느냐에 따라 속박이 되기도 하고 해탈을 할 수도 있다는 것이다.

　그래서 우리들이 흔히 하는 말로 잘 들으면 약이 되고 잘못 들으면 병이 된다고 하는 것과 같은 말이다. 그래서 선지식의 능력을 탓하기 보다는 자신이 듣는 방법을 공(空)으로 하지 않으면 병(病)이 되기 쉽고 공(空)에 집착하면 공병(空病)이 되는 점을 잘 알아야 하는 것이다.

　* 개시변마간이 지기사정(皆是辨魔揀異, 知其邪正): 공(空)에 대한 안목(眼目)을 바르게 불법(佛法)에 맞게 가지면 정사(正邪)를 바르게 판단할 수 있다고 설하고 있다.

　道流, 寔情大難, 佛法幽玄, 解得可可地.
　山僧竟日, 與他說破, 學者總不在意.
　千遍萬遍, 脚底踏過, 黑沒焌地.
　無一箇形段, 歷歷孤明, 學人信不及, 便向名句上生解.
　年登半百, 秖管傍家, 負死屍行, 檐却檐子天下走, 索草鞋錢有日在.

《번역》

수행자들이시여, 중생심을 방치하면(寘情, 중생심으로 사는 것) 아주 위험하고 고통스러운 일이고, 불법(佛法)으로 살아가는 것은 진여의 지혜로 여시하게 생활하는 것이니, 이것을 정확하게 알고 체득하면 자신이 여시하게 생활하는(可可) 경지(불국토)에서 살게 되는 것이다.

산승(山僧)이 하루 종일 그대들에게 이것을 설파(說破, 수행자들이 알아듣도록 정확하게 말함, 수행자의 고정관념을 완전히 타파하는 것)하는데도 수행자들은 아무도 이것에는 전혀 마음을 두고 있지 않다.

그러니 그대들이 천번 만번 반복하여 발바닥으로 밟고 다니면서도 아무런 지혜가 없으니 이 경지를 알려고 하지 않는 것이다.

그러면서도 형상이 없는 성자의 지혜가 자신에게 분명히 있는데도 수행자들은 확신하지 못하고 명구(名句, 명칭이나 문자)에서 이해하여 알려고 하고 있다.

이와 같이 반백년이나 살았으면서도 오로지 방가(傍家, 자신의 외부에서 구하는 것, 향외치구)에서 구하려고 죽은 시체를 짊어지고 다니는 중생으로 살면서도 그 짐에 가마까지 메고 천하를 다니면서 불법(佛法)을 구하려고 하고 있으니 짚신 값을 갚아야할 날이 있게 되는 것이다.

★『天聖廣燈錄』卷11(『卍續藏』78, 472쪽. 상20.):「黑沒

178

宰地」

★『汾陽無德禪師語錄』卷3(『大正藏』47, 622쪽. 하16.):
「諸佛無法可說, 汾陽略宣一字, 不干紙墨文章. 豈效維摩焌地,
三乘未稱吾宗. 萬行亦非他意, 見性唯祇自心.」

《해설》

* 식정대난(寔情大難): 중생심으로 살면 고통스러운 일이라는
뜻이다. 이 말을 발심하는 것이나, 불법(佛法)의 대의를 체득하는
것, 진실한 마음을 내는 것, 대도(大道)의 경지는 어렵다고 번역하
는 경우도 한다.

* 흑몰준지(黑沒焌地): 매일 발로 밟고 다니면서 이 경지를 알려
고 하지 않는 것을 번뇌망념을 제거하고자 하는 자신의 지혜가
없다고 표현한 것이다. 즉 무의도인(無依道人)이 되려고 하는 마
음이 없다고 설하고 있는 것이다.

* 무일개형단 역력고명(無一箇形段, 歷歷孤明): 형상이 없는 지
혜가 분명하게 있다고 하는 것은 형상이 있어야 존재한다고 생각
하는 명구(名句)에서 벗어나야 시체를 짊어진 중생에서 짚신 값을
갚고 다시 살아난다고 설명하고 있다.

* 임제스님은 방가(傍家)에서 불법(佛法)을 구하는 사람을 사시
(死屍)라고 하였으며, 또 계율을 위반하여 승가에서 축출되어 사는
사람을 말하는 것이나 여기에서는 중생으로 살면서 무의도인(無依
道人)이 되기를 구하는 것은 보잘 것 없는 가마를 장식하여 최고라
고 하며 외부를 장식하여 무의도인(無依道人)이 되려고 하는 것을
경계하는 것이다.

11) 향외무법(向外無法)

大德, 山僧說向外無法, 學人不會, 便卽向裏作解, 便卽倚
壁坐, 舌拄上齶, 湛然不動, 取此為是祖門佛法也, 大錯.

是爾若取不動, 淸淨境為是, 爾卽認他, 無明為郞主.

古人云. 湛湛黑暗深坑, 寔可怖畏. 此之是也.

爾若認他動者是, 一切草木皆解動, 應可是道也.

所以, 動者是風大, 不動者是地大, 動與不動, 俱無自性.

爾若向動處捉他, 他向不動處立.

爾若向不動處捉他, 他向動處立.

譬如潛泉魚, 鼓波而自躍.

大德, 動與不動, 是二種境, 還是無依道人, 用動用不動.

《번역》

대덕들이시여, 산승(山僧)이 자신들의 외부에서 불법(佛法)
을 구할 필요가 없다고 말을 하면 수행자들은 이것을 깨닫지
못하고 바로 안에 있는 것으로 알고 해탈하고자 하여 면벽하며
좌선하여 찾으려고 혓바닥을 입천장에 붙이고 조용히 앉아서
움직이지 않는 이것을 조문(祖門, 祖師門中)의 불법(佛法)을
취하는 것이라고 여기고 있는데 이것은 아주 잘못된 것이다.

이것은 그대들이 움직이지 않는 청정한 경지를 불법(佛法)
의 깨달음이라고 생각하여 취하려고 하는 것이고 또 그대들

은 곧 부동(不動)을 청정한 경지라고 인정하는 것이 되어 무명(無明)을 자기의 주인으로 섬기는 것이 된다.

고인(古人)이 말씀하셨다.

"너무 맑고 깨끗한 불법(佛法)만 추구하며 지혜가 없는 구덩이에 빠져서 방치되어 있는 것이 가장 두려운 것이다."라고 하셨는데 이것을 두고 한 말이다.

그대들이 만약에 청정한 불법(佛法)의 경지가 움직이는 것이라고 인정하는 것이 이것이라면 모든 초목들도 모두 움직일 줄 아는 것이니 응당 초목도 도(道)가 있다고 하는 것이 옳을 것이다.

그러나 움직이는 것은 바람의 성질이고 움직이지 않는 것은 땅의 성질이지만 움직이는 것과 움직이지 않는 것도 모두 자성(自性)이 없는 것이다. ★ (무정물이다.)

그대들이 만약 움직이는 곳에서 불법(佛法)을 잡으려 하면 불법(佛法)은 움직이지 않는 곳에서 나타나는 것이다.

그대들이 만약 움직이지 않는 곳에서 불법(佛法)을 잡으려 하면 불법(佛法)은 움직이는 곳에서 나타나는 것이다.

비유하면 깊은 우물 속에서 잠자고 있던 물고기도 잡으려고 물결을 일으키면 자연히 요동치는 것과 같다.

★ (중생심은 대상경계를 만나면 발동한다.)

대덕들이시여, 움직이는 것과 움직이지 않는 것은 두 종류의 경계이므로 도리어 무의도인이 되어야 움직이는 것과 움직이지 않는 것을 사용할 줄 알게 되는 것이다.

《해설》

* 산승설향외무법 … 대착(山僧說向外無法, … 大錯): 자신의 외부에 불법(佛法)이 없다고 하면 알지 못하고 자신의 마음을 안에서 찾으려고 면벽하며 좌선하는 수행법의 문제를 지적하는 것이다. 자신의 안에 있다고 생각하여 헛바닥을 입천장에 붙이고 조용히 앉아서 마음이 움직이지 않아야 조문(祖門, 祖師門中)의 불법(佛法)이라고 알고 있는 것을 잘못이라고 지적하고 있는 것이다.

* 무명위낭주(無明為郎主): 움직이지 않는 허공을 전지전능한 깨달음으로 알고 청정한 맑은 물이 되어야 한다고 생각하면 무명(無明)을 주인으로 섬긴다고 설하고 있다. 이것은 묵조사선을 잘못알고 묵조선이라고 수행하는 수행자들을 비판하는 것이다.

* 환시무의도인 용동용불동(還是無依道人, 用動用不動): 중생심과 불심(佛心)으로 구분하면 중생심은 움직이는 것이고 불심(佛心)은 부동(不動)이므로 무의도인(無依道人)이 되어야 중생심과 불심(佛心)을 판단하여 사용할 줄 아는 것이다.

如諸方學人來, 山僧此間, 作三種根器斷.
如中下根器來, 我便奪其境, 而不除其法.
或中上根器來, 我便境法俱奪.

如上上根器來, 我便境法人俱不奪.

如有出格見解人來, 山僧此間, 便全體作用, 不歷根器.

大德, 到這裏, 學人著力處, 不通風, 石火電光, 即過了也.

學人若眼定動, 即沒交涉, 擬心即差, 動念即乖, 有人解者, 不離目前.

大德, 爾擔鉢囊屎擔子, 傍家走求佛求法, 即今與麼馳求底, 爾還識渠麼.

活撥撥地, 祇是勿根株, 擁不聚 撥不散, 求著即轉遠, 不求還在目前, 靈音屬耳.

若人不信, 徒勞百年.

《번역》

만약 제방에서 수행자들이 산승(山僧)의 수행법을 배우기 위하여 와서 참학(參學)하며 물으면 산승은 세 종류의 근기(根器)로 구분하여 제도(濟度)한다.

만약 중하(中下)근기의 수행자들이 와서 참학(參學)하며 물으면 나는 바로 그들의 경계를 빼앗고 그의 법(法)은 제거하지 않는다.

만약 중상(中上)근기의 수행자들이 와서 참학(參學)하며 물으면 나는 바로 그들의 경계와 법(法)을 모두 빼앗는다.

만약 상상(上上)근기의 수행자들이 참학(參學)하며 물으면 나는 바로 경계와 법(法) 그리고 사람을 모두 빼앗지 않는다.

만약 격외(格外)의 견해를 가진 무의도인(無依道人)이 오면 산승의 이곳에서 바로 전체로 작용(作用)하고 근기(根器)로 구분하여 제접(提接)하지 않는다.

대덕이시여, 이와 같은 경지에 도달하게 되면 수행자들이 힘을 다하기만 하면 그곳에는 망념의 바람이 통하지 않게 되어 석화(石火)나 전광(電光)으로 바로 무의도인(無依道人)의 불법(佛法)을 요달하게 된다.

수행자들이 만약 눈동자만 움직여도 바로 어긋나게 되는데 무엇을 하려는 마음을 내면 바로 더 어긋나게 되는 것이고, 망념이 일어나면 바로 아주 틀리게 되는 이것을 깨달아 알아야 자신의 눈앞에서 무의도인(無依道人)이 떠나지 않고 살아 있다는 것을 자각하게 되는 것이다.

대덕들이시여, 그대들이 발우와 사시(死屍)의 육신을 짊어지고 방가(傍家)에서 부처를 구하고 불법(佛法)을 구하려고 다니는데 지금 구하려고 하는 본심(本心)의 그가 그대들이 알고자 하는 무의도인(無依道人)이라는 사실을 깨달아 알아야 하는 것이다.

활발발한 경지에(活潑潑地) 살지만 지혜는 그 어디에도 뿌리와 줄기의 흔적도 없으니 끌어 모아도 모을 수 없고, 없애려 해도 버릴 수가 없고, 구(求)하려고 집착하면 더 멀어지고, 구(求)하려고 하지 않으면 도리어 눈앞에서 자유자재하게 살게 되니 모든 것이 신령스러운 소리로 들리게 된다.

★ (무의도인으로 몰종적의 생활을 하면 오방내외의 모든 것들이 신령한 말씀으로 들리게 되는 것이다.)

만약 사람들이 이것을 알지 못하고 산다면 한 평생을 헛되이 보내는 것이 된다.

《해설》

* 학인약안정동 … 동념즉괴(學人若眼定動 … 動念即乖): 눈동자만 움직여도 어긋나고 무엇을 하려는 마음을 내어도 어긋나는 것은 미세한 번뇌망념을 자신이 자각하여야 하는 것이고, 또 망념이 일어나면 바로 아주 어긋나는 것도 자신이 정념으로 자각하여야 자신이 무의도인(無依道人)으로 살아가게 되는 것이라고 하는 것이다.

* 활발발지(活撥撥地): 진여의 지혜로 모두가 활발한 경지에 살지만 자신이 진여의 지혜라는 사실을 알지 못하므로 중생으로 살게 된다는 것이다.

* 약인불신 도로백년(若人不信, 徒勞百年): 자신이 진여의 지혜를 알지 못하고 살아가면 일생을 헛되이 살아간다는 것은 자신이 자신의 인생을 살아가지 못한다고 하는 것이다.

道流, 一刹那間, 便入華藏世界, 入毘盧遮那國土, 入解脫國土, 入神通國土, 入淸淨國土, 入法界, 入穢入淨, 入凡入聖, 入餓鬼畜生, 處處討覓尋皆, 不見有生有死, 唯有空名.

幻化空花, 不勞把捉, 得失是非, 一時放却.

《번역》

　수행자들이시여, 한 찰나 간에 자신이 진정견해를 체득하여 무의도인(無依道人)으로 살게 되면 바로 연화장세계에 들어가도 무의도인이 되어 바른 견해로 깨달아 살게 되고,

　비로자나불국토에 들어가도 무의도인이 되어 바른 견해로 깨달아 살게 되고,

　해탈의 국토에 들어가도 무의도인이 되어 바른 견해로 깨달아 살게 되고,

　신통묘용을 나투는 국토에 들어가도 무의도인이 되어 바른 견해로 깨달아 살게 되고,

　청정한 국토에 들어가도 무의도인이 되어 바른 견해로 깨달아 살게 되고,

　자신의 법계에서 무의도인이 되니 어디에서나 바른 견해로 깨달아 살게 되고,

　예토에 들어가도 무의도인이 되어 바른 견해로 깨달아 살게 되고,

　정토에 들어가도 무의도인이 되어 바른 견해로 깨달아 살게 되고,

　범부의 세계에 들어가도 무의도인이 되어 바른 견해로 깨달아 살게 되고,

　성자의 세계에 들어가도 무의도인이 되어 바른 견해로 깨달아 살게 되고,

아귀나 축생의 세계에 들어가도 무의도인이 되어 바른 견해로 깨달아 살게 되므로 이곳의 어디에 아무리 조사하여 찾아도 망념이 생기고 사라지는 것을 찾아 볼 수 없고 오로지 청정한 이름만 있게 되는 것이다.

환화(幻化)와 공화(空花)라는 실상이 아닌 것을 잡으려고 노력하지 말고 득실(得失)과 시비(是非)하는 마음을 모두 버리는 것이 오히려 진정견해(眞正見解)를 요달하는 것이다.

《해설》

＊부처, 불국토, 해탈, 신통묘용, 범부, 성자, 예토 등등 명칭이나 번뇌망념을 자성이 있다고 보면 안 된다고 하는 것이다.

12) 임제의 불법(佛法)이 정통이다

道流, 山僧佛法, 的的相承, 從麻谷和尚, 丹霞和尚, 道一和尚, 廬山拽石頭和尚(廬山踏石頭, 廬山和尚, 石鞏和尚)[8], 一路行遍天下, 無人信得, 盡皆起謗.

如道一和尚, 用處純一無雜, 學人三百五百, 盡皆不見他意.

如廬山和尚, 自在真正, 順逆用處, 學人不測涯際, 悉皆忙然.

如丹霞和尚, 翫珠隱顯, 學人來者, 皆悉被罵.

如麻谷, 用處苦如黃蘗, 近皆不得.

如石鞏, 用處向箭頭上覓人, 來者皆懼.

★ ( )은 천성광등록과 오가어록(임제장)

《번역》

수행자들이시여, 산승(山僧, 임제, ?-866)의 불법(佛法)은 정확하게 계승한 불법(佛法, 禪法)으로 마곡화상, 단하화상(738-823), 도일화상(709-788), 여산화상(여산예석화상), 석공화상등과같이 동등한 불법(佛法, 禪法)을 천하에 펼친 것인데 사람들이 이것을 확신(確信)하지 않고 모두 비방(誹謗)을 하고 있는 것이다.

즉 도일화상의 경우에는 불법(佛法)의 활용(用處)은 순일(純一)하여 난잡함이 없는 것이었지만 300명에서 500명이나

---

8)『法演禪師語錄』卷2(『大正藏』47, 662쪽. 상22.):「歸宗拽石」

되는 수행자들 중에서도 마조화상의 불법(佛法)을 정확하게 모두 깨닫지는 못했던 것이다.

즉 여산화상의 경우에는 불법(佛法)을 진정견해로 자유자재하게 어디에서나 실천하며 살았으나 수행자들이 여산화상 불법(佛法)의 한계를 측량도 하지 못하고 모두가 망연자실(茫然自失)할 뿐이었다.

즉 단하화상의 경우에는 마니보주를 손안에 쥐고 은현(隱顯, 감추고 나타냄)을 자유자재로 하면서 수행자들이 오면 모두를 꾸짖으며 제도(濟度)하였다.

즉 마곡화상의 경우에는 불법(佛法)의 활용(用處)을 황벽나무의 껍질과 같이 쓰게 제도(濟度)하여서 수행자들이 모두 가까이에 있으면서도 쉽게 얻을 수 없었다.

즉 석공화상의 경우에는 불법(佛法)의 활용(用處)을 화살로 수행자들을 겨누면서 무의도인(無依道人)을 찾고 있었기 때문에 오는 수행자들이 모두 두려워했던 것이다.

《해설》

　* 산승불법 적적상승(山僧佛法, 的的相承): 임제스님 자신이 불법(佛法)을 정통으로 계승하였다고 하는 것인데 임제스님의 시대에도 자신을 알아주지 않았다는 것을 말하는 것이고 또 이 책을 제작할 시기에도 임제스님에 대하여 많이 알려지지 않았다는 사실을 말하고 있는 대목이다. 즉 마곡, 단하, 도일, 여산, 석공의 선풍을 들고 수행자들을 제도하는 방편을 비유로 들면서 임제스님의

불법(佛法)이 불법(佛法)의 정통을 계승하였다고 편집자들이 주장하고 있는 것이다.

  * **완주은현(翫珠隱顯)**: 단하화상의 선풍은 마니보주를 손안에 쥐고 자유자재로 활용하는 것이고 수행자들을 제도하는 방법은 수행자들의 잘못을 직접 바로 꾸짖으며 제도(濟度)하기 때문에 이해하지 못하고 단하화상에게 허물이 있는 것으로 알았다는 것이다. 여기에 기록된 선사들의 선풍을 임제스님이 모두 사용하였다는 것을 나타내는 것으로 예를 들면 무위진인(無位眞人)을 건시궐(乾屎橛, 똥딱지)이라고 한 것은 무위진인(無位眞人)이라는 명구(名句)에서 벗어나기를 바라는 간절한 마음인데 잘못 이해할 것을 걱정하여 선사들의 선풍을 첨가한 것으로 생각할 수 있다.

  * **전두상멱인(箭頭上覓人)**: 석공화상이 수행자들을 제도하는 방법이 화살로 사람을 겨냥하여 쏘려고 하는 것과 같은 것이기에 수행자들이 두려워하는 것이라는 말이다. 즉 불법(佛法)의 활용(用處)이라는 것은 불법(佛法)에 맞게 제도한다는 것이고 무의도인(無依道人)을 찾는다는 것은 수행자를 무의도인(無依道人)으로 만들겠다는 의지인데 수행자들이 이것을 두려워했다는 것이 된다.

如山僧, 今日用處, 眞正成壞, 翫弄神變, 入一切境, 隨處無事, 境不能換.

但有來求者, 我即便出看渠, 渠不識我, 我便著數般衣, 學人生解, 一向入我言句, 苦哉.

瞎禿子無眼人, 把我著底衣, 認靑黃赤白.

我脫却 入淸淨境中, 學人一見, 便生忻欲.

我又脫却, 學人失心, 忙然狂走, 言我無衣.

我即向渠道, 爾識我著衣底人否, 忽爾回頭, 認我了也.

《번역》

만약 산승(山僧)이 지금 진여의 지혜로 불법(佛法)을 활용하여 진정견해로 성주괴공(成住壞空)하는 것을 알고 마음대로 중생을 교화하기 때문에 일체의 경계(境界)에 들어가더라도 어디에서나 진여지혜로 살아갈 수 있으므로 일체의 경계가 나를 바꿀 수 없게 되는 것이다.

단지 찾아와서 불법(佛法)을 구하는 사람이 있으면 나는 곧바로 나가서 그의 무의도인을 만나지만 그(수행자)는 산승(山僧)을 대상으로 알고 있으니 산승(山僧)이 바로 몇 가지의 반야의 옷을 바꿔 입으면 수행자들은 이것에 따라 알음알이를 내고 모두가 나의 언구(言句)에서 찾고 있으니 괴로운 일인 것이다.

어리석은 수행자들은 불법(佛法)의 안목(眼目)이 없어 내가 입은 옷에만 집착하여 청황적백(靑黃赤白)이 무의도인(無依道人)인 줄로 안다.

내가 이런 방편의 옷을 벗고 청정한 경지에서 모두가 법신(法身)이라고 설하면 수행자들은 한 번 보고는 바로 기쁜 마음으로 수행하고자 한다.

그러나 내가 또 그 방편의 옷까지도 벗고 설법하면 수행자들은 실망하여 정신을 차리지 못하고 미친 듯이 돌아다니면 서 나에게 아무 옷도 없다고 말한다.

나는 바로 수행자들의 무의도인에게 그대들은 내가 방편으로 입고 있는 무의도인을 알겠는가라고 말할 때에 그대들이 홀연히 머리를 돌려서 자각하면 자기 자신을 요달할 수 있는 것이다.

★ (임제의 방편을 요달하면 무의도인이라는 사실을 깨닫게 되는 것)

《해설》

* **수처무사 경불능환(隨處無事, 境不能換)**: 어디에서나 무사(無事)하다는 것은 번뇌망념의 일이 없는 것이므로 어디에서나 진여지혜로 살아갈 수 있는 능력이 있기 때문에 일체의 대상경계를 만나더라도 자신이 경혹(境惑)을 받지 않게 된다고 하는 것이다.

* **아즉변출간거 거불식아(我即便出看渠, 渠不識我)**: 임제스님은 수행자들을 무의도인(無依道人)으로 제접(提接)하지만 수행자들은 임제스님을 대상으로 알고는 임제스님의 언구(言句)에서 찾으려고 하니 자신들이 무의도인(無依道人)이 되지 못하는 것을 임제스님은 안타까워하고 있는 것이다.

* 선지식이 교화의 방편으로 설하는 것을 수행자들은 착각하여 취하여 가질 무엇이 있어야 선지식이라고 하고 아무것도 없으면 신앙의 선지식이 아니라고 말하는 것이다. 이것은 오히려 자신에게 아무 말도 하여주지 않는 것을 고마워하는 경지가 되지 않고서는 모르는 것이다.

大德, 爾莫認衣, 衣不能動, 人能著衣.

有箇清淨衣, 有箇無生衣, 菩提衣, 涅槃衣, 有祖衣, 有佛衣.

大德, 但有聲名文句, 皆悉是衣變, 從臍輪氣海中鼓激, 牙齒敲磕成其句義, 明知是幻化.

大德, 外發聲語業, 內表心所法, 以思有念, 皆悉是衣.

爾祗麽認他著底衣爲寔解, 縱經塵劫, 祗是衣通, 三界循還, 輪回生死.

不如無事, 相逢不相識, 共語不知名.

《번역》

대덕이시여, 그대들이 무의도인(無依道人)이 입고 있는 방편의 옷을 무의도인(無依道人)이라고 인정한다면 옷이 설법을 해야 하는 것이지만 옷은 설법을 할 수 없고 옷은 사람이 입는 것일 뿐이다.

그러므로 어느 수행자가 무의도인(無依道人)이 되어야 청정이라는 옷을 입을 수 있는 것이고, 어느 수행자가 무의도인(無依道人)이 되어 무생(無生)이라는 옷을 입고, 보리라는 옷을 입고, 열반이라는 옷을 입고, 중생을 제도(濟度)하기도 하며, 조사(祖師)라는 옷이나 부처라는 옷을 입고 중생을 제도(濟度)하기도 한다.

대덕이시여, 단지 음성으로 말하는 모든 명칭과 문구들을 모두 의변(衣變)이라고 하는 것인데 이와 같은 것들은 배꼽주

위의 기해(氣海)에서 시작하여 올라온 것을 입으로 소리를 내어 만들어지는 언구를 말하는 것이지 실체가 있는 것이 아니며 이것이 분명히 환화(幻化)라는 것을 알아야 하는 것이다.

대덕이시여, 외부로 음성으로 언어문자를 무엇이라고 표현하는 것은 사람들끼리 정하여 놓은 약속에 의한 업(業)인 것이고, 안으로는 심왕(心王)에 의한 심소법의 표현(表現)을 언어문자로 나타내는 것인데 유념(有念, 실상을 대상으로 관하는 수행, 무념은 진여본성으로 관하는 것)으로 생각하기 때문에 모두 차별 분별하여 존재하는 옷을 실제로 무의도인(無依道人)이라고 생각하는 것이다.

★ (모두가 의변(衣變)인 것이다.)

그대들이 단지 그들이 입는 옷에 집착하면 무의도인(無依道人)이 입은 옷을 무의도인(無依道人)이라고 인정하게 되고, 옷을 깨달음이라고 알고 살아가게 되며, 경전을 제멋대로 이해하는 것이 되므로, 아무리 오랜 세월을 공부하고 수행하더라도 단지 의통(衣通)만 알게 되어, 삼계에서 망념(妄念)의 생사(生死)로 윤회(輪廻)하게 되는 것이다.

그러므로 망념(妄念) 없이 진여의 지혜로 생활하지 않으면 무의도인(無依道人)을 상봉(相逢)하여도 서로 알아보지 못하고 무의도인(無依道人)으로서 말을 하면서도 자신의 이름도 알지 못하게 되는 것이다.

《해설》

* 개실시의변(皆悉是衣變): 조사, 부처, 청정, 보리, 열반, 깨달음, 명칭이나 문구 등등은 모두 의변(衣變)이고 환화(幻化)인데 이것을 무의도인(無依道人)이라고 생각하면 삼계(三界)를 벗어날 수 없는 것이다.

* 불여무사 … 공어부지명(不如無事 … 共語不知名): 중생심으로 살아가면 무의도인(無依道人)을 만나도 알지 못하게 되니 자신이 무의도인(無依道人)이라는 사실을 아는 것은 더더욱 불가능한 것이다. 그러므로 자신의 이름을 대상으로 알고 살아가는 수행자로 살지 말고 무의도인(無依道人)으로 살아가라고 하는 것이다.

진여본성(眞如本性)

13) 무의도인은 살아 있는 부처

今時學人不得, 蓋爲認名字爲解, 大策子上, 抄死老漢語,
三重五重複子裏, 不教人見, 道是玄旨, 以爲保重, 大錯.

瞎屢生, 爾向枯骨上, 覓什麼汁, 有一般不識好惡. 向教中取,
意度商量, 成於句義, 如把屎塊子, 向口裏含了, 吐過與別人.

猶如俗人, 打傳口令相似, 一生虛過也, 道我出家.

被他問著佛法, 便即杜口無詞, 眼似漆突, 口如楄檐.

如此之類, 逢彌勒出世, 移置他方世界, 寄地獄受苦.

《번역》

현재의 수행자들은 진정견해를 체득하여 무의도인(無依道
人)으로 살려고 하지 않고, 명칭이나 언어문자로 깨닫고 이해
하여야 무의도인(無依道人)이 되는 것이라고 생각하여 커다
란 책에 죽은 노사(老師)의 말씀을 베끼고 해설하여 세 겹이
나 다섯 겹으로 보자기에 싸서 보관하고는 사람들에게 보여
주어 가르치려고도 하지 않고, 도(道)를 현지(玄旨, 심오한
뜻, 佛法의 도리)라고 알고 귀중하게 보관해야 된다고 생각하
는데 이것은 아주 잘못된 것이다.

어리석은 수행자들이여 그대들이 말라빠진 뼈와 같은 것에
서 찾는 것은 남이 만들어 놓은 것인데 그곳에서 무엇을 찾으
려고 하니 일반적으로 좋고 나쁜 것을 알지 못하는 수행자가

되는 것이다.

　그러므로 이들은 경전에 있는 어려운 글귀를 인용하여 자기의 것으로 만들지도 못하고 사량분별하여 자기 나름대로 경전을 해석하고 마치 자기만 아는 아주 중요한 것이라고 생각하고 자기 나름대로 요달하여서 다른 사람들에게 설명하여 주는 것과 같은 것이다.

　비유하면 세속의 사람들이 서로 입에서 입으로 서로 이상한 말을 전하면서 즐기는 것(傳口令)과 같은 것인데 이와 같이 공부하며 자기의 일생을 헛되이 보내면서도 수행자들이 나는 출가한 사람이라고 말하고 있다.

　그러나 다른 사람이 불법(佛法)에 대하여 물으면 바로 입이 닫혀서 말로 설명을 하지 못하여 안목(眼目)은 갑자기 칠흑처럼 되는 것이고, 입은 각목으로 장식한 것과 같게 되어 말을 하지 못하게 된다.

　이와 같은 사람들은 미륵불이 출세(出世)하게 된다고 하더라도 다른 방향으로 공부하는 세계에 살게 되어 지옥의 고통을 받게 되는 것이다.

《해설》

　* 금시학인부득　개위인명자위해(今時學人不得,　蓋爲認名字爲解): 수행자들이 자신을 깨닫지 못하는 이유가 언어문자나 명칭에 집착하여 그것을 기억하여야 한다는 생각을 가지고 있기 때문이라

고 설하시는 것이다. 자신만이 아는 지식을 보관하기 위하여 기록하고 설명하여 소수에게 전수하려고 하는 장인을 도(道)라고 생각하고는 일상생활에서 사용하지 못하는 어리석은 수행자가 되어서는 안 된다. 언어문자나 명칭은 잊어버리는 것인데 도(道)라고 착각한다면 일생을 헛되이 보내게 되는 것이다. 즉 일생을 자신이 무의도인이 되려고 하지 않으면서 학문만 한다고 어려운 말(언어)만 배워서 가르치고 하면서 세월만 보내는 사람들을 어리석다고 하고 있는 것이다. 지옥은 자신이 수행하지 못하는 것을 말하는 것이다.

　＊ 안사칠돌 구여편첨(眼似漆突, 口如楄檐): 자신이 무의도인(無依道人)이 되려고 하지 않고 언어문자로 기억하여야 무의도인(無依道人)이 된다고 생각하였기 때문에 갑자기 불법(佛法)에 대하여 물으면 말로 설명을 하지 못하는 것은 자신의 기억으로 말을 하여야 하는데 생각이 나지 않으면 눈앞이 칠흑처럼 되어 입으로 말을 하지 못하게 된다고 설하시고 있다. 또 불법(佛法)을 언어문자로 기억하여 입으로 설명하는 것이라고 하면서 기억을 잘하여 말을 잘하는 사람을 무의도인(無依道人)이라고 착각하여서도 안 되는 것이다.

　大德, 爾波波地往諸方, 覓什麼物, 踏爾脚板闊, 無佛可求, 無道可成, 無法可得.

　外求有相佛, 與汝不相似, 欲識汝本心, 非合亦非離.

　道流, 眞佛無形, 眞道無體, 眞法無相, 三法混融, 和合一處, 辨旣不得,9) 喚作忙忙, 業識衆生.

---

9)『聯燈會要』卷9(『卍續藏』79, 88쪽. 상3.):「旣辨不得」

《번역》

　대덕이시여, 그대들이 사량분별하며 바쁘게 세월을 보내면
서 제방(諸方)에 가서 무엇을 찾으려고 하며 발바닥이 나무판
과 같이 딱딱하게 되도록 다녀도 부처는 밖에서 구하는 것이
아니고, 도(道)는 역시 성취하여 이룩하는 것이 아니고, 법
(法)도 얻어서 자기의 것이 되는 것이 없다는 것을 확실히 알
아야 하는 것이다.

　밖에서 부처를 대상으로 구한다면 그대들이 좋아하며 구하
는 모습과는 전혀 다른 것이고, 그대들이 본심으로 사는 부처
가 되고자 하면 마음을 부처와 똑같이 해도 안 되고 부처를
벗어나도 안 되는 것이다.

　수행자들이시여, 진불(眞佛, 진정한 부처)은 고정된 모습
의 형상이 있는 것이 아니고, 진도(眞道, 진정한 道)는 실체가
없이 몰종적으로 살아야 하는 것이고, 진법(眞法, 진정한 자
신의 佛法)은 일체의 상(相)을 차별분별하지 않고 청정하게
살아가야 하는 것이므로, 이 세 가지가 서로 섞여서 융화되어
하나로 화합하여야 무의도인(無依道人)으로 살아가는 것인데
아직까지 이것을 판단하여 깨닫지 못하였다면 망망(忙忙, 아
주 바쁘게)하게 업식중생(業識眾生, 망념으로 계속 윤회하면
서 살아가는 사람)으로 살게 되는 것이다.

《해설》

* 무불가구 무도가성 무법가득(無佛可求, 無道可成, 無法可得): 부처나 도(道), 법(法)이 자신의 심법(心法)이라는 사실을 알지 못하는 수행자들에게 바른 수행을 하게 하려고 간절하게 설명하시는 내용이다.

* 외구유상불 … 비합역비리(外求有相佛 … 非合亦非離): 밖에서 부처를 자신이 좋아하는 형상의 부처가 되려고 구한다면 부처는 형상으로 구할 수 없다고 하는 것이기에 자신의 생각과는 전혀 다른 것이 되는 것이다. 모습이 잘나고 못났다고 부처가 될 수 없는 것이 아니고 모습과는 아무 상관이 없다는 것이므로 남녀노소나 귀천이 없이 모두가 평등한 부처라고 하는 것이다. 본심으로 사는 부처가 되고자 하면 마음을 부처와 똑같이 해도 안 된다고 하는 것은 자신의 부처로 살아가야 한다고 하는 것이고, 부처를 벗어나도 안 된다고 하는 것은 불법(佛法)에 어긋나게 생활하면 더더욱 안 된다고 하는 것이다.

* 삼법혼융 화합일처(三法混融, 和合一處): 부처(佛), 도(道), 법(法)이 혼융(混融)되어 화합하여 사용되어야 한다고 설하시고 있다. 만약에 이것이 혼융(混融)되어 화합하지 않는다면 절름발이가 되어 업식중생이 되는 것이다. 만약에 부처를 고정된 형상으로 구하면 평등하지 않게 되는 것이고, 도(道)를 본체가 있고 흔적을 남겨야 한다고 한다면 현대와 같은 불평등 빈부나 상하등의 차별이 생기게 될 것이고, 법(法)을 외부의 법이라고 한다면 질투와 시기등의 투쟁이나 전쟁으로 승부를 내려고 할 것이므로 하나라도 부족하거나 모자라면 업식중생으로 살아가게 된다고 하는 것이다.

14) 불법도(佛法道)를 설하다

問. 如何是 真佛真法真道, 乞垂開示.

師云. 佛者, 心清淨是, 法者, 心光明是, 道者, 處處無礙淨光是. 三卽一, 皆是空名, 而無寔有. 如真正學道人, 念念心不間斷.

自達磨大師, 從西土來, 祇是覓箇, 不受人惑底人.

後遇二祖, 一言便了, 始知從前, 虛用功夫.

山僧今日見處, 與祖佛不別, 若第一句中得, 與祖佛為師, 若第二句中得, 與人天為師, 若第三句中得, 自救不了.

《번역》

물었다.

"어떻게 하면 진정한 부처, 진정한 법, 진정한 도(道)로 살아가는 것인지 깨닫게 하여 주시기 바랍니다."

임제선사께서 대답하셨다.

"부처는 마음이 청정한 것이 부처이고, 법(法)은 자신의 마음이 불심(佛心)의 지혜라는 사실을 분명하게 아는 것이 자신의 법(法)이고, 도(道)는 어디에서나 청정한 지혜로 살아가는 것이므로 자신이 망념으로 장애받는 일이 없는 것을 도(道)라고 하는 것이다.

그러므로 이 셋을 혼용하여야 일개성자인 무의도인(無依道

人)으로 살아가는 것이고, 불법도(佛法道)라고 하는 것은 모두 청정한 명칭에 불과하며 실체로 존재하는 것은 없는 것이다.

당연히 진정한 수행자라면 이것이 항상 끊어짐이 없게 살아야 하는 것이다. 달마대사가 서쪽에서 온 이래로 단지 이와 같이 일개성자로 살아가면서 인혹(人惑)을 받지 않는 무의도인(無依道人)을 찾았던 것이다.

이후에 2조(二祖, 혜가)가 찾아와서 달마의 말씀에 바로 계합하여 요달하고는 비로소 말하기를 종전(從前)까지는 공부를 헛되이 했다는 것을 알았다고 했다.

산승(山僧)이 금일(今日) 알고 있는 견해(見解)도 조사(祖師)나 부처와 전혀 다르지 않은데 만약 제 일구(一句)에서 정확하게 깨달아 체득하면 조사나 부처의 스승이 되고, 만약 제 이구(二句)에서 정확하게 깨달아 체득하면 인간과 천상의 스승이 되고, 만약 제 삼구(三句)에서 정확하게 깨달아 체득하면 자신은 구제할지라도 불법(佛法)의 대의(大意)를 요달하지는 못할 것이다."

《해설》

* 불자 ... 법자 ... 도자 ... (佛者, ..., 法者, ..., 道者, ...): 앞단에서 부처는 형상이 없다고 했는데 다시 부처는 마음이 청정해야 한다고 하는 것은 어디에서나 누구나 불법(佛法)에 맞는 청정한 마음으로 살아가는 사람을 부처라고 하는 것이다.

법(法)은 차별분별하지 않는 자신의 법(法)을 불심(佛心)의 지혜로 분명하게 아는 것이다. 도(道)는 몰종적의 지혜로 청정하게 살아가므로 자신이 망념(妄念)으로 장애 받는 일이 없게 되는 것이다. 이 셋을 혼용하여 살아가야 무의도인(無依道人)이지만 이 사람의 고정된 실체는 존재하지 않는다는 것을 잘 알고 누구나 무의도인(無依道人)으로 살아가야 하는 것이다.

* 불수인혹저인(不受人惑底人): 달마대사를 여기에 편입시킨 것도 편집자들이 정통성을 강조하기 위하여 첨가한 것으로 보인다. 그리고 달마대사께서도 불법도(佛法道)를 실천하는 무의도인(無依道人)을 찾았다고 하는 것을 첨가하여 임제스님의 불법(佛法)과 달마의 불법(佛法)이 같다는 사실을 확신시키려고 편집한 것으로 생각된다.

* 약제일구중득 ... 자구불료(若第一句中得, ... 自救不了): 이 내용은 모두가 잘 아는 내용인데 일구(一句)에서 깨달으면 조불(祖佛)의 스승이 되는데 방법은 앞에 설명하였던 내용으로 다시 보면 "삼요(三要, 佛法道, 印空印水印泥)의 법인(法印)을 찍으면 빨간 인주(印朱)로 인하여 숨은 글자가 나타나는 것이지만 주와 객으로 나누어 사량분별하려고 하는 것을 용납하지 않는 것이다."라고 한 것처럼 언어문자를 초월하여 항상 진여의 지혜로 몰종적의 생활을 해야 한다는 것이다. 그리고 제 이구(二句)에서 깨달으면 인간과 천상의 스승이 되는 것을 앞단에서는 "진여의 지혜로 생활하면 무착의 질문도 용납할 수 없지만 방편(漚和)의 지혜로 절류기(극복하는 지혜, 수행자)를 거부하지 않는 것을 말하는 것이다."라고 한 것은 공적으로는 바늘 끝도 용납할 수 없지만 사적으로는 수레로 통과한다고 했듯이 자비(慈悲)라는 방편으로 초월하여 생활하는 것을 인천의 스승이 된다고 한 것으로 생각된다. 제 삼구(三句)에서 깨달으면 자신은 구제할지라도 불법(佛法)의 대의를 요달하지는 못한다고 한 것을 "무대에서 꼭두각시가 노는 것을 보고는 이것

을 조종하는 사람이 안에 있다는 것을 잘 살펴봐야 하는 것을 말하는 것이다."라고 한 것은 자신의 자성(自性)이 불성(佛性)이라는 사실을 자각하면 자신을 구제한다고 하는 것이다. 그러나 불법(佛法)의 대의를 요달하지 못한다고 하는 것은 자신의 마음만 관하는 수행법에서 벗어나지 못한 소승수행자들을 제도(濟度)하기 위한 방편으로 설한 것이라고 생각된다. 보통은 삼구(三句)에서 깨달으면 자구불요(自救不了)를 자신도 구제하지 못한다고 번역하는데 자신을 자각하여 자신도 깨닫지 못한다고 하여 더욱더 미궁에 빠지게 하는 것 같아서 소승불교와 대승불교를 비유하여 번역하였다.

問. 如何是西來意.

師云. 若有意, 自救不了.

云. 既無意, 云何二祖得法.

師云. 得者是不得.

云. 既若不得, 云何是不得底意.

師云. 為爾向一切處, 馳求心不能歇, 所以祖師言. "咄哉丈夫, 將頭覓頭."

儞言下便自, 回光返照, 更不別求, 知身心與祖佛不別, 當下無事, 方名得法.

《번역》

물었다.

"달마께서 서쪽에서 이곳에 오신 구경의 뜻은 무엇입니까?"

임제선사께서 대답하셨다.

"만약 무슨 뜻을 가지고 왔다면 자신은 구제하였을 지라도 불법(佛法)대의를 요달하지는 못한 것이 된다."

물었다.

"만약에 이미 뜻이 없었다면 이조(二祖)는 어떻게 법을 체득할 수 있었습니까?"

임제선사께서 대답하셨다.

"체득했다는 것은 얻을 수는 없다는 것이다."

물었다.

"이미 만약에 얻을 수 없다고 하면 무엇을 얻을 수 없다고 하는 근본적인 뜻은 무엇입니까?"

임제선사께서 대답하셨다.

"그대가 어디에서나 구(求)하려는 마음을 쉴 수 없기 때문에 조사께서 말씀하시기를, '어리석은 대장부야 자신의 머리를 가지고도 자신의 머리를 다른 데서 찾으려고 하고 있다.'라고 말씀하셨다.

그대들이 이 말을 듣고 바로 자신이 회광반조(回光返照, 진여의 지혜로 자각)하기만 하면 다시는 밖에서 다른 법을 구하지 않게 되어 자기의 신심(身心)이 조사(祖師)나 부처와 다르지 않다는 것을 깨닫게 되니 지금 당장 진여의 지혜로 생활하게 되므로(無事) 비로소 불법(佛法)의 대의(大意)를 체득하였다고 말하는 것이다."

《해설》

　*돌재장부 장두멱두(咄哉丈夫, 將頭覓頭): 대장부가 무엇 때문에 구하려는 마음을 쉬지 못하고 졸장부로 살아가는가? 라고 꾸짖는 것이다. 달마가 서쪽에서 오신 뜻을 불법(佛法)을 전수하기 위하여 온 것이라고 하여 불법(佛法)의 궁극적인 대의가 무엇인가를 묻고자 하는 의도가 있는데 이것은 달마의 부처를 자신의 부처로 착각한 것이므로 대장부가 자신의 머리에 또 다른 달마의 머리를 얹으려고 하는가 하고 꾸짖으며 제도하는 방편이다. 이것을 착각하여 특별한 의지가 있다고 하여 파악하려고 한다면 무수한 세월을 보내야 하기에 시간을 낭비하지 말라고 하는 것이다.

　*회광반조(回光返照): 빛의 근원을 찾으라고 하는 것은 자신이 진여의 지혜로 자각하는 것을 회광반조한다고 하는 것이고 자신이 회광반조하면 조불(祖佛)과 조금도 다르지 않다고 하는 것이다.

회광반조(回光返照)

15) 대승과 소승의 차이점

大德, 山僧今時, 事不獲已, 話度說出許多不才淨, 爾且莫錯.
據我見處, 寔無許多般道理, 要用便用, 不用便休.

秪如諸方說六度萬行, 以爲佛法, 我道是莊嚴門, 佛事門,
非是佛法.

乃至持齋持戒, 擎油不潤, 道眼不明, 盡須抵債, 索飯錢有
日在.

何故如此, 入道不通理, 復身還信施. 長者八十一, 其樹不
生耳.

《번역》

대덕들이시여, 산승(山僧)이 지금 할 수 없이 여러분들에게
말을 많이 하여 설명을 하는 것은 나의 재능(才能)이 청정하
지 않아서가 아니니 그대들은 착각하지 말아야 한다.

나의 견해에 의지하여 수행하면 불법(佛法)은 실제로 복잡
한 도리(道理)가 있는 것이 아니고 무의도인(無依道人)으로
살면서 진여의 지혜로 살고 싶으면 바로 진여의 지혜로 살면
되고 지혜를 사용하지 않으면 바로 쉬면되는 것이다.

다만 제방(諸方)에서 육도만행(六道萬行, 육바라밀을 모두
다 실천)을 해야 불법(佛法)을 실천하는 것이라고 설하고 있
는데 나는 이것을 장엄문(莊嚴門)이나 불사문(佛事門)이라고

말하지 자신의 불법(佛法)이라고 말하지는 않는다.

또 계율을 수지하여 정확하게 하나도 어기지 않고 잘 지키는 것을 비유하면 기름을 머리에 이고 촛불을 켜놓은 길을 지나가면서 한 방울의 기름도 흘리지 않는 것처럼 계율을 항상 잘 수지(受持)한다고 해도 도(道)의 안목(眼目)이 명확하지 않으면 모든 것이 반드시 빚이 되는 것이니 이와 같이 살게 되면 밥값을 갚아야 할 날이 있게 되는 것이다.

★ (대승불교가 아닌 소승불교의 수행으로는 무의도인이 될 수 없다는 것을 강조하고 있는 부분이다.)

왜 이와 같은가 하면 출가하여 불법(佛法)의 이치를 통달하지 못하게 되면 환속하는 마음으로 신시(信施)를 베풀어야 하는 것을 비유한 것이 장자가 81살이 되어서야 그 나무에 버섯이 나지 않았다는 것이다.

★ (숙채(宿債)를 갚아야 한다는 간단한 이치이지만 불법(佛法)을 모르고 살아가는 것을 사시(死屍)라고 한 것과 같은 비유인데 요즘 사람들은 이것을 악용하여 전생의 인연으로 이생에 당연히 노예처럼 갚아야 한다는 신분의 논리를 펴고 노예를 정당화해서는 안 되는 것이다.)

《해설》

* **식무허다반도리(寔無許多般道理)**: 임제스님의 견해(見解)에서 보면 복잡한 도리는 없는 것이나 중생의 입장에서 보면 모는 것들을 다양하게 분별하게 된다는 것이다.

208

* 아도시장엄문 불사문 비시불법(我道是莊嚴門, 佛事門, 非是佛法): 불법(佛法)의 교화나 형식이 장엄과 장식이 되면 자신의 불법(佛法)은 아닌 것이 되고, 불사문(佛事門)도 불법(佛法)에 맞는 가르침의 방편일 따름이지 자신의 불법(佛法)이 될 수 없는 것은 자신의 사상(四相)이 있기 때문이다.

乃至孤峯獨宿, 一食卯齋, 長坐不臥, 六時行道, 皆是造業底人.

乃至頭目髓腦, 國城妻子, 象馬七珍, 盡皆捨施, 如是等見, 皆是苦身心故, 還招苦果, 不如無事, 純一無雜.

乃至十地, 滿心菩薩, 皆求此道流蹤跡, 了不可得.

所以諸天歡喜, 地神捧足, 十方諸佛, 無不稱歎.

緣何如此, 為今聽法道人, 用處無蹤跡.

《번역》

또 고봉정상(高峰頂上)에 혼자 지내면서 하루에 한 번 묘시(卯時, 오전 5시에서 7시까지)에 공양을 하고 항상 좌선하며 자리에 눕지 않고 하루 종일 여섯 번 예불(禮佛)하는 수행을 하더라도 모두 업(業)을 짓는 무의도인(無依道人)이 되는 것이다.

또 자신의 머리나 눈, 국토와 성곽 그리고 자기의 처나 자식, 코끼리나 말과 칠보의 보배를 모두 다 공양물로 보시해야 여시(如是)한 견해로 살아가는 것이라고 하여 이와 같이 행하여도 이것은 모두 다 자신의 신심(身心)을 괴롭히는 것이 되므로 도리어 고과(苦果)를 초래하게 되어 망념(妄念)없이 진여의 지혜로 생활하며 청정하게 망념(妄念)없이 살아가는 것보다 못하다고 하는 것이다.

또 십지보살의 지위를 증득한 보살이라도 이와 같은 수행자의 종적을 구(求)하려고 하여도 얻을 수 없는 것이다.

그러므로 무의도인을 모든 천상의 사람들도 기뻐하고 불법(佛法)을 수호하는 신령한 사람들이 받들어 수호하니 시방삼세의 제불(諸佛)들이 칭찬하고 찬탄한 것이다.

무슨 인연으로 이와 같이 하는가 하면 지금 법을 청정하게 본심으로 듣고 무의도인(無依道人)으로 살아가면 진여의 지혜로 불법(佛法)에 맞게 살아가기 때문에 종적(蹤迹)이 없기 때문인 것이다.

《해설》

* 고봉독숙 ... 개시조업저인(孤峯獨宿 ... 皆是造業底人): 고봉정상(高峰頂上)에서 혼자 불법(佛法)에 맞게 조금도 어긋나지 않게 수행하더라도 모두 업(業)을 짓는 무의도인(無依道人)이 되는 것이라는 것은 소승불교의 수행으로는 고봉정상(高峰頂上)에서 진일보(進一步)하지 못하는 수행이기에 진일보(進一步)하는 무의도인(無依道人)이 되기를 바라는 것이다.

* 진개사시 ... 환초고과(盡皆捨施 ... 還招苦果): 자신을 버려야 한다고 생각하여 자신의 목숨과 재산을 하나도 남기지 않고 모두 보시한다고 하더라도 천당이나 극락에 가는 것도 아니고 또 죽어

210

서 내세(來世)에 과보를 받는 것이 아니라고 하면 지금 자신의 신심(身心)만 고통 속에서 벗어나지 못하게 하는 것이 된다. 그렇다고 보시를 하지 말라고 하는 것이 아니며 자신의 능력에 맞게 복(福)을 지으라는 것이고 과보를 받으려고 짓는 조작된 행위를 하지 말고 자비를 실천하라는 것이다.

그러므로 만약에 이와 같은 보시바라밀을 행하지 않으면 고통이 된다고 하는 것이다.

* 연하여차 ... 용처무종적(緣何如此 ... 用處無蹤跡): 반야바라밀을 실천하는 무의도인(無依道人)은 어디에서 무엇을 하더라도 몰종적(沒蹤跡, 沒踪迹)의 생활을 해야 하는 것이다.

大道絶同任向西東 石火莫及電光罔通

16) 대통지승불

問. 大通智勝佛, 十劫坐道場, 佛法不現前, 不得成佛道.
未審此意如何, 乞師指示.

師云. 大通者, 是自己, 於處處達其萬法 無性無相, 名為大通.

智勝者, 於一切處不疑, 不得一法, 名為智勝.

佛者, 心淸淨, 光明透徹法界, 得名為佛.

十劫坐道場者, 十波羅密是.

佛法不現前者, 佛本不生, 法本不滅, 云何更有現前.

不得成佛道者, 佛不應更作佛.

古人云. 佛常在世間, 而不染世間法.[10]

《번역》

물었다.

"대통지승불(大通智勝佛)이 십겁(十劫)동안이나 좌도량(坐道場)에 살고 있었지만 불법(佛法)은 현전(現前)하는 것이 아니기 때문에 불도(佛道)를 성취할 수 없었다라고 하는 이 뜻을 알지 못하는데 어떻게 하는 것인지 깨닫도록 스님께서 가

---

[10] 『如來莊嚴智慧光明入一切佛境界經』 卷2(『大正藏』12, 248쪽. 상3.) :「佛常在世間, 而不染世法.」
『大聖文殊師利菩薩讚佛法身禮』 卷1(『大正藏』20, 937쪽. 하6.) :「佛常在世間, 而不染世法.」
『文殊師利菩薩無相十禮』 卷1(『大正藏』85, 1296쪽. 중18.) :「佛常在世間, 而不染勢法.」

르쳐 주시기 바랍니다."

임제선사께서 대답하셨다.

"대통(大通)이란 자기 자신이 어디에서나 자신의 만법(萬法)이 무성(無性, 無自性, 空)이고 무상(無相, 일체의 상(相)을 차별분별하지 않고 청정하게 살아가는 것)이라는 사실을 통달하는 것을 대통(大通)이라고 말하는 것이다.

지승(智勝)이라고 하는 것은 어디에서나 진여의 지혜로 살아가므로 자신의 불법(佛法)을 하나도 의심하지 않고 대상으로 얻는 지혜가 아니라는 것을 지승(智勝)이라고 말하는 것이다.

부처(佛)라고 하는 것은 마음을 청정하게 하여 진여의 지혜로 명백하게 자신의 법계(法界)를 투철(透徹)하게 비추어 청정하다는 것을 체득하여 실천하는 사람을 부처라고 말하는 것이다.

십겁(十劫)동안 좌도량(坐道場)에 살고 있었다는 것은 십바라밀(十波羅密)을 실천하며 살았다는 것을 말하는 것이다.

불법(佛法)이 현전(現前)하는 것이 아니라고 하는 것은 부처는 본래 망념이 일어나지 않는 것이므로 불생(不生)이라고 하는 것이고, 법(法)은 본래 진공(眞空)이므로 불멸(不滅)인데 어떻게 다시 현전(現前)할 수 있겠는가? 라고 하는 것이다.

★ (불법(佛法)은 불생불멸(不生不滅)이므로 망념이 없다는 뜻도 있고 반복하지 않는다는 것이므로 항상 지금 진여의

지혜로 살아가는 것이다. 그러므로 다시 현전(現前)한다고 하면 반복하는 것이 된다.)

불도(佛道)를 성취할 수 없었다라고 하는 것은 부처가 다시 부처되려고 조작할 필요가 마땅히 없기 때문에 성취할 수 없었다고 말하는 것이다."

고인(古人)이 말씀하셨다. "부처는 항상 세간에서 진여의 지혜로 살아가므로 다시 세간법에 오염될 수가 없다고 하는 것이다."라고 하신 것이다.

《해설》

* 대통지승불(大通智勝佛): 『묘법연화경』에 나오는 것을 인용한 것이다. "『妙法蓮華經』卷3 「化城喩品7」(『大正藏』9, 26쪽. 상26.): 大通智勝佛, 十劫坐道場, 佛法不現前, 不得成佛道. 諸天神龍王, 阿修羅眾等(中), 常雨於天華, 以供養彼佛. … "여기에 이것을 인용한 것은 그 시절에도 요즘과 같이 깨달음을 추구하는 사람들이 많았던 것이었는지, 아니면 좌선한다고 목석처럼 앉아만 있는 것을 수행이라고 생각하는 이들을 제도(濟度)하려고 하였는지, 또 초심자를 위하여 설하셨는지 대통지승불에 대하여 자세하게 설명하시고 있다.

* 부득성불도자 불불응경작불(不得成佛道者, 佛不應更作佛): 자신이 부처라는 사실을 자각하면 되는 것인데 다른 부처가 되려고 하면 자신의 부처는 어디로 사라지고 남의 부처만 남게 되는 오류를 범하게 되는 것이다. 그러므로 머리에 머리를 얻는다고 하고 부처가 부처되려고 한다고 말하는 것이다.

* 고인운 ... (古人云. ... 而不染世間法): 부처는 항상 세간에 살면서 세간법에 오염되지 않는다고 하는 것은 세간을 벗어나서 다른 부처가 되기를 추구하는 어리석은 짓을 하지 말라는 것이고, 지금 여기의 세간(世間)을 벗어난 부처는 절대로 없다는 것을 강조하시고 있는 것이다. 그리고 자신의 부처를 벗어난 부처는 없다는 것이 되므로 자신이 자각하여 부처가 되어야 하고 지금 바로 극락세계가 이곳에 존재하게 되는 것이다.

道流, 爾欲得作佛, 莫隨萬物. 心生種種法生, 心滅種種法滅, 一心不生, 萬法無咎.

世與出世, 無佛無法, 亦不現前, 亦不曾失.

設有者, 皆是名言章句, 接引小兒, 施設藥病, 表顯名句.

且名句不自名句, 還是爾目前, 昭昭靈靈, 鑒覺聞知照燭底, 安一切名句.

《번역》

수행자들이시여, 그대들이 부처가 되어 살아가고자 한다면 만물(萬物)의 경계를 추종하지 않아야 한다. 자신의 마음에 만물이라는 경계가 생기면 여러 법이 마음에 생기는 것이므로, 자신의 마음이 없어지면 자신의 만법(萬法)도 사라지는 것이고, 마음에 하나의 망념(妄念)도 일어나지 않으면 대상경계의 만법(萬法)은 허물이 없게 되는 것이다.

★ (자신의 만법과 대상경계의 만법도 모두 원래는 청정한 것이다.)

세간이나 출세간에서도 대상의 부처나 법이 없는 것이므로 역시 불법(佛法)이 현전(現前)하는 것도 아니며 또한 없어지는 것도 아닌 것이다.

그러므로 가령 불법(佛法)이 있다고 설해도 모두 명칭이나 언어문자로 설명한 이것은 아이를 인도하여 병을 고쳐주기 위한 처방전처럼 불법(佛法)을 표현(表顯)하여 나타낸 명구(名句)일 뿐이다.

또 이 명구(名句)라는 것도 저절로 명구(名句)가 된 것은 아니고 도리어 그대들이 눈앞에서 밝고 명백하게 감각문지(鑒覺聞知, 見聞覺知)하며 지혜로 관조(觀照)하는 무의도인(無依道人)을 일체의 명구(名句)로 말하면서 좋아하기 때문에 있는 것이다.

《해설》

* 막수만물(莫隨萬物): 만물(萬物)의 경계를 추종하지 않아야 하는 것은 경혹(境惑)을 받지 말라는 것이다. 즉 대상경계에 따라 차별분별하는 마음을 쉬면 모두가 청정하게 되는 것이다. 『선가귀감』에 의하면 "衆生 順其境故 順之, 道人 逆其境故 逆之. 故云道高魔盛也."라고 하고 있는 것처럼 중생은 대상경계를 추종하지만 부처는 대상경계를 추종하지 않는 것이며 부처가 되면 마장이 더욱 많게 되는 것이다.

* 심생종종법생 ... 만법무구(心生種種法生, ... 萬法無咎): 마음이 대상경계를 만나면 법(法)이 생기게 되는 것이고 이 마음을 내지 않으면 자신의 법(法)은 사라지는 것이라는 것은 당연한 이치이다. 왜냐하면 만약에 대상을 보지 않으면 그 대상이라는 법은 존재하지 않게 되는 것이기 때문이다. 부처는 세간에 살면서 세간법에 오염되지 않아야 한다고 하는 것과 같이 온갖 만물을 대하면서 살아가지만 대상경계에 대한 차별분별하는 망념이 자신의 만법을 오염되지 않게 해야 하는 것이다. 오염되지 않게 하는 법을 『마하반야바라밀다심경』에 오온이 모두 공(空)이 되어야 일체의 고액을 뛰어넘어 세간법에 오염되지 않고 부처로 살아갈 수 있다고 설하고 있다.

* 설유자 개시명언장구(設有者, 皆是名言章句): 부처와 법(佛法)을 세간이나 출세간에서도 없다고 하지만 다시 있다고 말하는 것은 근기가 낮은 사람들을 위하여 방편으로 인도하기 위하여 방편으로 있다고 하는 것이라고 설명하고 있다. 그러므로 부처도 법도 없는 것이지만 부득이하여 있다고 말한 것인데도 어리석은 사람들은 자비로 베푼 것을 악으로 갚고 있는 현실을 보면 안타까울 따름이다. 이것을 보고 심병(心病, 禪病)이라고 하는 것이고 천불(千佛)이 출세(出世)해도 고치기 어렵다고 한 것이 이것이다.

17) 오무간지옥의 죄업에서 해탈

大德, 造五無間業, 方得解脫.

問. 如何是 五無間業.

師云. 殺父害母. 出佛身血, 破和合僧, 焚燒經像等, 此是五無間業.

云. 如何是父.

師云. 無明是父, 爾一念心, 求起滅處不得, 如響應空. 隨處無事, 名為殺父.

云. 如何是母.

師云. 貪愛為母, 爾一念心, 入欲界中, 求其貪愛, 唯見諸法空相, 處處無著, 名為害母.

云. 如何是 出佛身血.

師云. 爾向清淨法界中, 無一念心生解, 便處處黑暗, 是出佛身血.

云. 如何是 破和合僧.

師云. 爾一念心, 正達煩惱結使, 如空無所依, 是破和合僧.

云. 如何是 焚燒經像.

師云. 見因緣空心空法空, 一念決定斷, 逈然無事, 便是焚燒經像.

《번역》

　대덕들이시여, 오무간지옥의 죄업에서 한 걸음 더 나아가야 비로소 해탈하게 되는 것이다.

　물었다.

　"무엇이 오무간지옥의 죄업입니까?"

　임제선사께서 대답하셨다.

　"부모를 살해하고, 부처의 몸에 피를 내고, 화합하는 승단을 파괴하고, 경전과 불상을 불태우는 것을 오무간지옥의 죄업이라고 하는 것이다."

　물었다.

　"무엇을 부(父)라고 합니까?"

　임제선사께서 대답하셨다.

　"무명(無明)을 부(父)라고 하는 것인데 그대들이 지금 한결같이 여시한 생각(一念)에서 나오는 마음으로 살면 망념이 일어나고 사라지는 것을 알 수 없는 것이 마치 메아리가 허공에 울려 퍼져서 사라지는 것과 같다.

　그러므로 어디에서나 망념 없이 진여의 지혜로 생활하는 것을 부(父)를 죽인다고 말한 것이다."

　물었다.

　"무엇이 모(母)입니까?"

　임제선사께서 대답하셨다.

　"탐착과 애착을 모(母)라고 하는 것이고 그대들이 지금 한결 같이 여시(如是)한 생각(一念)에서 나오는 마음으로 살면, 애착의 세계에 들어가 살며 탐착과 애착을 구하여도 오직 자신의 제법(諸法, 만법)이 공상(空相)이라는 사실만 친견하게 되어, 어디에서라도 집착이 없게 되는 것을 모(母)를 살해한다고 말한 것이다."

★ (부(父)는 사람의 근원을 말하는 것이고 모(母)는 무명을 애착으로 키우는 것을 비유한 것임)

물었다.

"무엇이 부처의 몸에 피를 내는 것입니까?"

임제선사께서 대답하셨다.

"그대들이 청정한 법계에 살면 그대들이 지금 한결 같이 여시한 생각(一念)에서 나오는 마음으로 살게 되어 해탈하려는 마음을 내지 않게 되고 바로 어디에서든지 해탈하였다는 것을 알고 살아가는 것을 부처의 몸에 피를 낸다고 한 것이다."

물었다.

"무엇이 화합하는 승단을 파괴하는 것입니까?"

임제선사께서 대답하셨다.

"그대들이 지금 한결 같이 여시한 생각(一念)에서 나오는 마음으로 살면 번뇌망념에 속박되어 다시 중생으로 살지 않는다는 것을 바르게 통달하여 허공처럼 무의도인(無依道人)으로 살아가는 것을 화합승단을 파괴하는 것이라고 하는 것이다.

물었다.

"무엇이 경전과 불상을 불태우는 것입니까?"

임제선사께서 대답하셨다.

"자신의 인연법이 공(空)이라는 사실을 친견하여 아공(我空)과 법공(法空)이 되면 한결 같이 여시한 생각(一念)으로 살아갈 것이라고 결정하게 되어, 아무 망념(妄念)없이 진여(眞如)의 지혜(智慧)로 생활하는 (무의도인으로 중생을 제도하는) 것을 바로 경전과 불상을 불태우는 것이라고 한 것이다."

《해설》

* 조오무간업 방득해탈(造五無間業, 方得解脫): 얼마나 심각하였기에 오무간업이라는 말을 사용하여 제도(濟度)하고자 하였는지를 생각하여야 한다. 오무간지옥의 죄업을 지어야 해탈한다고 하여 어리석은 사람이 현실에서 그대로 실행할 것이 두려워 한 걸음 더 나아가야 해탈한다고 하였는데 고정관념을 타파하지 않고는 무의도인으로 살아가기 어렵다고 말하는 것을 '부모를 살해하고, 부처의 몸에 피를 내고, 화합하는 승단을 파괴하고, 경전과 불상을 불태우는 것' 으로 설한 것이다. 그리고는 다시 어떻게 하여야 업을 짓지 않고 오무간죄업에서 한 걸음 더 나아가 업을 벗어나 해탈할 수 있는가를 자세하게 설명하고 있다. 즉 무명(無明)에 대한 애착을 파괴하고 자신이 불법(佛法)의 지혜를 체득한 것을 부처의 몸에 피를 내는 것이라고 한 것이며, 무의도인이 되어 살아가는 것을 화합(和合)승단을 파괴하는 것이라고 한 것이며, 무의도인(無依道人)이 중생을 제도(濟度)하는 것을 불상과 경전을 태우는 것이라고 한 것이다.

大德, 若如是達得, 免被他凡聖名礙.

爾一念心, 秖向空拳 指上生寔解, 根境法中虛捏怪, 自輕而退屈言. "我是凡夫, 他是聖人."

禿屢生, 有甚死急, 披他師子皮, 却作野干鳴.

大丈夫漢, 不作丈夫氣息, 自家屋裏物, 不肯信, 秖麼向外覓, 上他古人閑名句, 倚陰博陽, 不能特達. 逢境便緣, 逢塵便執, 觸處惑起, 自無准定.

道流, 莫取山僧說處.

何故, 說無憑據, 一期間圖畫虛空, 如彩畫像等喻.

《번역》

대덕이시여, 만약 이와 같이 여시하게 통달하여 체득하게 되면 그 범부나 성자라는 명칭에 장애받는 일이 없게 되는 것이다.

그러나 그대들이 지금 한결 같이 여시한 생각(一念)에서 나오는 마음으로 살면서도 단지 빈주먹과 손가락에 진실로 깨달음이 있는 것으로 알고 육근(六根)과 육경(六境), 육식(六識) 사이에서 헛되이 망상을 일으키면서 자기 스스로를 가볍게 여기고 퇴굴(退屈)하면서 말하기를, "나는 범부이고 그는 성자이다."라고 말하고 있는 것이다.

어리석은 수행자들이여, 무슨 죽을 일이 생겼다고 사자 가죽을 뒤집어쓴 대장부가 도리어 의심하는 여우의 목소리를 내며 살아가는가?

자신을 대장부라고 하면서도 장부(丈夫, 재능이 뛰어난 사람, 성인)의 기백(氣魄, 패기, 박력, 기개)을 펴지 못하는 것은 자신의 안에 있는 일물(一物, 무의도인)을 확신하려 하지 않고 단지 외부에서 찾으려고 하면서 고인(古人)들이 깨달았다고 하는 명구(名句)에만 빠져 판단하려고 하니 자신이 특달(特達, 특별히 뛰어남)할 수가 없는 것이다.

★ (자신이 부처인데도 고인(古人)의 말에 의지하여 판단하여 살아가려고 하면 자신의 깨달음이 아닌 것이다.)

왜냐하면 대상경계를 만나면 경계에 연연하고 육진(六塵) 번뇌(煩惱)를 만나면 번뇌에 집착하여 부딪치는 경계마다 경혹(境惑)과 인혹(人惑)이 일어나서 자신이 판단하여 결정할 수 없게 되는 것이다.

수행자들이시여, 이 산승(山僧)이 설한 것도 방편이므로 방편에 집착하지 말고 자신이 실천을 하면 되는 것이다.

왜냐하면 산승이 설한 것을 집착할 필요가 없는 것은 산승이 그때그때에 방편으로 허공에다 그림을 그린 것이며 마치 변상도를 그려서 보여주는 것과 같은 것이다.

《해설》

* 지향공권 지상생식해(祇向空拳 指上生寔解): 단지 빈주먹에는 주먹 안에 아무것도 없는데 있는 것이라는 생각을 가지고 자신이 부처이면서도 부처라는 사실을 모르고 다른 부처를 찾는다는 비유이다. 자신의 달(본심)을 가리키는 방편의 손가락에 깨달음이 있는 것으로

착각하여 자신은 범부이고 손가락으로 설명하여 주는 이는 성자라는 망념(妄念)에서 벗어나지 못하고 있는 것을 설명하는 것이다.

　* 피타사자피 각작야간명(披他師子皮, 却作野干鳴): 자신이 대장부이면서 자신의 목소리를 내지 못하고 남의 소리를 빌려서 내는 것을 비유한 것이고 또 자신이 대장부이면서 범부로 살아가는 이들에게 대장부로 살아가기를 바라는 것이다. 항상 경전에서 어떻게 말하더라는 식으로 말하면서 자신의 의지는 하나도 없고 말라빠진 성자의 말씀만 따라하라고 강요하는 소승의 가르침에서 대승의 가르침으로 전환하여 대장부로, 부처로, 조사로 살아가야 한다고 설하시고 있는 것이다. 그러나 돌아가신 부처나 조사를 똑같이 따라하지 말아야 한다고 하는 것은 자신이 체득해야 하는 것을 말하는 것이므로 즉 부처나 조사의 말씀을 방편으로 하여 자신이 체득해야 되는 것이다.

대장부(大丈夫)

18) 부처라는 결과에 빠지지 마라

道流, 莫將佛爲究竟. 我見猶如廁孔, 菩薩羅漢, 盡是枷鎖, 縛人底物.

所以, 文殊仗劍, 殺於瞿曇, 鴦掘持刀, 害於釋氏.

道流, 無佛可得, 乃至三乘五性, 圓頓教迹, 皆是一期, 藥病相治, 並無實法. 設有, 皆是相似, 表顯路布, 文字差排, 且如是說.

道流, 有一般禿子, 便向裏許著功, 擬求出世之法, 錯了也.

若人求佛, 是人失佛, 若人求道, 是人失道, 若人求祖, 是人失祖.

《번역》

수행자들이시여, 앞으로 자신이 부처가 되려고 하는 것을 구경(究竟, 궁극적인)의 목적으로 하지 말아야 한다.

왜냐하면 내가 보는 견해로는 부처도 마치 화장실의 변기와 같은 것이고 보살과 나한도 모두 칼(목에 거는 형틀)과 족쇄와 같이 사람을 속박하는 것이 된다.

그러므로 문수(文殊)보살이 진여의 지혜를 체득하려고 칼을 가지고 석가모니를 살해해야 한다고 한 것이고 앙굴라마는 칼을 가지고 석가모니를 살인하려고 하다가 오히려 제자가 된 것이다.

수행자들이시여, 부처는 얻는 것이 아니고 또 삼승(三乘)과

오성(五性) 그리고 원돈(圓頓)의 가르침도 모두가 병을 치료하기 위하여 방편으로 만든 일회용 처방전일 따름이므로 모든 것이 고정된 실체가 있는 것은 아닌 것이다.

★ (그 사람이 가진 병에 따른 처방전이고 실체로 존재하는 것이 없다.)

가령 어떤 법이 있다고 하더라도 모두가 서로 비슷한 것으로 언어문자로 표현한 것을 길거리에 뿌려놓은 종잇조각과 같은 것이고 언어문자를 잘 배열하여 방편으로 설한 것일 뿐이다.

★ (아무리 좋은 것도 자신이 실행하지 않으면 안 된다고 하는 것이다.)

수행자들이시여, 어느 일반 수행자들은 이와 같은 방편의 처방전을 집착하여 구경(究竟)의 경지라고 여기고 수행하며 출세간의 법을 구하려고 하면 아주 잘못된 것이다.

만약 무의도인(無依道人)이 부처가 되기를 구한다면 이 무의도인(無依道人)은 부처를 잃어버린 것이고, 또 만약에 무의도인(無依道人)이 도(道)를 구한다고 하면 이 무의도인(無依道人)은 도(道)를 잃어버린 것이며, 또 만약에 무의도인(無依道人)이 조사(祖師)가 되기를 구한다면 이 무의도인(無依道人)은 조사(祖師)를 잃어버린 것이 된다.

★ (여기에서 수행자를 무의도인(無依道人)이라고 한 것은 자신이 무의도인(無依道人)이라는 사실을 망각한 것이기 때문이다.)

《해설》

* **수장검 ... 해어석씨(殊仗劍, ... 害於釋氏)**: 문수보살이 의식의
대상이 되는 부처를 죽이라고 한 것은 불법(佛法)을 완벽하게 실천
하기 위하여 부처로 살아가기 위한 방편으로 말한 것이고, 앙굴라
마를 여기에 기록한 것은 앙굴라마는 석가모니라는 사람을 구분하
여 죽이려고 한 것이 아니고 숫자를 채워서 자신의 목적을 채우기
위하여 살인을 하려고 한 것이므로 여기에서는 형상에 집착하지
말기를 바라는 입장에서 기록한 것으로 보인다. 즉 부처나 보살
나한을 의식의 대상과 형상으로 구하지 말기를 바라는 것이다. 그
런데도 실제로 사람을 죽인다고 하면 불교에서 말하는 계율에 위
배되는 것이고 또 계율을 어기면서 부처가 되려고 하면 모래로
밥을 하려고 하는 것이고 또 자신의 귀는 막고 다른 사람들에게
들으라고 하는 것이고, 깨어진 그릇에 물을 채우려고 하는 것이니
외도(外道)가 되는 것이다.

* **약인구불 시인실불(若人求佛, 是人失佛)**: 자신이 부처라는 사
실을 자각하지 못하고 외부에 부처가 있다고 잘못 아는 수행자가
되지 말라는 것이고 또 자신의 내부에 부처가 있다고 착각하여
부처나, 조사, 무의도인을 구(求)하는 어리석은 수행을 하지 말라
고 하는 것이다.

그러므로 부처나, 조사, 무의도인은 지금 살아있는 자신을 말하
는 것이므로 다른 부처나 조사, 무의도인을 구하면 자신의 부처나
조사, 무의도인은 사라지는 것이니 구할 필요가 없다고 하는 것이
나 무의도식하면서 놀고 있으면서 마냥 세월을 기다리라는 것은
아니다.

大德, 莫錯. 我且不取, 爾解經論, 我亦不取, 爾國王大臣, 我亦不取, 爾辯似懸河, 我亦不取, 爾聰明智慧, 唯要爾真正見解.

道流, 設解得百本經論, 不如一箇, 無事底阿師.

爾解得, 即輕蔑他人, 勝負修羅, 人我無明, 長地獄業.

如善星比丘, 解十二分敎, 生身陷地獄, 大地不容, 不如無事休歇去.

飢來喫飯, 睡來合眼, 愚人笑我, 智乃知焉.

道流, 莫向文字中求, 心動疲勞, 吸冷氣無益.

不如一念緣起無生, 超出三乘, 權學菩薩.[11]

---

11) 『新華嚴經論』 卷1(『大正藏』 36, 724쪽. 상24.):「不如一念緣起無生, 超彼三乘權學等見.」
『黃龍慧南禪師語錄』 卷1(『大正藏』 47, 632쪽. 하4.):「若明一念緣起無生, 等日月之照臨, 同乾坤而覆載. 若也不見, 牢度大神惡發把爾腦一擊粉碎. 下座.」
『景德傳燈錄』 卷24(『大正藏』 51, 398쪽. 하20.):「不如一念緣起無生, 超彼三乘權學等見. 又道彈指圓成八萬門, 刹那滅却三祇劫, 也須體究.」
『圓覺經近釋』 卷3(『卍續藏』 10, 523쪽. 하4.):「若一念緣起無生, 無明頓斷, 則彈指之頃即得悟入, 豈待久乎. 是故菩薩欲成佛道, 先斷無始輪迴根本.」
『法華經文句纂要』 卷6(『卍續藏』 29, 740쪽. 상23.):「若如實達得一念緣起無生, 了無一法可得, 皆是實相, 不生顚倒.」
『五燈全書(卷34-120)』 卷77(『卍續藏』 82, 405쪽. 하16.):「不若一念緣起無生, 頓超三乘權學.」

228

《번역》

　대덕(大德)이시여, 그대들은 (내가 말하는 무의도인을) 착각하지 말아야 한다.

　나는 그대들이 경론을 잘 이해하여 최고가 되는 것을 바라지도 않고, 나는 또 그대들이 국왕과 대신이기를 바라지도 않고, 나는 또 그대들이 말을 잘하기를 바라지도 않고, 나는 또 그대들이 총명한 지혜를 구족하기를 바라지도 않고, 오직 그대들이 진정견해를 구족하기를 바랄 뿐이다.

　수행자들이시여, 설령 온갖 경론의 근본을 잘 이해하여 깨달아서 경과 논을 아무리 잘 설한다고 해도, 아무 망념(妄念) 없이 진여의 지혜로 생활하며 무의도인(無依道人)으로 사는 스님(수행자)보다도 못한 것이다.

　왜냐하면 그대들이 경론의 근본을 잘 깨달아 이해했다고 하면 곧 다른 사람들을 경멸(輕蔑, 업신여기고 신분이 낮은 사람 취급하여 무시하는 것)하며 승부심으로 사는 아수라와 같이 인아상(人我相)이 생겨 무명(無明)에 다시 빠져 영원히 지옥업(地獄業)을 벗어나지 못하기 때문이다.

　그래서 선성(善星)비구(比丘)는 12분교(대장경)의 경전을 모두 잘 이해하여 깨달았다고 했는데도 산채로 지옥에 떨어져 어디에서 살아도 편안하게 살아갈 수 없는 지옥에서 고통스럽게 살았으므로 아무런 망념(妄念) 없이 진여(眞如)의 지혜(智慧)로 생활하며 쉬는 것만 못하다고 한 것이다.

★ (원래 죽어서 가는 지옥은 없는 것이고 살아서 가는 지옥을 임제스님은 말하고 있는 것이다. 숙채론을 말하고 있는 것도 교화의 입장에서 방편으로 설하고 있는 것이다.)

나는 배가 고프면 밥을 먹고 잠이 오면 눈을 감고 잠을 잔다고 말하는데 어리석은 사람들은 나를 비웃지만 지혜가 있는 사람은 이것을 알 수 있는 것이다.

수행자들이시여, 언어문자에서 무의도인(無依道人)을 구하려고 하면 망심(妄心)이 살아나게 되어 피로하게 되고 생소한 지식을 더 안다고 해도 이익이 없기 때문에 언어문자로 무의도인(無依道人)을 구하려고 하지 말아야 한다고 한 것이다.

그러므로 지금 한결같이 여시한 생각(一念)이 무생(無生, 공(空), 청정)으로 인하여 있다는 것을 깨달아 삼승(三乘, 성문, 연각, 보살)을 배우는 보살의 경지를 초월해야 하는 것이다.

★ (언어문자에서 구하는 것을 경책하는 것)

《해설》

* 유요이진정견해(唯要爾真正見解): 지식이나 사회적인 명예나 권력으로 무의도인이나 부처가 될 수 없다고 하는 것이고 총명한 지혜를 가진다고 하여도 인아상이 있으면 선성비구와 같이 되므로 진정견해를 체득하여야 무의도인이 된다고 하는 것이다.

* 막향문자중구(莫向文字中求): 수행자들이 지식인 언어문자에서 무의도인(無依道人)을 구하려고 하므로 외부에서 깨달음을 추구하지 말라고 하는 것이다. 많은 지식을 구하기 위하여 많은 경을

보고 익혀야 하지만 많은 지식을 가져야 무의도인이 되는 것이라는 착각을 하지 말라는 것이다. 왜냐하면 진정견해를 체득하지 않고 경론에서 구경의 경지를 구하면 오히려 망심(妄心)이 살아나 마음이 피로하게 된다고 하는 것이지 경론을 보지 말라고 한 것이 아니며 경론을 잘 활용할 줄 아는 진정견해를 구족한 무의도인이 되라고 하는 것이다.

범성일여(凡聖一如)

19) 이제 잘못된 고정관념을 버리자

大德, 莫因循過日. 山僧往日, 未有見處時, 黑漫漫地, 光陰
不可空過, 腹熱心忙, 奔波訪道. 後還得力, 始到今日, 共道流
如是話度.

勸諸道流, 莫為衣食, 看世界易過, 善知識難遇, 如優曇花
時一現耳.

儞諸方聞道 有箇臨濟老漢, 出來便擬問難, 敎語不得, 被
山僧全體作用, 學人空開得眼, 口總動不得, 懵然不知以何
答我.

我向伊道, 龍象蹴踏, 非驢所堪.

爾諸處 秪指胸點肋, 道我解禪解道, 三箇兩箇, 到這裏不奈
何, 咄哉.

爾將這箇身心, 到處簸兩片皮, 誑諕閭閻, 喫鐵棒有日在.

非出家兒, 盡向阿修羅界攝.

《번역》

대덕(大德)들이시여, 이제까지 습관화된 고정관념의 관습
에 따라 수행하며 세월을 헛되이 보내지 말아야 한다.

산승(山僧)도 지난 날 견처(見處, 佛法의 견해, 망념이 생
기는 원인)를 구족하지 못하여 눈앞이 깜깜하여 방황하며 세
월을 헛되이 보낼 수밖에 없을 때에 마음이 열이나 타고 갈

팡질팡하며 분주하게 여기저기를 방문(訪問)하여서 도(道)를 찾았었다.

그런 이후에 선지식의 은혜를 받고 나서야 비로소 금일(今日)에 이르게 되어 수행자들에게 이와 같이 여시(如是)하게 대화를 하며 제도(濟度)할 수 있게 된 것이다.

여러 수행자들에게 권하고 싶은 것은 의식(衣食)이 깨달음인 것처럼 추구하며 살다보면 세월이 너무 쉽게 지나가게 되니, 선지식을 만나기는 더욱 어렵게 되어 삼천 년에 한번 피는 우담바라를 만나는 것처럼 만나기 힘들게 되는 것이다.

그대들이 제방(諸方)에서 임제라는 일개성자인 노인이 있다는 말을 듣고 이렇게 찾아와서는 바로 비교하려고 어려운 것만 물으니 내가 가르치는 말을 바로 듣지 못하는 것이고, 또 산승(山僧)이 하는 원래의 모습으로 여시하게 대답하면 수행자들은 공(空)에서 안목을 얻으려고 하며 입으로 아무 말도 하지 못하며 막연하게 앉아서 어떻게 나에게 대답해야 할지 모른다.

그러면 내가 그에게 용과 코끼리(龍象)가 달려가면 당나귀가 감당하기는 어려운 것이라고 말을 한다.

그대들은 여러 곳에서 단지 가슴(마음)을 가리키며 갈비뼈라고 하면서 나에게 와서는 선(禪)을 알고 도(道)를 안다고 말하면서 자신들은 진정견해를 체득하지 못하였으면서도 조그마한 지식을 가지고 이곳에까지 와서 무엇을 어떻게 하겠다는 것인지 정말로 안타까운 일이다.

그대들이 무의도인과 같은 몸과 마음을 가지고 있으면서도 가는 곳마다 자기의 마음대로 말을 하여 세상의 사람들을 속이고 있으니 언젠가는 철봉으로 심판을 받을 날이 있을 것이다.

이와 같이 하면 출가한 사람이라고 할 수 없고 모두 아수라의 세계에 살기를 고집하는 사람들이 되는 것이다.

《해설》

* 흑만만지 ... 분파방도(黑漫漫地, ... 奔波訪道): 자신이 인생의 갈피를 잡지 못하고 방황할 때의 상황을 설명하는 것으로 자신의 심정이 얼마나 고통스러웠는지 가슴이 탄다는 말을 하는 것이다.

자신이 도(道)를 찾기 위하여 동분서주 하는 모습을 표현한 것이고 자신의 수행이 고행이었다는 사실을 순일무잡이라는 말로 토로하는 것이다.

* 도아해선해도 ... (道我解禪解道 ...): 자신이 진정견해를 체득하지 않았으면서도 선(禪)이나 도(道)를 안다고 하는 두 개나 세 개의 지식을 가지고 와서 임제스님과 경쟁하려고 하는 이들을 경책하는 것이다.

* 이장저개신심(爾將這箇身心): 모든 사람들이 불성(佛性)을 가지고 있으면서도 자신이 배반하고 지식으로 사람들을 현혹시키는 것을 말하는 것으로 부처가 되게 하지 않고 중생이 되도록 하는 설법으로 사람들을 속이지 말라고 하는 것이다.

夫如至理之道, 非諍論而求激揚, 鏗鏘以摧外道. 至於佛祖相承, 更無別意.

設有言教, 落在化儀, 三乘五性, 人天因果.

如圓頓之教, 又且不然, 童子善財, 皆不求過.

大德, 莫錯用心, 如大海不停死屍. 祇麼擔却, 擬天下走, 自起見障, 以礙於心.

日上無雲, 麗天普照, 眼中無翳, 空裏無花.

道流, 爾欲得如法, 但莫生疑, 展則彌綸法界, 收則絲髮不立, 歷歷孤明, 未曾欠少. 眼不見, 耳不聞, 喚作什麼物.

古人云. 說似一物則不中.

爾但自家看, 更有什麼, 說亦無盡, 各自著力. 珍重.

《번역》

대체로 무의도인(無依道人)으로 살아가는 것은 논쟁을 하여 자신을 격양(激揚, 자신의 뛰어남을 과시하는 것)시키거나 아름답고 훌륭한 언설로 외도들을 억압하려고 하는 것이 아니다.

그러므로 무의도인이 되어 부처나 조사의 불법(佛法)을 상승(相承, 서로 계승)하였다고 해도 다시 다른 특별한 의지(意旨)를 계승(繼承)한 것은 아니다.

가령 특별한 의지(意旨)를 전한 것이 있다고 해도 삼승(三乘, 성문, 연각, 보살)과 오성(五性, 菩薩定性, 緣覺定性, 聲

聞定性, 不定性, 無性)의 사람들을 제도하기 위한 것이고 또 인간과 천상의 사람들을 인과(因果)의 도리를 제도하기 위한 방편인 것이다.

원만히 돈오하게 하는 원돈교와 같은 경우는 오히려(또한) 그렇지 않은데 즉 선재동자와 같이 53 선지식들에게 불법(佛法)을 구하려고 다녔지만 모두에게서 다른 특별한 의지(意旨)를 찾아다닌 것이 아니고 자신이 무의도인(無依道人)이라는 사실을 찾아다닌 것이다.

대덕이시여, 착각하여 마음을 다르게 쓰려고 하지 말고 대해(大海)가 시체(死屍)를 저장하지 않는 것처럼 하여야 한다.

단지 무엇을 구하여야 한다는 의지(意旨)를 가지고 (선재동자가 53선지식을 찾아 다녔다고 생각하여) 천하를 돌아다니려고 한다면 자신이 이와 같은 견해를 일으켜서 자신을 가로막으니 자신의 마음에 장애가 되는 것이다.

★ (불조(佛祖)의 특별한 의지가 있다고 생각하는 것을 경책하는 것이다.)

즉 하늘에 구름이 없으면 해가 온 천지를 모두 아름답게 비추게 되는 것과 같고 자신의 눈속에 티끌이 없으면 허공에 망념의 꽃은 없게 되는 것이다.

★ (눈과 해를 비유하여 설명한 것으로 자신의 안목을 가로막는 것이 없어야 진정견해라고 하는 것이다.)

수행자들이시여, 그대들이 여법(如法)한 무의도인이 되고

자 한다면 단지 의심(疑心)만 하지 않으면 (해와 같이 진여의 지혜를) 전개하게 되어 모든 법계(法界)를 자유자재하게 다스리게 되고, 거두어 들여서 의심을 하면 털끝 하나의 망심도 용납할 수 없는 명백한 성자의 지혜(佛心)를 분명히 가지고 있어서 아직까지 조금도 모자라거나 부족한 적이 없었다.

★ (향외치구하는 마음만 버리면 모두가 조금도 다르지 않은 무의도인(無依道人)이라고 설하시고 있는 것이다.)

이것은 눈으로 보는 것이 아니고 귀로 듣는 것도 아닌 이것을 무엇이라고 말할 수 있겠는가?

고인(古人)이 이것을 다음과 같이 말씀하셨다. "설사 한 물건이라고 말해도 맞지 않는 것이다."

그대들이 단지 자기 자신을 잘 살펴보아야 하는 것이지 다시 무엇이 있을 수 있는지 아무리 설명을 해도 끝이 없는 것이니 각자가 노력하여 체득해야 하는 것이다.

이것을 밝게 깨달아 지금부터 새롭게 전환시켜 자각적인 삶을 살아야 합니다.(珍重)

★ (이것을 아주 소중하게 잘 알고 실천하십시오.)

《해설》

* 부여지리지도(夫如至理之道): 무의도인으로 살아가는 구경(究竟)의 도리(道理)라고 하는 것은 자기 자신이 무의도인으로 살아가는 것을 말하는 것이며 논쟁이나 언설로 남보다 우월하려고 하

거나 외도를 굴복시키기 위한 것은 아닌 것이다.

그러므로 자신이 무의도인으로 살아가는 것을 구경의 도리라고 하는 것이 된다.

여기에 보살도와 자비의 실천이 없는 것이고 개인적이고 자기만을 위한 이기적이라고 비난할 수 있지만 오히려 자신이 무의도인이 아니면서 많은 사람들에게 구원받기 위하여 믿어야 한다는 신앙을 강요하는 것이 염라대왕(閻羅大王)의 철봉(鐵棒)을 맞을 일이고 아수라(阿修羅)의 세계에 살기를 고집하는 것이 된다고 설하시고 있는 것이다.

일체해탈(一切解脫)

V. 감변(勘辨)

감변(勘辨)은 스승과 제자간이나 수행자들 간에 서로를 점검하고 확인하여 서로가 불퇴전의 경지에서 살아가기를 바라는 자비심인 것이다. 그러나 간혹 수행을 경쟁의 대상으로 생각하고 승부심으로 감변에 임하는 사람들은 수행자가 아니고 속인임에 틀림이 없을 것이다.

세속인의 승부심을 버리지 못하고 인아상에 의거하여 논한다면 황당한 소리라고 할 것이고 온갖 추측이 난무하게 되는 것이다.

그러므로 이 감변(勘辨) 부분을 잘 이해하고 싶다면 인아상(人我相)을 벗어난 입장에서 그때 그 사람이 되어야 할 것인데 주객으로 나눈다면 주객이 동시에 되어야 객관적으로 잘 이해하였다고 볼 수 있는 것이다.

잘못 논하게 되면 오히려 하지 않는 것보다 못하게 되므로 함부로 결론 내리지 말고 잘 사유하시기 바랍니다.

1) 황벽선사와 임제선사의 감변

黃蘗因入廚次, 問飯頭. 作什麽.

飯頭云. 揀眾僧米.

黃蘗云. 一日喫多少.

飯頭云. 二石五.

黃蘗云. 莫太多麽.

飯頭云. 猶恐少在. 黃蘗便打.

飯頭却舉似師,

師云. 我為汝勘這老漢. 纔到侍立次, 黃蘗舉前話, 師云.
飯頭不會, 請和尚代一轉語.

師便問. 莫太多麽.

黃蘗云. 何不道 來日更喫一頓.

師云. 說什麽來日, 即今便喫, 道了便掌.

黃蘗云. 這風顛漢, 又來這裏捋虎鬚. 師便喝出去.

《번역》

　황벽선사께서 주방에 들어가서 반두(飯頭)스님에게 물었
다. "무엇을 하는가?"

　반두(飯頭)스님이 대답했다. "대중스님들이 공양할 쌀에 이
물질을 가려내고 있습니다."

　황벽선사께서 물었다. "하루에 얼마나 먹는가?"

240

반두(飯頭)스님이 대답했다.

"두 섬 다섯 말을 먹습니다."

황벽선사께서 물었다.

"너무 많이 먹는 것이 아닌가?"

반두(飯頭)스님이 대답했다.

"오히려 모자랄까 두렵습니다."

황벽선사께서 바로 주장자로 바닥을 때렸다.

반두(飯頭)스님이 이 일을 똑같이 들어(擧) 임제선사에게 말했다.

임제선사가 말했다.

"내가 그대 때문에 이 노인을 점검해 보겠다."

황벽선사에게 가서 반두스님이 옆에 서 있을 때 황벽선사께서 이전의 대화를 다시 말하니 임제선사가 말했다. "반두(飯頭)가 모르는데 황벽화상께서 반두(飯頭)를 위하여 반두가 자각할 수 있도록 방편의 말씀을 하여 주시기를 간청합니다." 하고는 임제선사가 바로 물었다. "너무 많이 먹는 것이 아닌가?"라는 뜻이 무엇입니까?

황벽선사께서 말씀하셨다.

"어찌하여 내일 다시 한 끼 더 먹을 것이라고는 말하지 않는가?"

임제선사가 말했다.

"지금 바로 먹는다고 하시지 않고 왜 내일이라고 말씀하십니까?"라고 말하고는 바로 손뼉을 쳤다.

황벽선사께서 말씀하셨다.

"이 풍전한(風顚漢, 선가의 용어로 자기의 제자를 인가하는 의미)이 또 이곳에 와서 호랑이 수염을 만지고 있다."라고 하셨다.

임제선사가 바로 할(喝)을 하고는 나갔다.

《해설》

* 임제스님과 황벽스님의 감변(勘辨)에 반두가 새우등 터진 격이 된 것이고 스승과 제자를 초월한 안목이 확연하게 무의도인으로 나타난 것이다.

後溈山問仰山. 此二尊宿, 意作麼生.

仰山云. 和尚作麼生.

溈山云. 養子方知父慈.

仰山云. 不然.

溈山云. 子又作麼生.

仰山云. 大似勾賊破家.

《번역》

이후에 위산(溈山)께서 앙산(仰山)에게 물었다.

"이 두 존숙이 대화한 뜻이 무엇인가?"

앙산(仰山)이 말했다.

"위산화상께서는 어떻게 생각하십니까?"

위산(溈山)께서 대답했다.

"자식을 양육해봐야 비로소 부모의 자비를 깨닫게 되는 것이다."

242

앙산(仰山)이 말했다.

"그렇지 않습니다."

위산(潙山)이 말했다.

"그러면 그대는 또 어떻게 생각하고 있는가?"

앙산(仰山)이 대답했다.

"도둑을 불러들여 가산(家産)을 탕진하는 것과 아주 똑같습니다."

《해설》

 * **위산**은 스승과 제자라는 인륜이 남아 있다고 하는 것이고 앙산은 황벽의 방편을 임제가 모두 파악하여 무의도인으로 살아간다고 하는 것이다.

풍전한(風顚漢)

2) 불자(拂子)와 주장자로 감변

師問僧. 什麼處來.

僧便喝.

師便揖坐, 僧擬議, 師便打.

師見僧來, 便竪起拂子.

僧禮拜, 師便打.

又見僧來, 亦竪起拂子.

僧不顧, 師亦打.

《번역》

임제선사께서 어느 스님에게 물었다.

"어디에서 오는가?"

그 스님이 바로 할(喝)을 하였다.

임제선사께서 바로 인사하고 앉게 하니 그 스님이 의논하려고 무슨 말을 하려고 하자 임제선사께서 바로 주장자로 바닥을 때렸다.

또 임제선사께서 어느 스님이 오는 것을 보고 바로 불자(拂子, 제자를 제접하는 도구, 번뇌망념을 제거하는 방편의 도구, 먼지털이, 불진)를 세웠다.

그 스님이 예배하니 임제선사께서 바로 주장자로 바닥을 때렸다.

또 어느 스님이 오는 것을 보고 역시 불자(拂子, 제자를 제접하는 도구, 번뇌망념을 제거하는 방편의 도구)를 세웠다.

그 스님이 돌아보지도 않았는데 임제선사께서 역시 주장자로 바닥을 때렸다.

《해설》

＊ 임제스님이 제도하는 방편으로 불자(拂子)와 주장자를 사용하여 감변하는 내용이다.

임제스님을 친견하기 위하여 찾아온 수행자들의 근기에 따라 주장자로 제도하는데 한 스님은 의의(擬議)하려고 하였고, 또 한 스님은 예배를 하였고, 또 한 스님은 돌아보지도 않았는데 임제스님은 주장자로 바닥을 똑같이 때리면서 감변하며 제도(濟度)하는 것이다.

행업순일(行業純一)

3) 보화선사의 공양

師一日同普化, 赴施主家齋次, 師問. 毛吞巨海, 芥納須彌,
爲是神通妙用, 本體如然.

普化踏倒飯床.

師云. 太麁(麤)生.

普化云. 這裏是什麼所在, 說麁(麤)說細.

《번역》

　임제선사께서 어느 날 하루 보화선사와 같이 어느 시주(施
主)의 집에서 공양을 할 때에 임제스님이 물었다.

　"미세한 털(毛)속에 거해(巨海)를 숨기고 겨자씨 속에 수미
산을 넣는다는 것이 신통묘용으로 가능한 것입니까? 본체(本
體)를 실제로 그렇게 할 수 있는 것입니까?"

　보화선사께서 밥상(飯床)을 발로 차 버렸다.

　★ (신통묘용을 실제로 실천)

　임제선사가 말했다. "너무 과격합니다."

　보화선사가 말했다.

　"이와 같은 좌도량(坐道場)에서 어떻게 과격하고 섬세하다
는 말을 할 수 있습니까?"

　★ (불국토에는 선악시비, 추세가 없는 것이다.)

* **모탄거해 ... 본체여연(毛呑巨海 ... 本體如然)**: 겨자씨나 털끝에 거해(巨海)나 수미산을 넣는다고 하는 것은 수행을 한 후에 신통이 있어야 가능한 것인가 아니면 모든 사람들이 실제로 할 수 있는 것인가라고 임제스님이 보화스님에게 물으니 보화스님은 행동으로 설하고 있는 내용이다. 그것이 실제로 가능하지 않은데도 임제스님이 묻는 것은 바다나 수미산은 모두가 실제로 존재하는 실체가 있는 것이 아니라는 사실을 알지만 보화스님을 감변하고자 하여서 묻는 것이다. 보화스님은 공양상을 발로 차서 엎어 버리는 행동을 하는 것도 언어문자를 벗어난 행동이고 임제스님이 묻는 것도 언어문자를 벗어난 질문이기에 보화스님의 대답에 임제스님이 감변(勘辨)당하는 것이다.

師來日, 又同普化赴齋, 問. 今日供養, 何似昨日.

普化依前, 踏倒飯床.

師云. 得即得, 太麁(麤)生.

普化云. 瞎漢, 佛法說什麼麁細. 師乃吐舌.

《번역》

임제선사가 다음날 또 보화선사와 같이 공양을 할 때에 물었다.

"오늘 공양도 어제와 같습니까?"

보화선사가 어제와 같이 밥상을 발로 차버렸다.

임제선사가 말했다.

"깨닫게 하여 주신 것은 고맙지만 너무 과격합니다."

보화선사께서 말했다.

"바보 같은 사람! 불법(佛法)에 맞게 진여의 지혜로 살면서 어떻게 과격하고 섬세하다는 말을 할 수 있습니까?"

임제선사가 이 말을 듣고 찬탄하며 말로 설명을 할 수가 없었다.

★ (생각하는 하나하나를 잘 지적하여 주는 것을 감사해 하는 모습을 표현함.)

《해설》

* 금일공양 하사작일(今日供養, 何似昨日): 임제스님이 공양을 비교하는 감변을 하자 보화스님이 행동으로 공양의 의미를 설명하시고 있는 것이다.

4) 보화선사의 안목으로 감변

師一日, 與河陽木塔長老, 同在僧堂, 地爐內坐, 因說. 普化每日在街市, 掣風掣顚, 知他是凡是聖, 言猶未了, 普化入來, 師便問. 汝是凡是聖.

普化云. 汝且道, 我是凡是聖. 師便喝.

普化以手指云. 河陽新婦子, 木塔老婆禪, 臨濟小廝兒, 却具一隻眼.

師云. 這賊.

普化云. 賊賊, 便出去.

《번역》

　　임제선사가 어느 날 하루 하양장로, 목탑장로와 같이 승당
(僧堂)의 땅에 만든 화로(火爐)앞에서 이야기를 하다가, 보화
선사는 매일 거리에서 미친 것처럼 교화하고 다니는데 범부
라고 해야 합니까? 성자라고 해야 합니까? 라는 대화를 하고
있을 때에 보화선사가 들어오니 임제선사가 바로 물었다.

　　"선사는 범부입니까? 성자입니까?"

　　보화선사가 말했다.

　　"그대는 나를 범부라고 생각하는지 아니면 성자라고 생각
하는지 말해보시오."

　　임제스님이 바로 할(喝)을 했다.

　　보화선사가 손으로 가리키며 말했다.

　　"하양장로는 새 신부(新婦) 같은 선승(禪僧)이고, 목탑장로
는 노파(老婆)와 같은 선승(禪僧)이며, 임제는 꼬마 아이 같
은 선승이지만 도리어 불법(佛法)의 안목은 모두 구족(具足)
하였구나!"

　　임제선사가 말했다. "(불법(佛法)을 완벽하게 훔친) 도둑놈
이군요!"

　　보화선사가 말했다. "도둑 도둑놈!" 하며 바로 나가버렸다.

《해설》

* 저적(這賊): 도둑이라는 말인데 그냥 도둑이 아니고 불법(佛法)을 완벽하게 체득한 무의도인이라는 말을 도둑놈이라는 표현으로 한 것이다.

* 각구일척안(却具一隻眼): 세 선사를 모두 인가하는 것과 임제선사만 인가하는 차이가 있지만 모두를 인가해야 4인이 조사가 되는 것이다. 여기에서 임제스님만 안목을 구족하였다고 하는 경우가 있는데 이것은 임제스님만이 무의도인이라는 생각을 가진 것이 되고, 보화스님, 하양스님, 목탑스님은 무의도인이 아니라는 생각이 될 수도 있는 것이다.

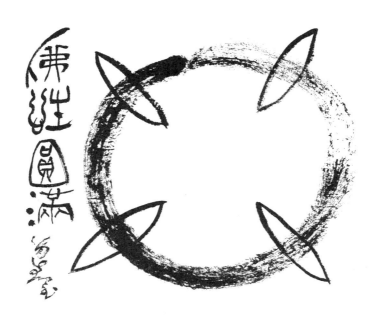

불성원만(佛性圓滿)

5) 임제선사의 안목으로 감변

一日普化, 在僧堂前, 喫生菜.

師見云. 大似一頭驢. 普化便作驢鳴.

師云. 這賊.

普化云. 賊賊, 便出去.

《번역》

　어느 날 하루 보화선사께서 생채(生菜)를 승당(僧堂)앞에서 먹고 있었다.

　임제선사께서 이것을 보고 말했다. "한 마리 당나귀처럼 먹고 있습니다."

　보화선사께서 바로 당나귀와 같은 울음소리를 냈다.

　임제선사께서 말했다. "(불법(佛法)을 완벽하게 훔친) 도둑놈이군요!"

　보화선사께서 말했다. "도둑 도둑놈!" 하며 바로 나가버렸다.

《해설》

　* 이 내용은 앞단의 도둑이라고 감변하는 말을 그대로 사용한 것인데, 보화스님이 공양하는 것을 당나귀와 같다고 임제스님이 축생에 비유하여 감변하자 보화스님이 임제스님의 안목을 축생이라고 감변하니 임제스님과 보화스님이 서로를 도둑이라는 부처로 감변하여 파악하는 선문답이다.

6) 보화선사의 요령

因普化, 常於街市搖鈴云. 明頭來明頭打, 暗頭來暗頭打,
四方八面來旋風打[12], 虛空來連架打.[13]

師令侍者去, 纔見如是道, 便把住云. 總不與麼來時如何.

普化托開云. 來日大悲院裏有齋.

侍者回擧似師, 師云. 我從來疑著這漢.

《번역》

　보화선사는 무슨 까닭인지 항상 거리에서 요령을 흔들면서
말하기를, "명두(明頭)가 오면 명두(明頭)를 타파(打破)하고,

---

12) 『宗門拈古彙集』卷1(『卍續藏』 66, 13쪽. 상5.):「拈拄杖云. 大衆看看. 四天門王
　　飛熱鉄輪來也. 以拄杖旋風打散.」

13) 『明覺禪師語錄』卷3(『大正藏』 47, 692쪽. 상22.):「又放過一著, 直饒八面四
　　方, 正好連架打.」
　　『大慧普覺禪師語錄』卷3(『大正藏』 47, 822쪽. 하15.):「上堂, 僧問. 明頭來時
　　如何. 師云. 頭大尾顚纖. 進云. 暗頭來時如何. 師云. 野馬嘶風蹄撥剌. 進云.
　　明日大悲院裏有齋, 又作麼生. 師云. 雪峯道底. 乃云. 明頭來明頭打, 開眼著.
　　暗頭來暗頭打, 閉眼著. 四方八面來旋風打, 漏逗不少. 虛空裏來連架打. 著甚
　　來由, 總不恁麼來, 却較些子. 明日大悲院裏有齋, 特地一場愁. 復云. 古人恁麼
　　道, 今人恁麼提, 於宗乘中成得甚麼邊事, 喝一喝.」
　　『宏智禪師廣錄』卷4(『大正藏』 48, 54쪽. 중27.):「四方八面連架打.」
　　『宗門玄鑑圖』卷1(『卍續藏』 63, 747쪽. 중2.):「又八面四方正好連架打是也.」
　　『祖庭事苑』卷2(『卍續藏』 64, 333쪽. 중9.):「連架打 架當作枷, 音加, 拂也.
　　說文, 擊禾連枷. 如僧問普化. 明暗俱來時如何. 曰. 連枷打, 拂, 音弗. 方言曰.
　　連枷, 打穀者也.」
　　『禪宗頌古聯珠通集』卷20(『卍續藏』 65, 600쪽. 상18.):「以此振鈴伸召請. 旋
　　風連架打將來, 大悲院裏鑷齋去, 肘露皮穿可怪哉. (天目禮)」
　　『保寧仁勇禪師語錄』卷1(『卍續藏』 69, 286쪽. 하3.):「四方八面來連架打.」
　　『無異元來禪師廣錄』卷6(『卍續藏』 72, 266쪽. 상12.):「四方八面來, 虛空連架
　　打.」

암두(暗頭)가 오면 암두(暗頭)를 타파하고, 사방팔방에서 오면 선풍(旋風, 空, 주장자나 모두를 제압, 돌풍)으로 타파(打破)하여 허공(虛空)으로 계속 타파(打破)한다."라고 하면서 다녔다.

임제선사께서 이런 소리를 듣고는 시자(侍者)에게 그와 같이 말하고 다니는 것을 보게 되면 바로 잡고(把住)는, '모두가 오지 않는다면 어떻게 해야 합니까?'라고 물어 보게 하였다.

시자가 시키는 대로 하니 보화선사께서 시자를 밀면서 말했다.

"내일 대비원에 공양(齋)이 있다."

시자(侍者)가 와서 임제선사에게 있었던 일을 그대로 말씀드리니 임제선사께서 말씀하셨다. "나도 지금까지 저 노인을 특별한 무의도인이라고 알고 있었다."

《해설》

* 요령으로 중생을 제도하는 보화스님의 방편을 임제스님이 감변하는 내용이다. 즉 번뇌망념을 요령으로 자각하는 법을 설하고 다녀도 알아듣지 못하자 괴상한 행동으로 알고 임제스님에게 묻자 임제스님이 번뇌망념이 없을 때에는 어떻게 합니까? 라고 묻게 하자 보화스님은 내일 대비원에서 공양이 있다는 말을 하는데 이것은 내일 대비원에 와서 '보살도를 행하세요.'라고 하는 것이다. 임제스님에게 쓸데없이 시자나 시켜서 감변하지 말고 직접 와서 실행하라는 내용이다.

7) 고정관념을 벗어난 감변

有一老宿參師, 未曾人事便問. 禮拜卽是, 不禮拜卽是.
師便喝, 老宿便禮拜.
師云. 好箇草賊.
老宿云. 賊賊, 便出去.
師云. 莫道無事好.

《번역》

　어느 한 노숙(老宿)이 임제선사를 참문(參問)하는데 인사도 하지 않고 바로 물었다.

　"예배를 해야 합니까? 예배를 하지 않아도 됩니까?"

　임제선사가 바로 할(喝)을 하니 노숙(老宿)이 바로 예배를 했다.

　임제선사가 말했다.

　"아주 훌륭한 도둑(草賊)입니다."

　노숙이 말했다.

　"도둑 도둑놈!" 하며 바로 나가버렸다.

　임제선사께서 말했다.

　"일반적인 고정관념으로 살아가는 것이 꼭 맞는 것이라고 하지는 말아야 한다."

《해설》

  * 일반적인 관념이란 나이와 계급, 권력, 부귀, 명예등등에 따라
차별분별하는 것이 도덕이고 윤리라고 하지만 좌도량인 여기에서
는 모든 관념을 타파하고 자유자재로 살아가는 대자유인이 되는
것이다. 그러므로 노숙은 이것을 자각하여 공(空)을 실천하는 자
유인으로 살아가게 된 것이다. 임제선사가 말하는 무의도인으로
살아가는 불법(佛法)의 도둑인 것이다.

  首座侍立次, 師云. 還有過也無.
  首座云. 有.
  師云. 賓家有過, 主家有過.
  首座云. 二俱有過.
  師云. 過在什麼處, 首座便出去.
  師云. 莫道無事好.
  後有僧擧似南泉, 南泉云. 官馬相踏.

《번역》

  수좌(首座)가 임제선사 곁에서 시자(侍者)로 있을 때 임제
선사께서 물었다.

  "앞의 이 대화에서 과오(過誤)가 있는가?"

  수좌(首座)가 대답했다. "있습니다."

  임제선사께서 말했다. "객에게 과오(過誤)가 있는가? 주인

에게 과오(過誤)가 있는가?"

수좌(首座)가 대답했다. "두 사람 모두에게 과오가 있습니다."

임제선사께서 말했다. "과오(過誤)가 어디에 있는가?" 수좌(首座)가 바로 나가버렸다.

임제선사께서 말했다.

"일반적인 고정관념으로 살아가는 것이 꼭 맞는 것이라고 하지는 말아야 한다."

이후에 어느 스님이 남전선사에게 이 대화를 똑 같이 말을 하니 남전선사께서 말했다.

"훌륭한 관마(官馬)가 서로 승부를 겨루는 모습입니다."

무위진인(無位眞人)

8) 노주(露柱)로 감변하다

師因入軍營赴齋, 門首見員僚, 師指露柱問. 是凡是聖. 員僚無語.

師打露柱云. 直饒道得, 也祇是箇木橛, 便入去.

《번역》

　임제선사께서 군부대에 공양을 하기 위하여 들어가는데 정문을 지키는 군인을 보고는 임제선사께서 기둥을 가리키며 물었다. "범부인가 성자인가?" 군인이 대답을 하지 못했다.

　임제선사께서 기둥(露柱)을 때리며 말했다.

　"아무리 정확하게 말을 해도 단지 나무(木)이다."라고 하며 바로 들어갔다.

9) 원주를 감변하다

師問院主. 什麼處來.
主云. 州中糶黃米去來.
師云. 糶得盡麼.
主云. 糶得盡.
師以杖面前, 畫一畫云. 還糶得這箇麼.
主便喝, 師便打.

《번역》

임제선사께서 원주(院主)스님에게 물었다.

"어디에 갔다 오는가?"

원주스님이 대답했다.

"고을(州, 정부의 수매처)에 가서 황미(黃米, 차조, 찰기장, 쌀)를 팔고 왔습니다."

임제선사께서 물었다. "쌀을 모두 팔았는가?"

원주스님이 대답했다. "쌀을 모두 팔았습니다."

임제선사께서 주장자를 가지고 원주스님의 면전에다 한 일자를 한 획 그리고는 말했다.

"이것도 팔 수 있는가?"

원주스님이 바로 할(喝)을 하니 임제선사는 바로 주장자로 바닥을 내려쳤다.

典座至, 師擧前語, 典座云. 院主不會和尚意.

師云. 爾作麼生.

典座便禮拜, 師亦打.

《번역》

전좌(典座, 선원의 공양담당)스님이 오니 임제선사께서 앞
의 대화를 똑같이 들어 다시 말을 하니 전좌(典座)가 말했다.
"원주(院主)스님은 임제화상의 뜻을 모르는 것입니다."

임제선사께서 말했다. "그대는 어떻게 생각하는가?"

전좌(典座)스님이 바로 예배하니 임제선사께서 역시 주장
자로 바닥을 내려쳤다.

《해설》

＊ 항상 어디에서나 자신을 놓지 않아야 한다는 것을 강조하는
감변이다.

10) 좌주와 시자의 병을 치료하다

有座主來, 相看次, 師問. 座主講何經說.

主云. 某甲荒虛, 粗習『百法論』.[14)]

師云. 有一人, 於三乘十二分教明得, 有一人, 於三乘十二分教明不得, 是同是別.

主云. 明得卽同, 明不得卽別.

《번역》

어느 좌주(座主)스님이 와서 인사를 하니 임제선사께서 물었다.

"좌주(座主)스님은 무슨 경론을 강의하십니까?"

좌주스님이 대답했다.

---

14) 『大乘百法明門論』本事分中略錄名數 天親菩薩造 大唐三藏法師玄奘譯 (『大正藏』31, 855쪽, 중9.): 如世尊言. 一切法無我, 何等一切法, 云何爲無我, 一切法者, 略有五種. 一者心法, 二者心所有法, 三者色法, 四者心不相應行法, 五者無爲法. 一切最勝故, 與此相應故. 二所現影故. 三分位差別故. 四所顯示故. 如是次第,

　第一心法略有八種. 一眼識, 二耳識, 三鼻識, 四舌識, 五身識, 六意識, 七末那識, 八阿賴耶識.

　第二心所有法, 略有五十一種. 分爲六位, …

　第三色法, 略有十一種. 一眼二耳三鼻四舌五身, 六色七聲八香九味十觸, 十一法處所攝色.

　第四心不相應行法, 略有二十四種. 一得二命根, 三衆同分, 四異生性, 五無想定, 六滅盡定, 七無想報, 八名身九句身十文身, 十一生十二老, 十三住十四無常, 十五流轉, 十六定異, 十七相應, 十八勢速, 十九次第, 二十方, 二十一時, 二十二數, 二十三和合性, 二十四不和合性.

　第五無爲法者, 略有六種. 一虛空無爲, 二擇滅無爲, 三非擇滅無爲, 四不動滅無爲, 五想受滅無爲, 六眞如無爲.

　言無我者, 略有二種. 一補特伽羅無我(인무아), 二法無我.

"저는 많이 알지 못하여 『백법론(百法論)』을 공부하고 있습니다."

임제선사께서 말했다.

"어느 한 사람은 3승과 12분교(三乘十二分敎, 성문연각보살, 모든 경전)를 명확하게 체득하였고, 어느 한 사람은 삼승십이분교를 명확하게 체득하지 못했다고 하면 이것이 같은가 다른가?"

좌주(座主)스님이 대답했다.

"명확하게 체득하면 불법(佛法)과 같게 되고, 명확하게 체득하지 못하면 차별분별이 있습니다."

樂普爲侍者, 在師後立云. 座主這裏, 是什麼所在, 說同說別.
師回首問侍者. 汝又作麼生.
侍者便喝.
師送座主, 回來遂問侍者. 適來是汝喝老僧.
侍者云. 是, 師便打.

《번역》

낙보(樂普)스님이 시자(侍者)로 임제선사의 뒤에서 시봉하고 있다가 말했다. "좌주(座主)스님은 이 좌도량(坐道場)에 와있으면서 어떻게 같다 다르다고 말합니까?"

임제선사께서 머리를 돌려 시자(侍者)에게 물었다.

"그대는 어떻게 생각하는가?"

시자(侍者)는 바로 할(喝)을 했다.

임제선사께서 좌주(座主)스님을 전송하고 돌아와서 시자에게 물었다.

"방금 전에 그대가 노승(老僧)에게 할(喝)을 했는가?"

시자(侍者)가 대답했다. 예! 하고 대답하니 임제선사께서 바로 주장자로 바닥을 내려쳤다.

《해설》

＊좌주스님은 경전을 통달하면 무의도인이 되는 것이라고 알고 있는 것이고, 시자는 자신이 안다는 선병에 걸렸다는 사실을 모르는 것이므로 임제스님께서 감변하며 제도(濟度)하는 내용이다.

견성성불(見性成佛)

11) 임제선사가 덕산선사를 친견하다

師聞第二代德山, 垂示云. 道得也三十棒, 道不得也三十棒.

師令樂普去問. 道得為什麼, 也三十棒, 待伊打汝, 接住棒送一送, 看他作麼生.

普到彼, 如教而問, 德山便打, 普接住送一送, 德山便歸方丈.

普回舉似師, 師云. 我從來疑著這漢, 雖然如是, 汝還見德山麼.

普擬議, 師便打.

《번역》

임제선사께서는 제2대 덕산선사께서 수시(垂示)설법을 하시면서 말씀하시는, "말을 해도 30방망이(주장자) 맞아야 하고 말을 하지 못해도 30방망이(주장자) 맞아야 한다."라고 했다는 말을 들었다.

그래서 임제선사께서 낙보(樂普)를 시켜서 다음과 같이 묻고 다음과 같이 행하게 하였다. "말을 하면 왜 30방망이(주장자)를 맞아야 합니까? 라고 하면 덕산선사께서 그대를 때리려고 할 것이니 그러면 그대가 방망이(주장자)를 잡고 한번만 밀고 나면 덕산선사께서 어떻게 하는지 잘 보도록 하라."고 하였다.

낙보스님이 그곳에 도착하여 임제선사께서 시키는 것처럼 물으니 덕산선사께서 바로 주장자로 바닥을 쳐서 낙보스님이 방망이(주장자)를 잡고 한번만 밀고 나니 덕산선사께서 바로 방장실로 돌아가셨다.

낙보스님이 돌아와서 임제선사에게 이와 똑같이 말씀을 드리니 임제선사께서 말했다.

"내가 지금까지 그 노인을 특별한 무의도인이라고 알고 있었는데 비록 그것은 그렇다고 하더라도 그대는 덕산의 진짜 모습을 친견했는가?"

낙보스님이 무슨 말을 하려고 주저하니 임제선사께서 바로 주장자로 바닥을 내려쳤다.

《해설》

*『조당집』19권 「임제장」에 의하면, 「師問落浦. '從上15)有一人行棒, 有一人行喝, 還有親疎(疎, 疏)也無?' 落浦云. '如某甲所見, 兩个惣(總)不親.' 師云. '親處作摩生.' 落浦遂喝. 師便打之. 因德山見僧參, 愛趂打. 師委得, 令侍者到德山. '打汝, 汝便接取柱杖, 以柱杖打一下.' 侍者遂到德山, 皆依師指. 德山便歸丈室. 侍者却歸, 擧似師, 云. '從來疑 這个老漢.'」;『전등록』15권에 의하면, 「師尋常遇僧到參, 多以拄杖打. 臨濟聞之遣侍者來參, 教令德山若打汝但接取拄杖當胸一拄. 侍者到方禮拜, 師乃打. 侍者接得拄杖與一拄. 師歸方丈. 侍者迴擧似臨濟, 濟云. 後來疑遮箇漢.」『景德傳燈錄』卷15(『大正藏』51, 318쪽. 상7.) 이라고 하고 있다.『조당집』19권,『景德傳燈錄』15권 등에도 전하고 있는 내용으로 낙포(落浦, 樂普元安,

---

15) 종상(從上): 종래(從來). 지금까지. 오늘까지.

834-898)가 시자로 있을 때에 덕산(德山宣鑑, 782-865)과 낙보의 안목을 모두다 감변하는 내용이다. 덕산스님이나 임제스님께서 수행자들을 제도하는 방편으로 봉(棒)이나 할(喝)을 사용한 것은 잘 알려져 있는 내용이다. 실제로 수행자를 때리는 도구가 아니라 잘못된 고정관념을 파괴시키는 방편의 도구이고 자신들이 수행자들을 제도하시고자 하는 간절함이 가득한 자비심인 것이다. 수행자들에게 자세하게 설명을 하여 주시고 싶어도 알아듣는 수행자들의 안목의 차이 때문에 덕산스님께서도 불법(佛法)은 논쟁으로 하는 것이 아니라는 것을 직접 몸소 행동으로 보여주시는 내용이다.

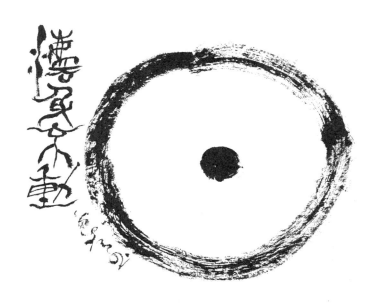

법신부동(法身不動)

12) 금가루

王常侍, 一日訪師, 同師於僧堂前看, 乃問. 這一堂僧, 還看經麼.

師云. 不看經.

侍云. 還學禪麼.

師云. 不學禪.

侍云. 經又不看, 禪又不學, 畢竟作箇什麼.

師云. 總教伊成佛作祖去.

侍云. 金屑雖貴, 落眼成翳, 又作麼生.

師云. 將為爾是箇俗漢.

《번역》

하북부 주왕(主王)의 상시(常侍)가 어느 날 임제선사를 방문하여 임제선사와 같이 승당(僧堂)앞에서 스님들을 살펴보고는 물었다.

"이 승방(僧房)에 있는 모든 스님들은 간경(看經)을 합니까?"

임제선사께서 대답했다.

"간경(看經)을 하지 않습니다."

주왕의 상시(常侍)가 물었다.

"아니면 참선을 합니까?"

임제선사께서 대답했다.

"참선도 하지 않습니다."

주왕의 상시(常侍)가 물었다.

"간경(看經)도 하지 않고, 참선도 배우지 않으면 결국(畢竟, 구경, 도대체)에는 무엇을 합니까?"

임제선사께서 대답했다.

"그 스님들에게 모두 성불(成佛)하게 하고 조사(祖師)가 되게 가르치고 있습니다."

주왕의 상시(常侍)가 말했다.

"금가루가 비록 귀중하기는 하지만 눈 안에 들어가면 장애(障碍)가 되는 것인데 또 이와 같이 된다면 어떻게 하겠습니까?"

임제선사께서 말했다.

"그대를 한 사람의 속인(俗人) 정도로 알고 있었습니다."

《해설》

* 상시(常侍)를 성자로 보는 경우와 상시의 안목이 뛰어나다고 할 수도 있는 것이다. 성자로 보면 여러 가지 문제가 있을 수도 있는 것이고 뛰어난 불법(佛法)의 수호신으로 보면 정치권과 연계된 것을 알 수 있으므로 『임제록』을 세상에 나오는 역할을 한 장본인이라고 생각할 수 있다.

* 금설수귀 낙안성예(金屑雖貴, 落眼成翳): 금이 사람에게는 이롭다고 하는 것은, 불법(佛法)으로 살아가는 것은 당연한 이치이지만 잘못하면 불법(佛法)을 너무 쉽게 아는 부작용도 있을 수 있다고 하는 것이다. 즉 불법(佛法)의 가르침은 모두가 지금 무의도인(無依道人)으로 살아가는 것이지 부처나, 조사, 무의도인(無依道人)이라는 금가루에 떨어지지 말아야 한다는 말이다.

13) 노지백우

師問杏山. 如何是, 露地白牛.

山云. 吽吽.

師云. 啞那.

山云. 長老作麼生.

師云. 這畜生.

《번역》

임제선사께서 행산스님에게 물었다.

"노지백우(露地白牛, 佛心)가 무엇인가?"

행산스님이 대답했다.

"소가 우는소리를 냈다."

임제선사께서 말했다.

"어찌 벙어리가 되었는가?"

행산스님이 물었다.

"장로(長老)스님께서는 어떻게 설명하시겠습니까?"

임제선사께서 대답했다.

"무의도인(無依道人)이 백우처럼 자유롭게 사는 것이다."

《해설》

* 노지백우(露地白牛): 노지백우라고 하는 것은 노지(露地)라는 좌도량이나 극락세계를 말하는 것이고, 백우는 무의도인(無依道

人)을 말하는 것이다. 행산스님은 자신이 백우라는 말을 소 울음소리를 낸 것이고 임제스님은 무의도인(無依道人)의 삶은 백우(白牛)로 자유자재하게 속박되지 않는 삶을 살아가는 것이라고 하는 것이다.

14) 봉(棒)과 할(喝)

師問樂普云. 從上來, 一人行棒, 一人行喝, 阿那箇親.
普云. 總不親.
師云. 親處作麼生.
普便喝, 師乃打.

《번역》

　임제선사께서 낙보스님에게 물었다.
　"지금까지 무의도인 한 사람(一人)은 주장자(棒)로 중생을 제도(濟度)하였고, 또 무의도인 한 사람(一人)은 할(喝)로 중생을 제도(濟度)하였는데 어느 사람이 중생을 잘 제도(濟度)하는 것인가?"
　낙보스님이 대답했다.
　"두 사람 모두 중생제도를 잘하는 것은 아닙니다."
　임제선사께서 물었다.

"어떻게 하면 중생제도를 잘하는 것인가?

낙보스님이 바로 할(喝)을 하니 임제선사께서 바로 주장자로 바닥을 때렸다.

《해설》

* 이 내용은 앞단에 덕산스님을 감변하는 부분으로 『조당집』 19권에 기록되어 있다. 낙보스님이 모두를 부정하는 독선적인 안목으로 할(喝)을 한 것을 감변하여 주장자로 경책하는 것이다.

15) 양손

師見僧來, 展開兩手, 僧無語, 師云. 會麼.
云. 不會.
師云. 渾崙擘不開, 與爾兩文錢.

《번역》

　임제선사께서 어느 스님이 오는 것을 보고 양손을 펼쳐 보이니 그 스님이 말을 하지 못하자 임제선사께서 물었다.
　"알겠는가?"
　그 스님이 대답했다.
　"모르겠습니다."
　임제선사께서 말했다.
　"혼륜(渾崙, 混沌, 佛心)을 쪼개어서 열게 할 수 없으니 그대에게 두어 푼을 주어야겠다."

《해설》

　* 임제스님이 양손을 펼쳐 보이는 것은 아무런 망념(妄念)이 없이 무의도인(無依道人)으로 살아야 한다는 것을 함축시킨 것인데, 이것을 이해하고 실천하지 못하는 수행자의 근기(根器)를 파악하고 작은 자비를 베풀겠다는 것이다.

16) 이심전심의 감변

大覺到參, 師擧起拂子, 大覺敷坐具.

師擲下拂子, 大覺收坐具入僧堂.

眾僧云. 這僧莫是, 和尚親故, 不禮拜, 又不喫棒.

師聞, 令喚覺, 覺出, 師云. 大眾道汝, 未參長老.

覺云. 不審, 便自歸眾.

《번역》

　대각스님이 임제선사를 찾아와서 참문(參問)하니 임제선사
께서 불자(拂子)를 세우니 대각스님은 좌구(坐具, 좌복)를 펴
고 앉았다.

　임제선사께서 불자(拂子)를 내려놓으니 대각스님이 좌구
(坐具, 좌복)를 거두어 정리하여 두고는 승당(僧堂)으로 들어
갔다.

　대중스님들이 말했다.

　"저 스님은 임제선사와 얼마나 친한 사람이기에 예배도 하
지 않고 주장자로 야단도 맞지 않는 것인가?"라고 의심을 하
였다.

　임제선사께서 이 소리를 듣고 대각스님을 불러오게 하여 대
각스님이 오자 임제선사께서 말했다.

　"대중스님들이 그대는 장로(長老)에게 아직 참문(參問, 참

배, 예배)도 하지 않았다고 한다."

대각스님이 말했다.

"안녕하십니까?" 하고는 바로 자신이 승당(僧堂)의 대중 속
으로 돌아갔다.

《해설》

  * 임제스님과 대각스님의 감변을 정확하게 보여주는 단이다. 일
반적인 예의는 입으로 인사를 하는 것 아니면 엎드려 절을 하는
것인데 여기에서는 서로를 정확하게 파악하는 이심전심을 행동으
로 표현한 것인데 대중들이 파악하지 못하자 안녕하십니까? 라는
말을 한 것이다.

여기에서 염화미소, 불립문자의 의미를 행동으로 실천하여 대중
을 제도하는 두 무의도인의 모습을 볼 수 있는 것이다.

17) 조주선사와 감변

趙州行脚時參師, 遇師洗脚次, 州便問. 如何是祖師西來意.
師云. 恰値老僧洗脚.
州近前, 作聽勢, 師云. 更要第二杓惡水潑在.
州便下去.

《번역》

　　조주선사(778-897)께서 행각할 때에 임제선사(?-866)를
참문(參問)하니 임제선사께서 발을 씻고 있는데 조주선사께
서 바로 물었다.
　　"달마조사께서 서쪽에서 이곳에 오신 구경의 뜻은 무엇입
니까?"
　　임제선사께서 대답했다.
　　"바로 때 마침 노승이 발을 씻고 있습니다."
　　조주선사께서 가까이 가서 자세하게 들으려는 모습을 하니
임제선사께서 말했다.
　　"다시 두 번째로 발 씻은 악수(惡水)를 덮어쓰는 것입니다."
　　조주선사께서 바로 내려갔다.

《해설》

　　* 밖에서 행화(行化)를 하고 돌아와서 발을 씻고 있을 때에 조주
스님이 불법(佛法)의 대의를 물으니 '발을 씻고 있다.' 라고 지금의

행동을 말하고 있다. 조주스님과 임제스님의 역할을 바꿔서 기록하기도 한데 서로를 감변하는 것으로 후대의 사람들이 우열을 나타내려는 의도가 있는 것이나 이 내용을 자세하게 보면 우열은 별의미가 없는 것이다. 달마조사께서 서쪽에서 이곳에 오신 구경의 뜻이 지금 자신이 행화하고 돌아와서 발을 씻는 것과 같은 것이다. 만약 묻는 사람이 불법(佛法)에 대한 내용을 모르고 물으면 대답을 들어도 모를 수 밖에 없는 것이고 알고 물으면 대답을 듣고 대답하는 사람을 감변할 수 있게 되는 것이다. 조주스님께서 더 자세하게 임제스님을 확인하려고 하니 달마조사께서 오신 구경의 뜻을 말로 하면 사족(蛇足)이 되어 쓸데없는 일을 하는 것이라고 하니 조주스님이 파악을 하였다는 내용으로 서로가 감변하는 것이다.

행화(行化)

18) 정상좌

有定上座, 到參問. 如何是佛法大意.

師下繩床, 擒住與一掌, 便托開, 定佇立.

傍僧云. 定上座, 何不禮拜.

定方禮拜, 忽然大悟.

《번역》

정(定)상좌(上座)라고 하는 스님이 임제선사에게 도착하여 참문(參問)을 하며 물었다.

"어떻게 하는 것이 불법(佛法)의 대의(大意)를 올바르게 실천하는 궁극적인(究竟) 것입니까"

임제선사께서 승상(繩床)에서 내려와 꽉 잡았다가 다시 바로 잡고는 바로 밀어버리니 정(定)상좌(上座)가 멍하게 가만히 있었다.

옆에 있던 스님이 말했다.

"정(定)상좌(上座)는 왜 예배를 하지 않습니까?"

정(定)상좌(上座)가 비로소 예배를 하다가 홀연히 크게 깨닫게 되었다.

《해설》

* 이 내용은 파주(把住)와 방행(放行)을 동시에 행하며 교화하는 것으로 정상좌가 임제스님을 처음 만난 것으로 보이지는 않고 여러 차례 지도를 받다가 대오하는 장면을 표현한 것으로 생각된다.

19) 마곡선사와 감변

麻谷到參, 敷坐具問. 十二面觀音, 阿那面正.

師下繩床, 一手收坐具, 一手搊麻谷云. 十二面觀音, 向什麼處去也.

麻谷轉身, 擬坐繩床, 師拈拄杖打, 麻谷接却, 相捉入方丈.

《번역》

　마곡선사가 임제선사를 방문하여 참문하며 좌구(坐具)를 펴고 앉아서 물었다.

　"12면(面) 관세음보살의 어느 얼굴이 정면입니까?"

　임제선사가 승상(繩床, 法座, 의자)에서 내려와 한 손은 좌구(坐具)를 잡고 한 손은 마곡선사를 잡고 물었다.

　"12면(面) 관세음보살이 어디로 갔는가?"

　마곡선사가 몸을 돌려 승상(繩床)에 앉으려고 하니 임제선사가 주장자를 잡고 바닥을 때리자 마곡선사가 도리어 주장자를 잡으니 같이 주장자를 잡고 방장실로 들어갔다.

《해설》

　＊ 이 내용은 앞부분에서는 다음과 같이 기록하고 있다. 「時麻谷出問. 大悲千手眼, 那箇是正眼. 師云. 大悲千手眼, 那箇是正眼, 速道速道. 麻谷拽師下座, 麻谷却坐. 師近前云. 不審. 麻谷擬議, 師亦拽麻谷下座, 師却坐. 麻谷便出去, 師便下座.」 서로를 감변하기 위

하여 일반적인 지식으로는 대답하지 못하는 문제를 제기하여 각자의 안목을 점검하고 서로를 인가하는 내용이다. 여기에 두 무의도인(無依道人)이 무애자재하게 춤을 추는데 무슨 말을 더 할 수 있단 말인가? 말을 하면 사족(蛇足)이 되네!

20) 할(喝)의 종류에 대하여 설명하다

師問僧. 有時一喝, 如金剛王寶劍, 有時一喝, 如踞地金毛師子, 有時一喝, 如探竿影草, 有時一喝, 不作一喝用, 汝作麼生會.

僧擬議, 師便喝.

《번역》

임제선사께서 어느 스님에게 물었다.

"어느 때의 할(喝)은 금강왕보검(金剛王寶劍)과 같은 할(喝)이고, 어느 때의 할(喝)은 웅크리고 앉아 있는 금모사자(踞地金毛師子)와 같은 할(喝)이고, 어느 때의 할(喝)은 고기를 유인하기 위해 장대 끝에 묶은 풀과 같은 할(喝)이고, 어느 때의 할(喝)은 할(喝)의 역할(役割, 구실)을 하지 못하는 할(喝)인데 그대는 이것을 알겠는가?"

그 스님이 의논하려고 무슨 말을 하려고 하니 임제선사께서 바로 할(喝)을 하였다.

《해설》

* 이 부분은 임제스님을 할(喝)로 부각시키고 덕산스님은 봉(棒)으로 나타내려는 의도를 가지고 할(喝)의 역할(役割)을 자세하게 설하고 있는 것으로 보인다.

금강왕보검(金剛王寶劍)과 같은 할(喝)은 일체의 번뇌를 반야의 지혜로 차단하는 할(喝)로 옴!(唵)이나 무!(無)와 같은 역할(役割)을 하는 것이다. 거지금모사자(踞地金毛師子)와 같은 할(喝)은 수행자를 감변하기 위하여 할(喝)을 하여 수행자의 선병(禪病)을 제거하는 할(喝)이다. 탐간영초(探竿影草)와 같은 할(喝)은 수행자의 잘못된 안목을 끌어내는 역할(役割)을 하는 할(喝)이다. 부작일할용(不作一喝用)의 할(喝)이라는 것은 여러가지로 해석할 수 있는 부분이다. 아무나 하는 할(喝)이나 자신을 나타내는 할(喝), 소리만 나는 할(喝) 등등으로 상상할 수 있지만 여기에서 임제스님이 하는 할(喝)이고 무의도인을 감변하는 할(喝)이므로 할(喝)의 작용을 하지 않는 할(喝)이라고 말한 것이라고 보인다.

21) 비구니와 감변

師問一尼. 善來惡來.

尼便喝, 師拈棒云. 更道更道.

尼又喝, 師便打.

《번역》

　임제선사께서 어느 비구니스님에게 물었다.

　"선(善)한 생각을 가지고 왔는가 아니면 나쁜 생각을 가지고 왔는가?"

　비구니스님이 바로 할(喝)을 하니 임제선사께서 주장자를 들고 말했다.

　"다시 말해 보시오, 다시 말해 보시오."

　비구니스님이 또 할(喝)을 하니 임제선사께서 바로 주장자로 바닥을 때렸다.

《해설》

　＊ 감변하는 방법으로 주장자와 할(喝)을 사용하여 수행자를 파악하고 제도(濟度)하는 것이다. 여기에서도 누구는 옳고 누구는 잘못됐다는 생각을 가지지 말고 서로를 감변하고 인도하는 것이라고 하면 좋을 것이라고 생각된다.

22) 용아선사와 감변

龍牙問. 如何是祖師西來意.

師云. 與我過禪板來.

牙便過禪板與師, 師接得便打.

牙云. 打即任打, 要且無祖師意.

牙後到翠微問. 如何是祖師西來意.

微云. 與我過蒲團來.

牙便過蒲團與翠微, 翠微接得便打.

牙云. 打即任打, 要且無祖師意.

牙住院後, 有僧入室, 請益云. 和尚行脚時, 參二尊宿因緣, 還肯他也無.

牙云. 肯即深肯, 要且無祖師意.

《번역》

용아스님이 물었다.

"달마조사께서 서쪽에서 이곳에 오신 구경의 뜻은 무엇입니까?"

임제선사께서 대답했다.

"나에게 선판(禪板)을 가져다주시오."

용아스님이 바로 선판(禪板)을 임제선사에게 가져다 드리니 임제선사께서 선판(禪板)을 받고는 바로 주장자로 바닥을 때렸다.

용아스님이 말했다.

"때리는 뜻은 알겠습니다만 마땅히 있어야 할 조사(祖師)께서 오신 구경의 뜻은 없습니다."

용아스님이 이후에 취미선사에게 가서 물었다.

"달마조사께서 서쪽에서 이곳에 오신 구경의 뜻은 무엇입니까?"

취미선사가 대답했다.

"나에게 좌복(방석)을 가져다주시오."

용아스님은 바로 좌복을 취미선사에게 가져다 드리니 취미선사께서 좌복을 받고는 바로 주장자로 바닥을 때렸다.

용아스님이 말했다.

"때리는 뜻은 알겠습니다만 마땅히 있어야 할 조사(祖師)께서 오신 구경의 뜻은 없습니다."

용아스님이 이후에 선원(禪院)에 조실로 있을 때 어느 스님이 방장실에 들어와서 청익(請益, 수행자가 지도를 구하기 위하여 스승에게 직접 질문하는 것)하면서 물었다.

"화상께서 행각하실 때 두 존숙을 참문(參問)한 인연(因緣)이 있다고 들었는데 그 두 존숙이 대답하신 것을 긍정하신 것입니까? 아닙니까?"

용아스님은 대답했다.

"긍정하는 것은 깊이 긍정하지만, 마땅히 있어야 달마조사께서 오신 구경의 뜻은 또 없는 것이다."

《해설》

 * 용아스님이 불법(佛法)의 구경(究竟)은 없다고 말하는 것은 자신의 행동도 지금 무의도인으로 하는 일이라는 것을 나타내는 것으로 지금 진여의 지혜로 살아가는 자신의 모습을 감변하는 것이다. 어디에서나 자신이 자신을 관조하여 어디에서나 어긋나지 않았다는 사실을 점검하기 위하여 선지식을 친견한 것이다.

정법안장(正法眼藏)

23) 경산의 대중과 임제선

徑山有五百眾, 少人參請, 黃蘗令師到徑山, 乃謂師曰. 汝
到彼作麼生.

師云. 某甲到彼, 自有方便.

師到徑山, 裝腰上法堂, 見徑山, 徑山方舉頭, 師便喝.

徑山擬開口, 師拂袖便行.

尋有僧問徑山. 這僧適來, 有什麼言句, 便喝和尚.

徑山云. 這僧從黃蘗會裏來, 爾要知麼, 且問取他.(者僧從
黃蘗會裡來, 儞要知, 自去問取他.)

徑山五百眾, 太半分散.

★ ( ) 안은 천성광등록 본

《번역》

　경산선사 문하에 오백 명의 대중들이 살고 있었는데 참문
(參問)하고 청익(請益)하는 사람들이 얼마 없다고 하기에 황
벽선사께서 임제선사를 시켜서 경산선사에게 가보라고 하고
는 이내 임제선사에게 물었다.

　"그대가 경산선사에게 가서는 어떻게 하려고 하는가?"

　임제선사가 대답했다.

　"제가 그곳에 도착하면 본래 가지고 있는 방편(佛法)으로
할 것입니다."

임제선사가 경산에 도착하여 행장(行裝)을 메고 법당에 가서 경산선사를 친견하는데 경산선사가 비로소 머리를 드니 임제선사가 바로 할(喝)을 하였다.

경산선사가 말을 하려고 입을 열려 하는데 임제선사는 소매를 흔들며 바로 나갔다.

얼마 후에 어느 스님이 경산선사에게 물었다.

"그 스님을 만났을 때에 무슨 말이 있었기에 바로 화상에게 할(喝)을 했습니까?"

경산선사가 대답했다. "그 스님은 황벽선사의 문하에서 왔는데 그대가 알고 싶다면 자신이 가서 그에게 물어 봐야한다."

이것으로 인하여 경산문하의 오백 명의 대중들이 태반(太半)이나 분산(分散)되었던 것이다.

《해설》

* 경산의 수행법을 임제나 황벽의 수행법으로 바꾸기 위해 만든 단락이라고 보인다. 경산에 대중들이 많이 살고는 있지만 참청(參請, 참문하고 청익)하는 수행자가 적었다고 하는 것은 각자가 필경공(畢竟空)이나 소승의 수행법으로 수행하고 있었을 가능성이 있는 것이다. 경산에 500대중이 살고 있었다고 하는 것은 이 시대의 수행법이 황벽이나 임제의 선법으로 수행하지 않았다고 하는 것이 된다. 그러므로 할(喝) 한마디에 대중의 절반을 황벽에게 보내는 결과를 가져오고 임제선을 융성하게 하는 역할을 경산스님이 하였다는 것을 말하고 있는 것이다.

24) 보화선사의 무여열반

普化一日, 於街市中, 就人乞直裰, 人皆與之, 普化俱不要.
師令院主, 買棺一具, 普化歸來, 師云. 我與汝做 得箇直裰
了也.
普化便自擔去, 繞街市叫云. 臨濟與我, 做直裰了也, 我往
東門遷化去.
市人競隨看之, 普化云. 我今日未, 來日往南門遷化去.
如是三日, 人皆不信, 至第四日, 無人隨看, 獨出城外, 自入
棺內, 倩路行人釘之.
即時傳布, 市人競往開棺, 乃見全身脫去, 祇聞空中, 鈴響
隱隱而去.

《번역》

보화선사께서 어느 날 하루는 시장의 길거리에서 따르는 사
람들에게 승복(直裰, 평상복)을 보시(布施)하라고 하여 신도
들이 승복을 해다 주니 보화선사께서는 모두에게 이것이 아
니라고 하며 받지 않았다.

그래서 임제선사께서 원주를 시켜 관(棺)을 하나 사오게 하
였는데 보화선사께서 사찰로 돌아오자 임제선사가 말했다.

"내가 보화선사를 위하여 만족할 만한 일개(一箇)의 승복을
만들었습니다."

보화선사께서 바로 관을 자신이 짊어지고 시장의 길거리로 다니면서 소리쳤다.

"임제선사가 승복을 만들어 줘서 나는 동문(東門, 동쪽에 있는 성곽의 문)으로 가서 입적(入寂, 遷化)하겠다."라고 하였다.

그래서 시장의 사람들이 앞 다투어 보화선사를 따라가 보니 보화선사가 말했다.

"나는 오늘은 입적하지 못하겠고 내일 남문(南門, 남쪽에 있는 성곽의 문)으로 가서 입적하겠다."라고 하였다.

이와 같이 3일간 시장 안에서 소리치고 다니자 사람들이 모두 믿지 않았는데 4일째 되는 날에는 따라가는 사람들이 아무도 없게 되어 혼자 성(城) 밖으로 나가서 자기 스스로 관속으로 들어가 길가는 사람에게 관 뚜껑에 못을 박아 달라고 하였다.

곧 바로 이것이 시장에 전해지게 되어 시장의 사람들이 앞 다투어 가서 관 뚜껑을 열어보니 보화선사께서는 완전하게 입적하여 사라졌고 단지 허공에서 보화선사께서 요령으로 제도(濟度)하던 요령소리만 은근히 들리며 고요하게 사라져 갔다.

《해설》

* 한 사람이 죽으면 한 우주가 사라지는 것을 나타내는 비유를 설하는 것이고 중생을 제도한 종적도 결국은 요령소리처럼 종소리처럼 사라져 가는 것을 아쉬워하며 기록한 것이다. 임제선사가 관

을 준비한 것으로 기록한 것은 임제를 중심으로 교화하고자 하는 제자나 추종하는 기타의 권력에 의한 것이라고 할 수 있을 것이다.

　이런 전신탈거를 신비적이라고 생각하며 특별한 신통으로 보는 견해가 많은 것은 이것을 이용하는 무리들이 있기 때문이라고 생각된다. 보화스님이 완전하게 입적하여 사라졌다는 것은 육신의 생명이 완벽하게 사라졌다는 것을 말하는 것이고 요령소리가 들렸다고 하는 것은 많은 사람들이 아쉬워한다는 것을 의미한다고 생각된다.

몰종적(沒蹤跡)

VI. 행록(行錄)

1) 임제스님도 수행하여 무의도인이 되다

師初在黃蘗會下, 行業純一, 首座乃歎曰. 雖是後生, 與衆
有異, 遂問. 上座在此多少時.

師云. 三年.

首座云. 曾參問也無.

師云. 不曾參問, 不知問箇什麽.

首座云. 汝何不去問, 堂頭和尚, 如何是佛法的的大意.

師便去問, 聲未絕, 黃蘗便打.

師下來, 首座云. 問話作麽生.

師云. 某甲問聲未絕, 和尚便打, 某甲不會.

首座云. 但更去問.

師又去問, 黃蘗又打.

如是三度發問, 三度被打, 師來白首座云. 幸蒙慈悲, 令某甲
問訊和尚, 三度發問, 三度被打, 自恨障緣, 不領深旨, 今且辭去.

《번역》

임제선사가 선(禪)으로 초발심하여 황벽선사의 회하(會下,
수행도량, 참문처)에서 행업순일(行業純一)하게 수행을 하니 수좌(首座)스님이 이에 찬탄하여 말하였다. "비록 후생(後生)이지만 일반 대중들보다는 특별하구나!"라고 하면서 임제스님에게 물었다.

"상좌(上座)스님은 이곳에서 얼마나 있었는가?"

임제스님이 대답했다. "삼 년간 있었습니다."

수좌스님이 물었다.

"이전에 황벽선사에게 참문(參問)은 하여 보았는가?"

임제스님이 대답했다.

"아직 참문(參問)을 하여 보지 못하였는데 무엇을 물어야 할지를 모르고 있습니다."

수좌스님이 말했다.

"그대는 어찌하여 당두(堂頭)에 계신 황벽화상에게 가서 '어떻게 하는 것이 불법(佛法)의 대의(大意)를 올바르게 실천하는 궁극적인(究竟) 것입니까'라고 물어 보지 않았는가?"

임제스님이 바로 황벽선사에게 가서 묻는 이 말을 다하기도 전에 황벽선사께서 바로 주장자로 바닥을 때렸다.

임제스님은 내려오니 수좌스님이 물었다. "물으니 무슨 말씀을 하시던가?"

임제스님이 대답했다. "제가 묻는 말을 다하기도 전에 황벽화상께서 바로 주장자로 바닥을 때리시던데 저는 무슨 뜻인지 알지 못하겠습니다."

수좌스님이 말했다. "그러면 다시 가서 한 번 더 물어보아라!"

임제스님이 또 가서 물으니 황벽선사께서 또 주장자로 바닥을 때렸다.

이와 같이 세 번 물었는데 세 번을 모두 이와 같이 때리시니 임제스님이 내려와서 수좌스님에게 고백하며 말했다.

"다행스럽게 스님의 자비를 입어서 제가 황벽화상에게 참문(參問)을 하게 하셨는데 세 번이나 물었는데도 세 번을 모두 이와 같이 때리시는데도 제가 황벽선사의 깊은 종지(宗旨)를 깨닫지 못하는 것이 원통하지만 저와는 인연이 없는 것 같아서 지금 떠나고자 합니다."

首座云. 汝若去時, 須辭和尚去.

師禮拜退, 首座先到, 和尚處云. 問話底後生, 甚是如法, 若來辭時, 方便接他. 向後穿鑿, 成一株大樹, 與天下人, 作蔭涼去在.

師去辭黃蘗, 蘗云. 不得往別處去, 汝向高安, 灘頭大愚處去, 必爲汝說.

師到大愚, 大愚問. 什麼處來.

師云. 黃蘗處來.

大愚云. 黃蘗有何言句.

師云. 某甲三度問, 佛法的的大意, 三度被打, 不知某甲, 有過無過.

大愚云. 黃蘗與麼老婆, 為汝得徹困, 更來這裏, 問有過無過.

師於言下大悟云. 元來黃蘗佛法, 無多子.

大愚搊住云. 這尿床鬼子, 適來道有過無過, 如今却道, 黃蘗佛法, 無多子, 爾見箇什麼道理, 速道速道.

師於大愚脅下, 築三拳.

大愚托開云. 汝師黃蘗, 非干我事.

《번역》

수좌스님이 말했다.

"그대가 만약 가려고 한다면 반드시 황벽화상에게 하직인사는 하고 가세요."

임제스님은 예배하고 물러나니 수좌스님이 먼저 황벽선사에게 가서말했다.

"불법(佛法)에 대하여 물은 저 후생(後生)은 아주 여법한 수행자인데 만약 하직 인사를 하러 오면 방편으로 그를 제접(提接)하여 주시기 바랍니다. 향후(向後)에 잘 다듬으면 큰 나무가 되어 천하의 사람들을 청량하게 할 것이라고 생각합니다."

임제스님이 황벽선사에게 가서 하직인사를 하니 황벽선사께서 말씀하셨다.

"부득이 해서 가야한다면 다른 곳으로 가지 말고 그대는 고안의 강가에 사는 대우선사에게로 가면 반드시 그대를 깨닫게 하는 말씀이 있을 것이다."

임제스님이 대우선사의 처소로 가니 대우선사께서 물었다. "어디에서 오는가?"

임제스님이 대답했다. "황벽선사의 처소에서 참문(參問)하다 왔습니다."

대우선사께서 물었다. "황벽선사께서는 무슨 말씀으로 가르쳐 주시던가?"

임제스님이 대답했다. "제가 세 번이나 불법(佛法)의 대의(大意)를 올바르게 실천하는 궁극적(究竟)인 것이 무엇인지 물었는데 세 번을 모두 주장자로 바닥을 때리시는데 저에게 무슨 허물이 있는지 알지 못하겠습니다."

대우선사께서 말했다.

"황벽선사께서 노파심으로 그렇게까지 그대를 위하여 철저하게 가르쳤는데 다시 이곳에 와서 허물이 있는지를 묻고 있구나!"

임제스님이 대우선사의 이 말씀을 듣고 크게 깨닫고는 말했다.

"원래 황벽선사의 불법(佛法)도 이와 같이 복잡하지 않구나!"

대우선사께서 임제스님을 움켜잡고는 말하였다.

"침대에 오줌 싸는 꼬마 녀석이 방금은 허물이 있는지를 묻더니 지금은 도리어 황벽선사의 불법(佛法)도 이와 같이 복잡하지 않다고 하는데 그대가 무슨 도리를 알았는지 빨리 말해 보아라. 빨리 대답해 보아라."

그리하여 임제스님이 대우선사의 옆구리를 세 번 툭툭 치니 대우선사께서 임제스님을 밀고는 말했다.

"그대의 스승은 황벽선사이니 내가 간여할 일은 아니다."

師辭大愚, 却回黃蘗, 黃蘗見來便問. 這漢來來去去, 有什麼了期.

師云. 秖為老婆心切, 便人事了侍立, 黃蘗問. 什麼處去來.

師云. 昨奉慈旨, 令參大愚去來.

黃蘗云. 大愚有何言句.

師遂擧前話, 黃蘗云. 作麼生, 得這漢來, 待痛與一頓.

師云. 說什麼待來, 即今便喫. 隨後便掌.

黃蘗云. 這風顚漢, 却來這裏, 捋虎鬚.

師便喝, 黃蘗云. 侍者引這風顚漢, 參堂去.

《번역》

임제스님이 대우선사를 하직하고 도리어 황벽선사의 회상으로 돌아오니 황벽선사께서 임제스님이 돌아온 것을 보고 바로 물었다.

"이놈이 왔다갔다하면서 언제 깨달아 마칠 날이 있겠는가?"

임제스님이 대답했다.

"단지 노파심이 간절했기 때문에 이렇게 돌아왔습니다."라고 인사를 하고는 황벽선사의 옆에 시자(侍者)로 모시고 있으니 황벽선사께서 물었다.

"어디 갔다 왔는가?"

임제스님이 대답했다.

"이전에 대우선사를 참문(參問)하라는 자비로운 말씀을 받들어 대우선사를 참문(參問)하고 돌아왔습니다."

황벽선사께서 물었다.

"대우선사가 무슨 말씀으로 가르쳐 주시던가?"

임제스님이 대우선사와의 대화를 그대로 말씀을 드리니 황벽선사께서 말했다.

"어떻게든 그 무의도인(無依道人)이 오면 잡아서 한번 아프게 때려야겠다."

임제스님이 말했다.

"오기를 기다리지 마시고 지금 바로 때리시지요." 하고는 바로 손뼉을 쳤다.

황벽(黃蘗)선사께서 말했다.

"이 풍전한(風顚漢, 선가의 용어로 자기의 제자를 인가하는 의미)이 다시 와서 호랑이 수염을 만지고 있구나!"라고 하셨다.

임제스님이 바로 할(喝)을 하니 황벽선사께서 말했다.

"시자(侍者)야 이 풍전한(風顚漢)을 데리고 가서 참당(參堂, 수행자가 선방에 처음 들어가 참문하게 하는 것)하게 하라."

後潙山, 擧此話問仰山. 臨濟當時, 得大愚力, 得黃蘗力.
仰山云. 非但騎虎頭, 亦解把虎尾.

《번역》

이후에 위산선사께서 이 대화를 똑같이 들어서 앙산선사에게 물었다.

"임제스님이 그 당시에 대우선사의 가르침에 의하여 깨달은 것인가 아니면 황벽선사의 가르침에 의하여 깨달은 것인가?"

앙산선사가 대답했다.

"비단 호랑이 머리에 탈 줄 아는 것만 아니고 호랑이 꼬리를 잡을 줄도 안 것이다."

《해설》

* 여기에서는 임제스님이 대오(大悟)하기 전의 수행을 행업순일이라는 한마디로 기록하고 있는데 선(禪)수행으로 전환하고 나서의 수행을 말한다고 볼 수 있다.

선수행 이전의 수행은 경율론을 매우 깊게 공부한 것이기에 대우스님과의 대화를 『조당집』에서는 『瑜伽師地論』과 唯識을 담론하였다고 기록하고 있는 것으로 보면 이 책에서는 선(禪)을 미화하려는 의도가 있었던 것으로 보인다. 대오(大悟)라고 하는 깨달음을 중요시하는 것이 어제 오늘의 일이 아니라는 것을 말하는 것으로 불교를 어느 목적에 사용하였다는 것이라고 볼 수 있다.

2) 황벽의 종풍을 계승한 임제종의 홍행을 예언

師栽松次, 黃蘗問. 深山裏栽許多, 作什麼.

師云. 一與山門作境致, 二與後人作標榜. 道了, 將钁頭打地三下.

黃蘗云. 雖然如是, 子已喫吾三十棒了也.

師又以钁頭, 打地三下, 作噓噓聲.

黃蘗云. 吾宗到汝, 大興於世.

《번역》

임제스님이 소나무를 심으니 황벽선사께서 물었다.

"깊은 산에 소나무를 많이 심어서 무엇을 하겠는가?"

임제스님이 대답했다.

"하나는 산문(山門)의 경치를 잘 만들기 위한 것이고, 또 하나는 후인(後人)들에게 표방(標榜, 표시)이 되게 하려고 합니다."라고 말을 하고는 괭이를 가지고 땅을 세 번 때렸다.

황벽선사께서 말했다.

"비록 그렇지만 그대는 이미 나에게 30봉(棒)을 맞은 것이다."

임제스님이 또 괭이로 땅을 세 번 때리고는 헉헉거리는 소리를 냈다.

황벽선사께서 말했다.

"나의 종풍(宗風)이 그대에게 이르면 세상에서 크게 흥행
(興行)하게 될 것이다."

《해설》

  * 산에 소나무를 심는다고 하는 것은 임제의 선풍을 흥행시키겠
다는 것을 말하는 것이며 황벽의 종풍을 계승하여 임제선이 흥행
하게 되었다는 것을 강조하는 것이 된다. 황벽선사를 스승으로 인
정하는 것은 앞에서 대우선사의 입을 통하여 이 책에 기록하고
있고 또 여기에서는 황벽선사의 입을 통하여 임제스님을 적자로
인정하여 기록하고 있다. 소나무를 심는 목적이 임제선을 계승하
는 것과 황벽의 불법(佛法)을 계승하였다는 인가증명을 확신하게
하는 것이라고 생각된다. 그러므로 이 단을 통하여 그것은 확정된
것이고 다음에 나오는 위산과 앙산의 대화를 첨가하여 풍혈연소의
출현을 예언한 것은 임제선이 흥행될 시기를 말하는 것이고 누구
에 의하여 책이 만들어졌는지에 대해서는 서지학적으로 조사를 더
해야 할 것이다.

後潙山擧此語, 問仰山. 黃蘗當時, 秖囑臨濟一人, 更有人在.

仰山云. 有秖是年代深遠, 不欲擧似和尙.

潙山云. 雖然如是, 吾亦要知, 汝但擧看.

仰山云. 一人指南, 吳越令行, 遇大風卽止(讖風穴和尙也).

《번역》

이후에 위산선사가 이 대화를 똑 같이 들어서(擧) 앙산선사에게 물었다.

"황벽선사께서 당시에 단지 임제스님 한 사람에게만 불법(佛法)을 부촉했는지 아니면 또 다른 사람에게도 부촉하였는가?"

앙산이 대답했다.

"부촉한 사람이 있기는 하지만 단지 연대가 아주 멀기 때문에 화상에게 말씀드리지 않겠습니다."

위산선사가 말했다.

"비록 그렇더라도 나도 역시 알고자하니 그대는 단지 들은 것만 말해 보라."

앙산이 말했다.

"무의도인 한 사람이 지도자로서 남쪽으로 오월(吳越)에서 불법(佛法)을 펼치다가 대풍을 만나면 바로 그만 두게 되는 것입니다." (풍혈화상을 예언한 것이다.)

3) 덕산선사의 인가를 받다

師侍立德山次, 山云. 今日困.

師云. 這老漢寐語作什麼.

山便打, 師掀倒繩床, 山便休.

《번역》

　임제스님이 덕산선사의 문하에서 시자(侍者)로 있을 때 덕산선사가 말했다.

　"오늘 피곤하다."

　임제스님이 말했다.

　"무의도인인 노장이 잠꼬대를 해서 무엇을 하려고 합니까?"

　덕산선사가 바로 주장자로 바닥을 때리니 임제스님이 승상(繩床)을 넘어뜨리자 덕산선사가 바로 훌륭하다고 했다.

《해설》

　* 덕산스님이 임제스님을 감변하여 인가하는 내용이다.

4) 번뇌가 바로 보리이다

師普請鋤地次, 見黃蘗來, 拄钁而立, 黃蘗云. 這漢困那.
師云. 钁也未擧, 困箇什麼, 黃蘗便打, 師接住棒, 一送送倒.
黃蘗喚維那, 維那扶起我.
維那近前扶云. 和尚爭容得, 這風顚漢無禮, 黃蘗纔起, 便
打維那.
師钁地云. 諸方火葬, 我這裏一時活埋.

《번역》

　임제선사가 대중과 함께 괭이를 가지고 일을 하다가 황벽선
사께서 오시는 것을 보고는 괭이를 세우고 일을 하지 않고 서
서 있으니 황벽선사께서 말했다.

　"이 스님이 피곤하구나!"

　임제선사가 말했다.

　"아직 괭이를 들지도 않았는데 뭐가 피곤하겠습니까?"라고
하니 황벽선사께서 바로 주장자로 바닥을 때리니 임제선사가
주장자를 잡고 한번 밀어 넘어뜨렸다.

　황벽선사께서 유나스님을 불러서 유나스님 주장자를 나에
게 가져와 주시게."

　유나스님이 가까이 가서 주장자를 가져와 주면서 말했다.

　"화상께서 어찌하여 저 예의도 없는 풍전한(風顚漢)을 용서

하십니까?"라고 말하자 황벽선사께서 겨우 주장자를 받자 말자 바로 유나스님을 위하여 주장자로 바닥을 때렸다.

임제선사가 괭이로 땅을 파면서 말했다.

"제방에서는 화장을 하지만 나는 이곳에서 한 번에 살아 있는 그대로 묻는다."

《해설》

* 저한곤나(這漢困那): 이 스님이 피곤하구나! 라고 묻는 것은 일반적으로 육체적으로 피곤을 묻는 것이라고 할 수 있지만 황벽스님이 묻는 것은 육신을 다스리는 그 마음이 피곤한 것인가를 묻는 것이다. 즉 다시 말하면 마음과 일이 하나가 되는 만법일여의 경지를 묻는 것이므로 괭이를 들지도 않았다고 하는 것은 일을 대상으로 하지 않았다고 하는 것이다. 임제스님이 일이나 노동을 할 때에 댓가를 받으려는 목적의식을 가지고 일을 하지 않는다고 대답하는 것이고 황벽스님이 주장자로 다시 확인을 하려고 하자 임제스님이 주장자로 자신을 확인할 필요 없다고 주장자를 밀어 버린 것이다.

이 내용도 항상 감변을 하며 지도하는 황벽스님이 임제스님에게 항상 자신을 놓지 않는 수행자로 살아가기를 바라는 것으로 어머니가 자식을 키우는 간절함과 같다고 볼 수 있다.

* 일반적으로 제방에서 화장을 한다고 하는 것은 번뇌망념을 태워서 제거한다는 열반적정을 말하는 것이고, 임제스님이 말하는 살아 있는 그대로 묻는다는 것은 지금 이 곳에서 바로 번뇌망념을 제거하여 살아 있는 그대로가 무의도인(無依道人)이라고 말하고

302

있는 것이다. 주장자와 할(喝)로 가르쳐 주지 않아도 살아 있는 그대로가 진여의 지혜로 살아가는 무의도인(無依道人)이라는 것이다. 즉 번뇌가 바로 보리라는 것이다.

後潙山問仰山. 黃蘗打維那, 意作麼生.

仰山云. 正賊走却, 邏蹤人喫棒.

《번역》

이후에 위산선사가 앙산선사에게 물었다.

"황벽선사께서 유나스님를 향하여 주장자로 때려서 깨닫게 하려는 뜻이 어떤 것인가"

앙산선사가 대답했다.

"진짜 도둑은 가고 불법(佛法)을 추종하던 사람을 주장자로 제도(濟度)하는 것입니다."

《해설》

* 불법(佛法)을 대상으로 알고 있는 유나스님을 깨우치게 하는 것이고 황벽선사가 임제선사를 인가했다는 것을 말하는 앙산선사의 대답이다.

5) 황벽선사의 인가

師一日在僧堂前坐, 見黃蘗來, 便閉却目, 黃蘗乃作怖勢,
便歸方丈.
　師隨至方丈禮謝, 首座在黃蘗處侍立, 黃蘗云. 此僧雖是後
生, 却知有此事.
　首座云. 老和尚, 脚跟不點地, 却證據箇後生.
　黃蘗自於口上打一摑, 首座云. 知即得.

《번역》
　임제스님이 어느 날 하루는 승당(僧堂)앞에 앉아서 살펴보
고 있다가 황벽선사께서 오시는 것을 보고는 바로 도리어 눈
을 감아 버리니 황벽선사께서 놀라는 모습을 취하고 바로 방
장실로 돌아가 버렸다.
　임제스님이 방장실에 가서 예배하고 사과를 하는데 수좌스님이
황벽선사의 처소에서 시자(侍者)로 있을 때 황벽선사께서 말했다.
　"이 스님이 비록 후생(後生)이지만 도리어 차사(此事, 본분
사)를 잘 알고 있다."
　수좌스님이 말했다.
　"노(老)화상(和尙)께서는 시중을 들게 하여 점검도 하지 않
고 도리어 저 후생(後生)을 인가하시는 것입니다."
　황벽선사께서 자기의 입을 한 번 때리니 수좌스님이 말했다.

"깨달았다면 바로 체득하여 실천하게 하면 되는 것입니다."

《해설》

    * 황벽스님이 임제스님을 인가하는 내용으로 시자스님이 확인하고 점검해야 한다고 하자 황벽스님이 의심을 제거해주는 것이다.

    * 지즉득(知即得): 황벽스님께서 인가한 말을 실수한 것이라고 말한다고 보고 황벽스님이 '아셨으면 됩니다.'라고 번역을 하면 황벽스님을 실수하게 만드는 번역이 되는 것이다. 그러므로 황벽스님과 시자스님을 안목(眼目)없이 말하는 스님으로 만들지 않고 임제스님을 인가하려고 번역을 한다면 임제스님이 '깨달았다면 바로 체득하여 실천하게 하면 되는 것'이라고 번역하면 될 것이라고 생각한다.

만법여여(萬法如如)

6) 보화선사와 극부선사를 친견하다

師見普化乃云. 我在南方, 馳書到潙山時, 知你先在此住待
我來, 及我來, 得汝佐贊. 我今欲建立, 黃檗宗旨, 汝切須(須)
為我成褫.

普化珎重下去. 克符後至, 師亦如是道, 符亦珎重下去.

三日後, 普化却上問訊云, 和尚前日道甚麼. 師拈棒便打下.

又三日, 克符亦上, 問訊乃問. 和尚前日打普化, 作什麼.
師亦拈棒打下.

《번역》

임제선사께서 보화선사를 친견하며 말했다.

"내가 남방에서 황벽선사의 편지를 가지고 위산선사에게
전하려고 도착했을 때 그대께서 이곳에 주지(住持)를 하고 있
으면서 나를 기다린다는 사실을 (앙산스님에게) 듣고 알았는
데 내가 이곳에 오게 되어 그대의 도움을 받게 되었습니다.
나는 지금부터 황벽선사의 종지(宗旨)를 건립하고자 하니 그
대께서 반드시 내가 성취할 수 있도록 하여주십시오."

보화선사께서는 지금과 같이 아주 소중하게 생각하여 잘해
야 합니다라고 내려가셨다.

극부선사께서 이후에 도착하자 임제선사께서 역시 (보화
선사에게 한 말과) 똑같이 말을 하니 극부선사께서도 역시

지금과 같이 아주 소중하게 생각하여 잘해야 합니다라고 내려가셨다.

3일 후에 보화선사께서 도리어 올라와서 신문(訊問)하듯이 물었다.

"화상께서 3일 전에 나에게 무슨 말을 했습니까?"

임제선사가 주장자를 들고 바닥을 때렸다.

또 3일 후에 극부선사께서 올라와서 신문(訊問)하듯이 물었다.

"화상께서 3일 전에 보화선사에게 주장자로 바닥을 때렸다고 하는데 무슨 뜻 입니까?"

임제선사께서 역시 주장자를 들고 바닥을 때렸다.

《해설》

* **보화스님**과 극부스님을 등장시켜서 위산과 앙산의 예언이라는 사실을 확인하여 자신의 입지를 정당화하고 황벽의 종지를 건립하여 임제선을 홍행시키려고 하는 편집한 의도가 있는 것으로 보인다. 이 부분은 明版『古尊宿語錄』5권과 『임제록』(『卍續藏經』118권 109, 상.)에 기록된 것이다.

7) 사조용

示衆云. 我有時先照後用, 有時先用後照, 有時照用同時,
有時照用不同時.

先照後用有人在.

先用後照有法在.

照用同時, 駈耕夫之牛, 奪飢人之食, 敲骨取髓, 痛下鍼錐.

照用不同時, 有問有答, 立賓立主, 合水和泥, 應機接物.

若是過量人, 向未擧已前, 撩起便行, 猶較些子.

《번역》

임제선사가 시중(示衆)하여 설했다. 나는 어느 때는 먼저
관조(觀照)를 먼저 하고난 후에 활용(活用)을 하고, 어느 때
는 활용(活用)을 먼저 하고난 후에 관조(觀照)를 하고, 어느
때는 관조(觀照)와 활용(活用)을 동시에 하고, 어느 때는 관
조(觀照)와 활용(活用)을 동시에 하지 않는다.

관조(觀照)를 먼저 하고난 후에 활용(活用)을 하게 하는 것
은 무의도인(人)이 있는 것이다.

활용(活用)을 먼저 하고난 후에 관조(觀照)를 하게 하는 것
은 불법(佛法)이 있는 것이다.

관조(觀照)와 활용(活用)을 동시에 하는 것은 밭을 가는 농부
에게서 소를 빼앗는 것이고, 배고픈 사람에게서 음식을 빼앗는

것과 같은 것이고, 뼛속에서 골수를 뽑아내는 것이니 아픈 곳을 도리어 송곳으로 찔러 통증을 제거하는 것과 같은 것이다.

관조(觀照)와 활용(活用)을 동시에 하지 않는 것은 질문을 하고 대답을 하여 객(客)이 되기도 하고 주인이 되기도 하여 제접하니 물을 합하여 진흙이 되는 것과 같이 하므로 근기(根機)에 따라 제접(提接)하는 것이다.

그러나 만약 뛰어난 사람이라고 하며 와서는 이와 같은 말을 들어 설명하기도 전에 일어나 바로 가버리면 오히려 이 사람은 비교하는 사람이 되는 것이다.

《해설》

* 이 부분은 일반적으로 시중이나 상당에 속하는 것이나 明版 『古尊宿語錄』 5권 『임제록』(『卍續藏經』 118권 109, 상.)에 기록된 순서에 의한 것으로 별도의 분류를 하지 않았다.

* 수행자들을 제접하는 방법으로서 4가지 방편을 사용한 것으로 사조용이라고 잘 알려져 있다. 수행자를 제도(濟度)하는 방편으로 첫째는 먼저 수행자가 관조하여 확인하고 불법(佛法)에 맞게 활용해야 하는 것이고, 둘째는 불법(佛法)을 활용하고 수행자가 불법(佛法)으로 관조해야 하는 것이다. 셋째는 관조와 활용을 동시에 하게 하는 것은 수행자가 고정관념을 완전히 제거하는 것으로 삼승(三乘)을 몰종적으로 제도하는 것이고, 넷째는 관조와 활용을 하지 않는 것은 무의도인을 제접(提接)하는 것이고, 또 자신은 입전수수하는 것을 말하는 것이 된다.

8) 올바른 좌선

師在堂中睡, 黃蘗下來見, 以拄杖打板頭一下, 師擧頭見,
是黃蘗却睡.

黃蘗又打板頭一下, 却往上間, 見首座坐禪乃云. 下間後
生, 却坐禪, 汝這裏, 妄想作什麼.

首座云. 這老漢作什麼, 黃蘗打板頭一下, 便出去.

《번역》

임제스님이 선방 안에서 좌선하면서 졸고 있을 때 황벽선사
께서 내려와 보시고는 주장자로 선판(禪板)의 머리를 한 번
치니 임제스님이 머리를 들어 황벽선사께서 오신 것을 보고
도 도리어 졸고 있었다.

황벽선사께서 또 선판(禪板)의 머리를 한 번 더 치고는 도
리어 상간(上間)으로 가서 수좌(首座)가 좌선하는 것을 보시
고는 이내 말했다. "하간(下間)의 후생(後生)은 도리어 좌선
(坐禪)을 하는데 그대는 이 좌도량에서 망상(妄想)만 하면서
무엇을 하는가?"

수좌(首座)스님이 말했다. "무의도인(無依道人)인 노(老)화
상께서 무슨 소리를 하십니까?"라고 하니 황벽선사께서 선판
(禪板)의 머리를 한 번 치고는 바로 나가 버렸다.

* 졸고 있는 임제스님과 좌선수행을 잘하고 있는 수좌(首座)를 황벽스님의 안목으로 판단하여 제도(濟度)하는 것이다. 좌선이라는 수행을 하는 것은 같은 것이나 실제로 자신이 망상을 하는 것과 하지 않는 것은 엄청난 차이가 있는 것이므로 황벽스님께서 임제스님은 인가하고 수좌스님을 점검하니 수좌스님이 황벽스님의 안목을 의심하므로 황벽스님이 수좌스님을 확인하는 것이다. 즉 세 사람이 모두 무의도인(無依道人)이 되는 것을 말하는 것이 된다.

後潙山問仰山. 黃蘗入僧堂, 意作麼生.

仰山云. 兩彩一賽.16)

《번역》

이후에 위산선사가 앙산선사에게 물었다.

"황벽선사께서 승당(僧堂)에 들어간 것은 무슨 뜻이 있습니까?"

앙산선사가 대답했다.

"두 개의 주사위로 한 번의 승부를 겨룬 것입니다."

《해설》

* 위산과 앙산의 평을 넣어 여섯 명 모두를 살려내는 것이 된다.

---

16) 일채양새(一彩兩塞(賽), 兩彩一賽): 두 개 주사위로 한 번의 승부를 겨룬 것이다. 총림에서 매번 작용되는 비유로 양자(兩者)간에 우열이 없는 것으로 석상이나 장경이 우열이 없는 것으로 승부가 없음을 의미하나 두 번의 승부 중에서 한번 승리한 것을 의미하기도 하는데 경쟁의 장인(匠人)을 의미하기도 한다. 『景德傳燈錄』 12 「鎭州臨濟義玄禪師」(『大正藏』 51, 290쪽.) 「黃蘗打之(潙山擧問仰山. 只如黃蘗意作麼生. 仰山云. 一彩兩賽.」

9) 무의도인의 노동

一日普請次, 師在後行, 黃蘗回頭, 見師空手乃問. 钁頭在什麼處.

師云. 有一人將去了也.

黃蘗云. 近前來, 共汝商量箇事.

師便近前, 黃蘗竪起钁頭云. 祇這箇, 天下人拈掇不起.

師就手掣, 得竪起云. 爲什麼, 却在某甲手裏.

黃蘗云. 今日大有人普請, 便歸院.

《번역》

어느 날 하루 일(普請, 운력)을 하러가다가 임제스님이 뒤에서 걸어가고 있는 것을 황벽선사께서 머리를 돌려 보니 임제스님이 빈손으로 오고 있어서 이내 물었다.

"괭이는 어디에 두고 그냥 오는가?"

임제스님이 대답했다.

"어느 무의도인(無依道人)이 가지고 갔습니다."

황벽선사께서 말했다.

"이리 와서 나와 그대가 같이 이 일을 상량(商量, 토론)을 해야겠다."

임제스님이 가까이 가서 황벽선사의 앞에 서니 황벽선사께서 괭이를 세워 들고는 말했다.

"단지 이것은 천하의 사람들이 무게를 점철(拈掇, 손으로 무게를 가늠)하여 세울 수가 없다."

임제스님이 손으로 잡아 빼앗아 가지고 괭이를 들어 세우고는 말했다.

"무엇 때문에 이것이 도리어 임제의 손안에 있는 것입니까?"

황벽선사께서 말했다.

"금일(今日)은 자신이 무의도인(無依道人)으로 보청(普請)하는 사람이 있다."라고 하고 바로 선원으로 돌아갔다.

後潙山問仰山. 钁頭在黃蘗手裏, 為什麼, 却被臨濟奪却. 仰山云. 賊是小人, 智過君子.

《번역》

이후에 위산선사가 앙산선사에게 물었다.

"괭이가 황벽선사의 손안에 있었는데 무엇 때문에 임제스님에게 빼앗겼는가?"

앙산선사가 말했다.

"도둑질은 소인(小人)배나 할 수 있는 일이지만 부처의 지혜는 군자를 능가하는 것입니다."

　＊ 무의도인이라는 사실을 인가하는 것으로 선원에서 노동이라는
의미는 수행이지 다른 목적의식이 있는 것이 아니므로 무의도인이
라는 사실을 확인하였으면 노동은 마친 것이 된다. 이처럼 모두가
보는 앞에서 인가하는 것이지 특별하게 자리를 만들어 행하는 것
은 오히려 목적의식이 있는 것이므로 부작용이 더 많고 항상 무의
도인으로 살아야 하는 것이므로 체득해야 한다고 하는 것이 이것
이다. 그러므로 항상 생활하는 가운데 점검하고 경책하며 확인하
는 스승이 선(禪)에서 말하는 진정한 스승이 되는 것이다.

수처작주입처개진(隨處作主立處皆眞)

10) 위산과 앙산을 친견하다

師為黃檗馳書去溈山, 時仰山作知客, 接得書便問. 這箇是
黃檗底, 那箇是專使底.

師便掌, 仰山約住云. 老兄, 知是般事, 便休.

同去見溈山, 溈山便問. 黃檗師兄多少眾.

師云. 七百眾.

溈山云. 什麼人為導首.

師云. 適來已達書了也.

師却問溈山. 和尚此間多少眾.

溈山云. 一千五百眾.

師云. 太多生.

溈山云. 黃檗師兄亦不少.

《번역》

임제스님이 황벽선사의 편지를 전하기 위해 위산선사에게
도착하니 마침 앙산선사가 지객(知客)의 소임을 맡고 있어서
황벽선사의 편지를 받고나서는 바로 물었다.

"이것은 황벽선사의 것(본분사)인데 어느 것이 심부름을 온
그대의 것(본분사)인가?"

임제스님이 바로 손뼉을 치니 앙산선사가 손을 잡고 말했다.

"노형이 이런 일을 알고 있으니 대단히 훌륭합니다."

같이 가서 위산선사를 친견하니 위산선사께서 바로 물었다.

"황벽사형의 처소에 대중이 얼마나 살고 있는가?"

임제스님이 대답했다.

"700명의 대중이 살고 있습니다."

위산선사께서 말했다.

"어느 사람이 제도(濟度)하는 책임자인가?"

임제스님이 대답했다.

"방금 이미 편지를 전달하였습니다."

임제스님이 도리어 위산선사에게 물었다.

"화상의 이곳에는 대중이 얼마나 살고 있습니까?"

위산스님이 대답했다.

"1,500명의 대중이 수행하고 있다."

임제스님이 말했다.

"아주 많이 제도(濟度)해야 하겠습니다."

위산스님이 말했다.

"황벽사형도 역시 적지 않겠다."

《해설》

 * 황벽사형역불소(黃蘗師兄亦不少): "황벽사형도 역시 적지 않겠다."라고 한 것은 숫자를 의미한다고 볼 수도 있지만 제도해야할 수행자가 많기 때문에 하는 말이 되므로 서로간의 안목을 중요시하는 것이지 실제로 숫자는 무의미한 것이 된다. 위산스님과 황벽스님이 제도해야할 숫자가 많으므로 세속의 의미로는 많아야 좋다고 볼 수 있지만 승가에서는 많은 것이 꼭 좋은 것만은 아니다.

11) 앙산선사가 보화선사를 예언하다

師辭潙山, 仰山送出云. 汝向後北去, 有箇住處.

師云. 豈有與麼事.

仰山云. 但去, 已後有一人, 佐輔老兄在. 此人祇是, 有頭無尾, 有始無終.

師後倒鎭州, 普化已在彼中.

師出世, 普化佐贊於師.

師住未久, 普化全身脫去.

《번역》

임제스님이 위산선사를 하직하자 앙산선사가 전송하면서 밖으로 나와서 말했다.

"그대는 향후(向後)에 북쪽으로 가면 주지하며 살 곳이 있을 것이다."

임제스님이 말했다.

"어찌 그와 같은 일이 있겠습니까?"

앙산선사가 말했다.

"단지 가기만 하면 이후에 어느 사람이 노형을 도와줄 것이다. 이 사람은 단지 머리만 있고 꼬리가 없고 시작은 있으나 끝은 없을 것이다."

임제스님이 이후에 진주원에 도착하여 보니 보화선사가 이미 그곳에 살고 있었다.

임제스님이 많은 중생들을 출세(出世)하게 제도(濟度)하자 보화선사께서 임제스님에게 도움을 주었다.

임제스님이 진주원에서 주지(住持)를 한지 얼마 되지 않아 보화선사께서는 완전히 입적하셨다.

《해설》

   * 이 내용은 앞에도 나왔던 부분으로 보화스님을 예언한 것으로 위산과 앙산의 평가를 받고 조사선을 계승한 정통이라고 하여야 하는 시대적인 문제가 있었다고 볼 수 있는 부분이다. 이 책이 나온 이유와 시대적인 상황에서 제도해야할 대상이 누구였는지를 생각하게 하는 것이고 또 누군가에 의하여 편집되어 출판되었다고 생각하게 하는 내용이다. 이런 부분이 불교를 정치적으로 사용하여 사람들을 괴롭히는 것인데 불교를 이용하여 많은 사람들을 기만하는 것인데도 누군가의 이익을 위하여 실화처럼 강조하고 있으니…?

   * 전신탈거(全身脫去): 완전한 열반을 의미하는 것으로 흔적을 남기지 않는 것을 의미하며 집착이 전혀 없는 것을 말함. 그 시절에는 세속에서 죽으면서도 자신이 애착하던 것을 가지고 가려는 마음이 있었는데 보화스님은 아무 것도 가진 것이 없었다는 것을 말하는 것이다.

12) 황벽선사의 자비심으로 황벽의 종풍을 계승하다

師因半夏, 上黃蘗見, 和尚看經, 師云. 我將謂是箇人, 元來是掐黑豆老和尚.

住數日乃辭去, 黃蘗云. 汝破夏來, 不終夏去.

師云. 某甲暫來, 禮拜和尚.

黃蘗遂打, 趁令去, 師行數里, 疑此事, 却回終夏.

《번역》

임제스님이 선원에서 하안거의 수행을 하던 중에 황벽선사를 친견하러 가니 황벽선사께서 간경(看經)을 하고 있는데 임제스님이 말했다.

"나는 지금까지 황벽선사를 무의도인(일개성자)이라고 알고 있었는데 원래(元來)부터 검은 콩으로 사량분별이나 하는 흑두노화상이라는 사실을 감추고 있었구나!"

임제스님이 며칠 있다가 하직을 하려고 하니 황벽선사께서 말했다.

"그대는 하안거를 깨뜨리고 와서는 하안거를 끝내지도 않고 어디로 가는 것인가?"

임제스님이 말했다.

"제가 잠시 여기에 온 것은 황벽화상에게 예배나 하려고 왔던 것입니다."

황벽선사께서 주장자로 바닥을 때리고는 쫓아내 버리니 임제스님이 얼마쯤을 가다가 이 일(본분사)을 의심하여 돌아와서 하안거를 끝냈던 것이다.

《해설》

* 원래시암흑두로화상(元來是揞黑豆老和尚): 원래부터 검은 콩으로 사량분별이나 하는 흑두노화상이라는 말은 간경(看經)하는 것을 비웃는 말이다. 간경하는 것을 두고 대장경은 모두 깨달음으로 인도하는 방편이므로 간경을 할 필요가 없다고 생각하였던 임제스님이 황벽스님에게 아직까지 경전으로 공부하는 학승이라고 무시하는 말이다. 그러나 황벽스님은 아직도 임제스님을 어머니와 같은 자비심으로 하안거를 마치고 가라는 말씀을 하셨는데도 안거를 할 필요가 없다고 생각하여 무시하고 가다가 돌아온 제자를 다시 받아 주시는 것이 진정으로 자비심을 베푸시는 것이다. 임제스님이 다시 돌아온 이유는 자신이 간경에 대한 생각을 잘못하였다는 것을 인정하고 간경이 자신의 망념(妄念)을 극복하고 중생을 제도하는 방편을 찾아 다시는 망념으로 어긋나지 않겠다는 서원을 하는 것이라는 것을 자각하여 돌아온 것이고 다시 황벽스님의 종풍을 계승하였다고 강조하는 것이 된다.

13) 임제종의 태동

師一日, 辭黃蘗, 蘗問. 什麼處去.

師云. 不是河南, 便歸河北.

黃蘗便打, 師約住與一掌, 黃蘗大笑, 乃喚侍者, 將百丈先
師, 禪板机案來.

師云. 侍者將火來.

黃蘗云. 雖然如是, 汝但將去, 已後坐却, 天下人舌頭去在.

《번역》

임제스님은 어느 날 하루 황벽선사를 하직하니 황벽선사께
서 물었다.

"어디로 가려고 하는가?"

임제스님이 대답했다.

"하남(河南) 아니면 하북(河北)으로 가려고 합니다."

황벽선사께서 바로 주장자로 바닥을 때리니 임제스님이 이
것을 멈추게 하고는 손뼉을 한번 치니 황벽선사께서 크게 웃
으시고는 시자를 불러 백장(百丈)선사(先師)의 선판(禪板)과
궤안(机案)을 가져오라고 했다.

임제스님이 말했다.

"시자(侍者)스님 불도 좀 가져와 주십시오."

황벽선사께서 말했다.

"비록 그렇다고 하더라도 그대는 단지 가지고 가기만 하면 이후에는 저절로 이것으로 인하여 천하에서 모든 사람들의 구설(口舌)을 없앨 수 있게 될 것이다."

《해설》

* **황벽스님**의 종풍을 계승하였다고 하면서 다시 백장스님의 법맥을 계승한 적자(嫡子)라는 사실을 강조하기 위하여 백장스님의 선판궤안(禪板机案)을 임제스님에게 준다고 하지만 불태우라고 하는 것은 백장의 법을 계승하고 마조나 회양, 혜능을 거쳐 석가모니까지를 생각하고 말하는 것이 된다. 임제스님의 불법(佛法)이 새롭게 임제종으로 태어나는 작업을 이 책에서 시작하였다고 볼 수 있는 내용이다.

연등불(然燈佛)

14) 위산과 앙산이 임제종을 인가하다

後潙山問仰山. 臨濟莫辜負他黃蘗也無.

仰山云. 不然.

潙山云. 子又作麼生.

仰山云. 知恩方解報恩.

潙山云. 從上古人, 還有相似底也無.

仰山云. 有秖是年代深遠, 不欲擧似和尚.

潙山云. 雖然如是, 吾亦要知, 子但擧看.

仰山云. 秖如楞嚴會上, 阿難讚佛云. 將此深心奉塵刹, 是則名爲報佛恩. 豈不是報恩之事.

潙山云. 如是如是, 見與師齊, 減師半德, 見過於師, 方堪傳授.

《번역》

이후에 위산선사가 앙산선사에게 물었다.

"임제스님이 그(他)와 황벽선사를 배신한 것 아닌가?"

앙산선사가 대답했다.

"그렇지 않습니다."

위산선사가 물었다.

"그대는 또 어떻게 해서 그렇게 생각하는가?"

앙산선사가 대답했다.

"은혜가 무엇인지를 깨달았으므로 비로소 은혜를 갚을 수 있었던 것입니다."

위산선사가 물었다.

"지금까지 고인(古人)들도 이와 같은 사람이 있었던가?"

앙산스님이 대답했다.

"있었는데 단지 연대가 먼 과거의 일이라서 화상에게 들어 보이고 싶지 않습니다."

위산선사가 물었다.

"비록 그렇더라도 나도 역시 알고자하니 그대는 단지 그것을 들어 말해 보라."

앙산선사가 대답했다.

"단지 능엄회상에서 아난존자가 부처님을 찬탄하여 말하기를 '이 깊은 마음으로 모든 국토를 받드는 것이 바로 부처님의 은혜를 갚는 것입니다.'라고 말하였는데 어찌 이것이 은혜를 갚는 것이 아니라고 하겠습니까?"

위산선사가 말했다.

"맞다 정확하게 지적했구나! 제자가 스승과 동일하다면 스승을 가벼이 여기는 것이 되어 스승의 덕을 떨어뜨리는 것이고, 제자가 스승을 초월해야 비로소 스승의 법을 감당하고 전수(傳授)할 수 있다고 하는 것이다."

《해설》

 * **위의 내용을 다시 증명하는 역할을 위산과 앙산이 하여 임제종**

이 홍행하여 많은 사람들을 제도할 것이라고 말하는 것이고 이 책의 저자들이 홍행하게 만들겠다는 의지를 보여주는 것이다. 임제의 종풍이 정통이라는 사실을 법맥으로 인정한 것이고 모든 사람들이 임제의 가르침에 따라 무의도인으로 살아가면 된다는 사실을 증명하는 것이다. 이제 법맥과 백장스님이나 그 윗대의 유품으로 인가증명할 필요가 없다는 사실을 확신하게 하는 것이고 자신이 진정견해를 구족하여 무의도인으로 살아가면 모두가 부처이고 조사라는 사실을 강조하는 것이다.

15) 임제종이 최고

師到達磨塔頭, 塔主云. 長老先禮佛, 先禮祖.
師云. 佛祖俱不禮.
塔主云. 佛祖與長老, 是什麼冤家. 師便拂袖而出.

《번역》

　임제스님이 달마선사의 탑두(塔頭)에 도착하여 참배하려고 하니 탑을 지키는 스님이 물었다.
　"장로께서는 불전(佛前)에 먼저 예배하겠습니까? 조사(祖師)전(前)에 먼저 예배하겠습니까?"
　임제스님이 대답했다.
　"조사와 부처 어디에도 예배하지 않습니다."
　탑을 지키는 스님이 물었다.

"조사와 부처에게 무슨 원한을 가지고 있기에 모두에게 예배하지 않습니까?"

임제스님은 소매를 흔들며 바로 나갔다.

《해설》

* 앞 단에서 말하였던 내용을 다시 확신시키기 위하여 달마나 부처에 속박(束縛)받지 않는다는 사실을 강조하는 것이다. 즉 누구나 속박되지 않고 무의도인이 되어 살아가야 한다는 것을 말하고 있는 것이므로 대상으로 형상이나 유품을 모시는 것 보다는 자신들이 무의도인이 되어야 하는 것이다. 달마의 탑을 관리하는 사람들이 달마의 탑을 관리하므로 자신들이 달마위에 있다는 자만심이 있었기에 장로께서는 부처와 조사에게 원한이 있느냐라는 말을 한 것으로 보여 진다. 이와 같은 일은 현대에도 많이 보게 되는데 자신이 부처나 조사가 되어야 하는 문제를 해결하지 못하면 항상 속박되어 살아가야 하므로 사대주의 근성에서 벗어나지 못하고 해탈하여 자유롭게 살아갈 수가 없게 되는 것이다.

16) 용광선사를 참문

師行脚時, 到龍光, 光上堂, 師出問云. 不展鋒鋩, 如何得勝.

光據坐, 師云. 大善知識, 豈無方便.

光瞪目云. 嗄.

師以手指云. 這老漢今日敗闕也.

　　임제스님이 행각(行脚)할 때 용광(龍光)선사에게 가서 있을 때에 용광선사가 상당(上堂)하여 법을 설하는데 임제스님이 나와서 논의하며 물었다.

　　"봉망(鋒鋩, 칼날, 날카로운 언론이나 문장, 기상, 자신의 불성을 드러냄)을 펼치지 않고 어떻게 이겨 부처가 될 수 있습니까?"

　　용광선사가 저항하듯이 앉으니 임제스님이 말했다.

　　"위대한 선지식이 어찌 방편이 없습니까?"

　　용광선사가 눈을 부릅뜨고 말했다. 아! (嗄, 놀라는 말)

　　임제스님이 손으로 가리키며 말했다.

　　"무의도인(無依道人)이신 노장께서 금일(今日)은 실수를 하신 것입니다."

《해설》

　　＊ 이 내용은 난해하지만 추측하면 묵조선의 병폐인 묵조사선을 지적하기 위하여 만든 것으로 생각된다.

　　＊ 패궐(敗闕): 잘못하여 실수를 한 것을 말하는 것으로 궐패(闕敗)와 같은 뜻이다.

17) 용이 봉황을 낳다

到三峯平和尚問曰. 什麼處來.

師云. 黃蘗來.

平云. 黃蘗有何言句.

師云. 金牛昨夜遭塗炭, 直至如今不見蹤.

平云. 金風吹玉管, 那箇是知音.

師云. 直透萬重關, 不住淸霄內.

平云. 子這一問太高生.

師云. 龍生金鳳子, 衝破碧琉璃.

平云. 且坐喫茶.

《번역》

임제스님이 삼봉의 평화상에게 가니 평화상이 물었다.

"어디에서 왔는가?"

임제스님이 대답했다.

"황벽선사의 문하에서 수행하다가 왔습니다."

평화상이 물었다.

"황벽선사께서는 무슨 말씀으로 가르쳐 주시던가?"

임제스님이 대답했다.

"황금으로 만든 소(金牛)가 지난밤에 불속으로 들어갔는데 아직까지 그 흔적을 볼 수 없습니다."

평화상이 말했다.

"가을바람(金風, 부처의 말씀)이 옥피리를 부는데도 어느 사람이 이 소리를 알아듣겠는가?"

★ (임제스님이 무의도인으로 설법을 하는 것을 옥피리에 비유하여 말한 것이며 이것을 알아듣는 사람은 지음(知音, 백아와 종자기)이 되어야 한다는 것을 말하고 있는 것이다.)

임제스님이 말했다.

"바로 만 겹의 관문을 뛰어올라서 맑은 허공에도 머물지 않는 사람이어야 합니다."

★ (조사관을 투과해야 하는 것이고 온갖 허물을 제거하고 공(空)에도 머물지 않아야 한다.)

평화상이 말했다.

"그대의 이 한마디 말은 아주 고고한 말이다."

임제스님이 말했다.

"용이 금색의 봉황을 낳아서 푸른 창공(蒼空, 琉璃, 空)을 뚫고 날아가야 하는 것입니다."

평화상이 말했다.

"잠시 앉아서 차나 한 잔 드세요."

《해설》

* 삼봉의 평화상이 살고 있던 지역에서 유명한 스님이었던 것으로 보이지만 전기는 알 수 없다. 임제스님이 황벽스님의 종풍을 계승한 제자라는 사실을 확인시키고 인정받는 것이다.

又問. 近離甚處.

師云. 龍光.

平云. 龍光近日如何, 師便出去.

《번역》

또 물었다.

"근래에 어디를 다녀왔는가?"

임제스님이 대답했다.

"용광선사에게 다녀왔습니다."

평화상이 말했다.

"용광선사는 근래에 어떤 가르침으로 중생을 제도(濟度)하고 계시던가?"라고 말하니 임제스님이 바로 나가 버렸다.

《해설》

＊ 임제스님이 바로 나간 것은 용광스님에게는 자신의 종풍을 전하였으므로 더 이상 말할 필요가 없다는 것이다.

18) 대자선사를 친견하다

到大慈, 慈在方丈內坐, 師問. 端居丈室時如何.

慈云. 寒松一色千年別, 野老拈花萬國春.

師云. 今古永超圓智體, 三山鎖斷萬重關.

慈便喝, 師亦喝.

慈云. 作麼, 師拂袖便出.

《번역》

임제스님이 대자선사의 회상에 도착하니 대자선사께서 방장실에 앉아 계시는데 임제스님이 물었다.

"평상시에 방장실에서 생활하시면 어떻습니까?"

대자선사께서 대답했다.

"겨울 소나무처럼 일색(一色)으로 천년이 지나도 변하지 않으면, 육근(野老)이 꽃을 잡고(염화미소) 웃으니 온천지가 봄이 되네."

임제스님이 말했다.

"지금이나 옛날이나 원만한 지혜의 본체는 영원히 망심을 초월해야 하고, 삼신산(三身山)은 만겹이나 되는 관문(허물, 망상)의 자물쇠를 끊어야 하네."

대자선사께서 바로 할(喝)을 하니 임제스님도 역시 할(喝)을 했다.

대자선사께서 말했다.

"그래서 어떻게 하겠다는 것이지?" 임제스님은 소매를 흔들고 바로 나갔다.

《해설》

　* 두 용이 고봉정상의 경지에서 자유자재로 춤을 추는 것이니 대자스님에게서도 임제의 종풍을 확인받는 것이다.

19) 화엄선사를 친견하다

到襄州華嚴, 嚴倚拄杖, 作睡勢, 師云. 老和尚瞌睡作麼.
嚴云. 作家禪客, 宛爾不同.
師云. 侍者點茶來, 與和尚喫.
嚴乃喚維那, 第三位安排這上座.

《번역》

　임제스님이 양주의 화엄선사의 회상에 도착하니 화엄선사
께서 주장자를 잡고 의지하여 조는 모양을 취하여서 임제스
님이 말했다.

　"노화상께서 피곤하다고 졸면 되겠습니까?"

　화엄선사께서 말했다.

　"뛰어난 선객(禪客)으로 양보하는 모습이 그대는 완전히 다르구나!"

　임제스님이 말했다.

　"시자스님이 차를 가져와 노화상께서 마시게 드리세요."

　화엄선사께서 유나스님을 불러 말씀하시기를, "이 스님을
선방의 셋째 자리에 안배(按排)하여 주세요."라고 했다.

《해설》

　* 수행자로서 화엄문하에 갔을 때에 차별분별하지 않고 평등하
게 대화하는 대장부의 모습을 보여주는 것이지만 임제의 종풍이
어느 정도 자리를 잡아 간다고 볼 수 있다.

20) 취봉선사를 친견하다

到翠峯, 峯問. 甚處來.

師云. 黃蘗來.

峯云. 黃蘗有何言句, 指示於人.

師云. 黃蘗無言句.

峯云. 為什麼無.

師云. 設有, 亦無舉處.

峯云. 但舉看.

師云. 一箭過西天.

《번역》

　임제스님이 취봉선사의 회상에 도착하니 취봉선사께서 물었다.

　"어디에서 왔는가?"

　임제스님이 대답했다.

　"황벽선사의 회상에서 왔습니다."

　취봉선사께서 물었다.

　"황벽선사께서는 무슨 말씀으로 가르쳐 사람들에게 제시하여 주시는가?"

　★ (황벽선사께서는 무슨 말씀으로 수행자들을 제도하시는가?)

임제스님이 대답했다.

"황벽선사께서는 언구(言句)로 가르치는 것이 없습니다."

취봉스님은 말했다.

"무엇 때문에 없다고 하는가?"

임제스님이 말했다.

"가령 언구(言句)가 있다고 해도 역시 그것을 여기에서 들어 말할 것은 없습니다."

취봉선사께서 말했다.

"단지 들어서 말하여 봐라."

임제스님이 말했다.

"화살이 하나 서천으로 날아갔습니다."

《해설》

＊ **취봉스님이** 황벽스님은 알지만 황벽스님의 제자인 임제스님이 황벽의 적자라는 사실을 알지 못하므로 자신의 종풍을 한마디로 "화살이 하나 서천으로 날아갔습니다."라고 자신의 종지를 드러내 보이고 있다.

21) 상전선사를 친견하다

到象田, 師問. 不凡不聖, 請師速道.

田云. 老僧祇與麼.

師便喝云. 許多禿子, 在這裏覓什麼椀.

《번역》

임제스님이 상전선사 회상에 도착하여 임제스님이 물었다.

"범부(凡夫)도 아니고 성자(聖者)도 아닌 것을 무엇이라고 하는지 빨리 말해 주십시오."

상전선사가 대답했다.

"노승이 단지 이와 같이 하는 것과 같다."

임제스님이 바로 할(喝)을 하며 말했다.

"많은 스님들이 이 좌도량(坐道場)에 살고 있으면서 작은 발우(그릇)를 무엇 때문에 또 찾고자 하겠습니까?"

《해설》

* 상전스님이 수행자를 제도하는 방편을 지적하는 것으로 보이는 것은 상전스님은 위대하지만 제자들이 깨닫지 못하게 하는 문제점이 지식이나 신앙이든지 무엇이 있었기 때문에 거론한 것으로 추측된다.

22) 명화선사를 친견하다

到明化, 化問. 來來去去, 作什麼.

師云. 秖徒踏破草鞋.

化云. 畢竟作麼生.

師云. 老漢話頭也不識.

《번역》

　임제스님이 명화선사의 회상에 도착하니 명화선사께서 물었다.

"계속 왔다갔다하면서 무엇을 하고자 하는가?"

임제스님이 대답했다.

"단지 행각하며 짚신만 닳게 하고 있습니다."

명화선사께서 물었다.

"필경(畢竟)에는 무엇을 하려고 하는 것인가?"

임제스님이 대답했다.

"노인장께서 화두를 왜 대상으로 알려고 하십니까?"

　★ (임제 자신을 감변(勘辨)하지 않아도 된다는 것.)

《해설》

　＊ 임제스님은 명화스님이 깨달음을 구경의 목적으로 수행한다는 사실을 알고 불법(佛法)을 대상으로 알지 말라고 하는 것이다. 짚

신만 닮게 한다는 것은 무의도인(無依道人)으로 수행하고 있다는 것을 말하는 것이고 부처나 조사가 되려는 마음으로 수행하지 않는다는 것을 말하는 것이며 모두가 이와 같이 하면 부처이고 조사라는 것이다.

사자후(獅子吼)

23) 봉림선사를 친견하다

往鳳林, 路逢一婆, 婆問. 甚處去.

師云. 鳳林去.

婆云. 恰值鳳林不在.

師云. 甚處去.

婆便行, 師乃喚婆, 婆回頭, 師便打.

《번역》

임제스님이 봉림선사의 회상에 가는데 가는 중에 길에서 한 노파를 만났는데 노파가 물었다.

"어디에 가십니까?"

임제스님이 대답했다. "봉림선사의 회상에 갑니다."

노파가 말했다.

"마침 봉림선사께서 어디에 가시고 계시지 않습니다."

임제스님이 물었다. "어디에 가셨습니까?"

노파가 바로 가서 임제스님은 이내 노파를 부르니 노파가 머리를 돌려 보는데 임제스님이 바로 따라 봉림으로 갔다.

《해설》

* 이 부분은 봉림스님을 찾아가는 내용인데 노파가 임제스님을 파악하였다고 하는 것과 파악하지 않았다고 하는 것의 차이인데 임제스님의 명성이 많이 알려졌다는 것과 알려지기를 바라는 마음

을 암시한다고 볼 수 있다. 노파와 대적하는 것과 노파의 지시를 받는다는 것은 봉림스님이 대단한 위신력을 가졌던 것으로 보인다.

到鳳林, 林問. 有事相借問得麼.

師云. 何得剜肉作瘡.

林云. 海月澄無影, 遊魚獨自迷.

師云. 海月旣無影, 遊魚何得迷.

鳳林云. 觀風知浪起, 翫水野帆飄.

師云. 孤輪獨照江山靜, 自笑一聲天地驚.

林云. 任將三寸輝天地, 一句臨機試道看.

師云. 路逢劍客須呈劍, 不是詩人莫獻詩.

鳳林便休.

師乃有頌. 大道絶同, 任向西東, 石火莫及, 電光罔通.

《번역》

임제스님이 봉림선사의 회상에 도착하니 봉림선사께서 물었다.

"일대사에 대하여 서로 의논을 좀 해도 되겠는가?"

임제스님이 대답했다.

"어찌하여 자기의 살을 도려내어 상처를 만들려고 합니까?"

봉림화상께서 말했다.

"법해(法海)를 비추는 달이 너무 맑고 청정해서 그림자라는 종적도 없는데 고기가 유유(遊遊)하게 살면서 독자적으로 중생을 유혹하면서 살고 있네."

임제스님이 말했다.

"법해(法海)를 비추는 달이 이미 그림자라는 종적도 없다면 어떻게 고기가 유유하게 살면서 중생을 유혹할 수 있겠습니까?"

봉림선사께서 말했다.

"바람이 부는 것을 관조하여 파도가 일어날 것을 알게 되면, 물에서 가지고 노는 돛단배만 파도에 흔들릴 뿐이네."

임제스님이 말했다.

"고봉정상의 법륜(法輪)이 독자적으로 강산(江山)을 맑게 (靜) 관조하기만 하면, 자신이 웃는 깨달음의 소리가 천지를 뒤흔드는 것이네.(천지를 놀라게 하네.)"

봉림선사께서 말했다.

"입으로 무슨 말을 마음대로 하여 천지를 밝힐 수 있다고 하지만, 일구(一句, 깨달음)를 지혜로 지금 말해 보시오."

임제스님이 말했다.

"길에서 검객을 만나면 반드시 검에 대한 이야기만 하고, 시인이 아니라면 시(詩)로 설명하지 말라고 했습니다."

봉림선사께서 아주 훌륭하다고 하였다.

임제스님이 이에 게송으로 설하였다.

위대한 진여의 지혜로 살아가는 법은 절대 평등한 경지에서 생활하는 것이니,

동서남북 어디에서나 임운자재 하게 살아가게 되네.

작은 지식의 망념으로는 도달할 수 없고,

번개와 같은 진여의 지혜로는 어디에서나 통하게 되네.

(師乃有頌. 大道絕同, 任向西東, 石火莫及, 電光罔通.)

《해설》

＊ 이 선문답은 두 무의도인(無依道人)이 자유자재로 언어문자를 초월한 대화를 하는 것으로 볼 때 학문에 능통한 대화를 하는 것이므로 지식층들을 염두에 두고 하는 선문답이라고 생각된다. 그러므로 임제의 종풍을 고위층으로 전개하여 일반화시키려는 마음이 간절하게 나타난다고 할 수 있는 것이다.

潙山問仰山. 石火莫及, 電光罔通, 從上諸聖, 將什麼為人.
仰山云. 和尚意作麼生.
潙山云. 但有言說, 都無實義.
仰山云. 不然.
潙山云. 子又作麼生.
仰山云. 官不容針, 私通車馬.

《번역》

위산선사가 앙산선사에게 물었다.

"작은 지식의 망념으로는 도달할 수 없고, 번개와 같은 진여의 지혜로는 어디에서나 통하게 된다고 했는데 지금까지 모든 성자들이 어떻게 사람들을 제도(濟度)하였다고 생각하는가?"

앙산선사가 물었다.

"화상께서는 어떻게 했다고 생각하십니까?"

위산선사가 대답했다.

"단지 말만 있는 것이고 진실한 뜻이 하나도 없는 것이다."

앙산선사가 말했다.

"그렇지는 않습니다."

위산선사가 물었다.

"그렇다면 그대는 또 어떻게 생각하는가?"

앙산선사가 대답했다.

"공적(公的)으로는 바늘 끝만큼의 작은 허물도 허용할 수 없지만, 사적(私的)으로는 마차(馬車)도 통과할 수 있습니다."

★ (방편으로 시설하는 것을 설명하는 것이다.)

《해설》

* 많은 대중들을 제도(濟度)할 때에는 방편이 필요한 것이나 자신에게는 작은 오점도 용납하지 않는다는 것을 말하여 청정한 수행자의 상을 나타내고 있는 것이다.

24) 금우선사를 친견하다

到金牛, 牛見師來, 橫按拄杖, 當門踞坐, 師以手敲, 拄杖三下, 却歸堂中, 第一位坐.

牛下來見, 乃問. 夫賓主相見, 各具威儀, 上座從何而來, 太無禮生.

師云. 老和尙道什麼.

牛擬開口, 師便打, 牛作倒勢, 師又打, 牛云. 今日不著便.

《번역》

임제스님이 금우선사의 회상에 도착하니 금우선사가 임제
스님이 오는 것을 보고는 주장자를 옆으로 잡고 선방의 문 앞
에 웅크리고 앉아 있어서 임제스님이 손으로 주장자를 세 번
두드리고 도리어 선방에 들어가 첫 번째 자리에 앉았다.

금우선사가 선방에 들어가 보고는 이내 물었다.

"무릇 객과 주인이 서로 만나면 각자가 예의를 구족해야 하
는데 상좌는 어떻게 여기에 들어와서 이렇게 무례한 짓을 하
는 것인가?"

임제스님이 말했다.

"노화상께서 무슨 말씀을 하십니까?"

금우선사가 입을 열어 말을 하려고 하자 임제스님이 바로
주장자로 바닥을 때리니 금우선사가 넘어지는 모양을 하여
임제스님이 또 주장자로 바닥을 때리자 금우선사가 말했다.

"금일(今日) 드러나지 않는 아주 훌륭한 무의도인(無依道
人)을 만났구나!"

潙山問仰山. 此二尊宿, 還有勝負也無.

仰山云. 勝卽總勝, 負卽總負.

《번역》

　위산선사가 앙산선사에게 물었다.

　"이 두 존숙에게 승부가 있었는가?"

　앙산선사가 대답했다.

　"이겼다고 하면 모두 이긴 것이고, 졌다고 하면 모두가 진 것입니다."

《해설》

　* 주장자를 세 번 두드리는 것이 삼보에 귀의하였다는 예의를 갖춘 것이나 대중들이 알지 못하니 금우스님이 선방으로 들어와서 다시 묻는 것으로 대각스님 문하의 선방에 들어갈 때와 같은 내용이다. 금일불저편(今日不著便)을 오늘은 운이 나쁘다거나 다른 방편이 없다고 번역할 수도 있지만 그러면 일반적으로 금우스님을 조금 낮다고 이해할 수 있고 위산과 앙산의 선문답을 다시 잘 간파(看破)해야 하는 것이다.

사통거마(私通車馬)

25) 삼성(三聖)에게 정법안장을 전하다

師臨遷化時, 據坐云. 吾滅後, 不得滅却, 吾正法眼藏.

三聖出云. 爭敢滅却, 和尚正法眼藏.

師云. 已後有人問爾, 向他道什麼.

三聖便喝, 師云. 誰知吾正法眼藏, 向這瞎驢邊滅却. 言訖, 端然示寂.

《번역》

임제선사께서 입적하려고 하자 법좌에 앉아서 말했다.

"내가 입적하고 나면 나의 정법안장을 멸각(滅却)하면 안 된다."

삼성스님이 나와서 말했다.

"감히 어떻게 화상의 정법안장을 멸각(滅却)하겠습니까?"

임제선사께서 말했다.

"이후에 어느 사람이 (나의 정법안장)에 대하여 그대에게 물으면 이 사람에게 어떻게 말하겠는가?"

삼성스님이 바로 할(喝)을 하니 임제선사께서 말했다.

"뜻밖에 나의 정법안장이 저 바보 같은 나귀에게서 멸각(滅却)된 것을 누가 알겠는가?"라고 말을 하고는 단정하게 앉아서 입적했다. ★ (멸각이란 인가를 말함)

《해설》

* 임제의 정법안장을 삼성이 계승하였다고 인가하는 내용이다. 즉 이 책을 편집한 스님이 임제의 법통을 계승한 정통의 스님이라고 확인시키는 것이다.

Ⅶ. 약전(略傳)

師諱義玄, 曹州南華人也, 俗姓邢氏, 幼而穎異, 長以孝聞.
及落髮受具, 居於講肆, 精究毗尼, 博賾經論, 俄而歎曰. 此濟
世之醫方也, 非教外別傳之旨.

即更衣游方, 首參黃蘗, 次謁大愚, 其機緣語句, 載于行錄.

既受黃蘗印可, 尋抵河北, 鎮州城東南, 隅臨滹沱河側, 小
院住持, 其臨濟因地得名.

時普化先在彼, 佯狂混眾, 聖凡莫測.

師至即佐之, 師正旺化, 普化全身脫去.

乃符仰山 小釋迦之 懸記也.

《번역》

임제선사(臨濟禪師)의 휘(諱)는 의현(義玄)이고 조주(曹州)
의 남화(南華, 지금의 山東省 兗州府(연주부)로 黃河 下流의
남쪽)지역 출신이고 속성(俗姓)은 형(邢)씨이며 어려서는 남
다르게 뛰어났고 성장하여서는 효행이 훌륭하다는 소문이 자
자했다.

그리고 출가(出家)하여 구족계를 받고 강원에서 강의를 자
유자재로 하였으며 계율을 정밀하게 연구하였고 경론(經論)
도 깊이 연구(賾)하다가 갑자기 탄식하며 말하였다.

"이것은 중생을 제도하기 위하여 방편으로 만든 일회용 처방전에 지나지 않고 교외별전(敎外別傳)의 종지가 아닌 것이다."

그리고는 즉시 옷을 갈아입고 선지식을 찾아다니다가 최고의 선사(禪師)인 황벽선사를 참문(參問)하고 다음에는 대우선사를 참배(參拜)한 그 기연과 어구(語句)들은 행록에 기록되어 있다.

이미 황벽선사의 인가를 받고는 하북(河北)에 있는 진주성(鎭州城) 동남쪽의 호타하(滹沱河, 호타강) 강변에 있는 작은 사찰로 찾아가서 주지(住持)가 되었는데 그곳을 임제원(臨濟院)이라고 한 것은 지형이 생긴 형태에 따라 붙여진 이름이다.

그곳에는 보화선사께서 먼저 그곳에서 주지(住持)를 하고 있으면서 일부러 미치광이처럼 중생들과 같이 생활하며 제도(濟度)하니 성자(聖者)인지 범부(凡夫)인지를 측량할 수가 없었다.

임제선사가 그곳에 도착하니 보화선사께서 임제선사의 교화를 돕다가 임제선사의 정법이 왕성하게 흥행하자 보화선사께서는 완전하게 흔적을 남기지 않고 입적하셨다.

이것이 소(小)석가(釋迦)인 앙산선사의 예언과 부합(符合)되는 내용이다.

適丁兵革, 師即棄去, 太尉默君和, 於城中捨宅為寺, 亦以臨濟為額, 迎師居焉.

後拂衣南邁, 至河府, 府主王常侍, 延以師禮.

住未幾, 即來大名府興化寺, 居于東堂.

師無疾, 忽一日攝衣據坐, 與三聖問答畢, 寂然而逝.

時唐咸通八年(867년), 丁亥孟陬月十日也.

門人以師全身, 建塔于大名府西北隅, 勅諡慧照禪師, 塔號澄靈. 合掌稽首, 記師大略.

住鎮州保壽 嗣法小師 延沼謹書.

鎮州臨濟慧照禪師語錄終

住大名府 興化 嗣法小師 存奬校勘

《번역》

마침 병혁(兵革)을 만나게 되어 바로 임제원을 폐쇄하게 되니 임제선사가 떠나게 되자 태위(太尉, 진·한의 관직, 국방장관) 묵군화가 성(城)에 있는 사택(舍宅)을 사찰로 만들게 하고 또 임제원이라는 간판을 내걸고 임제선사를 맞이하여 살게 하였다.

이후에 옷(성(城)의 주지직)을 뿌리치고 남쪽으로 가게 되어 하북부(河北府)에 도착하니 주왕(主王)의 상시(常侍)가 스승으로 예를 다하여 모셨다.

이곳에 계신지 얼마 되지 않아서 바로 대명부(大名府)의 흥화사로 가게 되어 동당(東堂)에 존장께서 모시게 되었다.

임제선사께서는 질병도 없었는데 홀연히 어느 날 하루는 가
사장삼을 입으시고 법좌에 앉아서 삼성스님과 문답을 끝내시
고는 평안하게 입적하셨다.

그때가 당나라 함통(咸通)8년 정해년(丁亥年, 867) 정월
(孟陬月) 10일 이었다.

문인들은 임제선사의 전신(全身)을 모시고 대명부(大名府)
의 서북쪽에 탑을 건립하여 탑에 모시니 시호를 혜조선사라
고 탑호(塔號)를 징영(澄靈)이라고 하사(下賜) 받았다.

합장하고 머리 숙여 임제선사의 약전(略傳)을 간략하게 기
록합니다.

진주성의 보수사 주지(住持)인 사법제자 연소가 삼가 씁니다.

鎭州臨濟慧照禪師語錄終

대명부(大名府) 흥화사의 주지(住持)인 사법제자 존장이 교감(校勘)하다.
永享九年(1437年) 八月 十五日 板在法性寺 東經所
영향9년(1437年) 8月 15日 법성사 동경소에 판본이 있다.
진주임제혜조선사어록 끝.

『鎭州臨濟慧照禪師語錄』 卷1(『大正藏』 47, 495쪽. 상2.-506쪽. 하28.)
원본; 永享九年版德富猪一郎氏藏本, 명본; 增上寺報恩藏明本古尊宿語錄
之內, 궁본; 宮內省圖書寮藏本, 갑본; 慶安二年版大谷大學藏本, 을본; 延
德三年版德富猪一郎氏藏本, 明本宮本甲本乙本俱無此序. (延德三年 辛亥
八月十五日 季恭居士 鏤梓捨入濃之正法栖雲院)

무의도인으로 살게 하는 **임제록**

2017年 1月 15日 發行

譯註 ｜ 良志
禪書畵 ｜ 南靑
發行處 ｜ 맑은소리 맑은나라
부산시 중구 대청로 126번길 18 / 051)255-0263
ISBN 978-89-94782-57-7 93220

농협 817102-56-023396 (임성순)
전화 010-4115-9852

값 20,000원